데일 카네기
인간관계론

데일 카네기
인간관계론

데일 카네기 지음 | **김지현** 옮김

미래지식

차
례

1부 사람을 다루는 기본 원칙

2부 사람에게 호감을 사는 6가지 방법

3부 사람을 설득하는 방법

4부 기분을 상하게 하지 않으면서 사람들을 변화시키는 방법

이 책을 쓴 방법과 이유에 대해서

20세기가 시작된 후 35년 동안 미국 출판계는 25만여 권의 다양한 책을 출간했다. 대부분은 지독히도 지루하고 재미없는 내용이었고, 상당수는 재정적인 면에서 실패작이었다. '상당수'라는 표현에 주의해주길 바란다. 세계적인 출판사 사장의 말에 따르면 75년의 출판 경험에도 불구하고 출간 도서 8권 중 7권은 적자라고 한다.

이런 상황에서 내가 또 다른 책 한 권을 더 쓰겠다고 만용을 부리는 이유는 무엇일까? 그리고 그렇게 내가 써낸 글을 독자가 굳이 읽어야만 하는 이유는 또 무엇일까?

두 가지 모두 아주 적절한 질문이다. 그럼 이제부터 답을 찾아보자.

나는 1912년부터 뉴욕에서 전문직 종사자와 경영자들을 위한 교육 강좌를 진행해왔다. 처음에는 '대중 화술'에 관한 성인 강좌를 진행했는데 실전 경험을 통해 사업상의 면담이나 대중 앞에서 이야기할 때 순발력을 발휘하고, 자신의 생각을 자신만만한 태도로 보다 명료하고 효과적으로 표현할 수 있도록 교육시키는 과정이었다.

하지만 시간이 지나고 교육생을 배출하면서 효과적인 화술에 관한 훈련 못지않게 일상적인 비즈니스나 사교적 교류를 통해 만나는 사람들과 잘 지내기 위한 기술을 훈련하는 것도 절실하다는 사실을 깨달았다. 또, 내게도 그런 훈련이 필요하다는 생각이 들었다. 지난 세월 동안 내가 지내온 모습을 돌이켜보면 얼마나 이해심과 수완이 부족했는지 경악스러울 지경이다. 이런 책이 20년 전에 내 손에 쥐어졌더라면 얼마나 좋았을까! 정말 고마운 선물이 되었을 것이다.

사람을 다루는 일이야말로 가장 중요한 일이다. 비즈니스를 하는 사람이라면 더욱 그럴 것이다. 하지만 가정주부나 건축가 혹은 기술자 역시 마찬가지다. 카네기 교육진흥재단Carnegie Foundation for the Advancement of Teaching의 후원을 받아 몇 년 전에 실시했던 연구 조사에서 매우 중요하고 의미심장한 사실 하나가 밝혀졌다. 훗날 카네기 공과대학Carnegie Institute of Technology에서 추가 연구를 통해 확증한 사실이기도 하다. 연구에 의하면, 공학과 같은 기술 분야에 종사하는 사람들의 재정적 성공에 전문 기술이 기여하는 바는 15퍼센트 정도이고, 나머지 85퍼센트는 사람들을 지도하는 능력과 사람을 다루는 기술이 좌우했다고 한다.

나는 지난 몇 년 동안 필라델피아의 기술자 모임Engineers' Club of Philadelphia과 미국전기공학회American Institute of Electrical Engineers/AIEE의 뉴욕지부에서 강좌를 진행했는데, 내 강좌를 거쳐 간 공학 기술자들을 모두 합치면 1,500명은 족히 넘을 것이다. 그들은 몇 년 동안의 경험과 관찰 끝에 공학 분야에서 최고의 성과급을 받는 사람은 공학에 관해 가장 잘 아는 사람이 아닌 경우가 많다는 사실을 마침내 깨닫고 나를 찾아왔다. 공학이나 회계, 건축 등 전문 분야의 기술력을 보유한 사람은 일정한 봉급을 받고 고용되지만, 전문 기술을 갖추고 리더십이 있으며 자신의 아이디어를 표현할 줄 알면서 사람들의 열정을 불러일으킬 수 있는 사람은 보다 더 많은 권력을 누리는 자리를 차지한다.

존 록펠러는 현역에서 한창 활동하던 시절에 이런 말을 했다고 한다. "사람을 다루는 능력은 설탕이나 커피처럼 구매할 수 있는 상품이다. 나는 태양 아래 그 어떤 것보다 더 비싸게 그 능력을 사겠다."

바로 그 태양 아래 그 어떤 것보다 값비싼 능력을 계발시켜줄 강좌라면 미국의 모든 대학에서 개설하지 않았을까 생각할 수도 있다. 하지만 미국의 그 어느 대학에서도 사람을 다루는 기술에 대한 강좌를 찾아볼 수가 없었다.

시카고 대학과 YMCA 연합학교United Y.M.C.A. Schools에서 성인들이 공부하고 싶은 분야가 무엇인지 알아보는 조사를 진행했다. 설문조사를 위해서 2만 5,000달러의 비용과 2년이라는 시간이 소요되었다. 마지막 조사 지역은 코네티컷 주의 메리덴이었다. 메리덴은 미국의 전형적인 도시 중 하나이다. 메리덴의 성인들은 모두 면담에 참여해서 '직업이 무엇인가? 교육 정도는 어떻게 되는가? 여가 시간을 어떻게 보내는가? 수입은? 취미는? 꿈은? 고민거리는? 공부하고 싶은 주제는?' 등의 질문 156개에 답했다. 조사 결과 성인들이 가장 큰 관심을 갖고 있는 것은 건강이었고, 두 번째 관심거리는 사람이었다. 그밖에 다른 사람을 어떻게 이해하고 그들과 어떻게 하면 잘 어울려 지낼 수 있을 것인가, 어떻게 해야 사람들이 나를 좋아할까, 사람을 설득해서 나의 의견에 따르게 하는 방법은 무엇인가 등에 대한 일이었다.

그래서 이 조사를 맡은 위원회는 메리덴에 관련 강좌를 열기로 결정했다. 그리고 그와 같은 주제를 다룬 실용적인 교재를 열심히 찾아보았지만 하나도 발견하지 못했다. 결국, 성인 교육에 관해 세계적인 권위를 자랑하는 인물을 찾아가 자신들이 원하는 종류의 책에 대해 아는지 물었다고 한다. 하지만 그의 대답은 다음과 같았다.

"아니오, 모릅니다. 성인들이 무엇을 원하는지는 알고 있습니다. 하지만 성인에게 필요한 책은 없군요."

나는 개인적인 경험을 통해 이 말이 사실임을 알고 있다. 나도 몇 년 동안 인간관계에 관해 실질적인 도움을 줄 수 있는 안내서를 찾아봤기 때문이다. 하지만 그런 책은 존재하지 않았기에 나는 내 강좌에서 사용하기 위한 책을 쓰려고 노력해왔다. 그리고 지금 그 결과물이 여기 있다. 이 책이 독자들의 마음에 들었으면 좋겠다.

이 책을 준비하면서 관련 주제에 관한 글은 모두 찾아 읽었다. 신문 칼럼, 잡지 기사, 가정 법원의 기록물 그리고 과거와 현재의 철학자 글까지 두루 섭렵했다. 또, 전문적인 훈련을 받은 연구원을 고용해서 1년 반 동안 내가 놓친 다양한 도서관의 자료를 검토하도록 했다. 두툼한 심리학 전문 서적을 탐독하고, 수백여 개의 잡지 기사를 파고들고, 수많은 전기를 살펴보면서 전 시대를 통틀어 위대한 지도자들이 사람을 어떻게 다루었는지를 알아보았다. 줄리어스 시저에서 토마스 에디슨에 이르는 위인들의 일대기를 읽었다. 시어도어 루즈벨트의 전기만 수백 종을 읽었다. 우리는 시간과 비용을 아끼지 않고 모든 시대를 통틀어 친구를 얻고 사람을 설득하는 데 사용되었던 실용적인 아이디어를 모두 찾아냈다.

수십여 명의 성공한 사람들을 직접 찾아가 인터뷰를 하기도 했다. 그 중에는 세계적 명성을 지닌 발명가 토마스 에디슨과 시몬스 마르코니도 있었다. 프랭클린 루즈벨트나 제임스 팔리와 같은 정치 지도자도 있었고, 오웬 영 같은 사업가, 클라크 게이블과 메리 픽포드 같은 영화배우, 마틴 존슨과 같은 탐험가도 있었다. 나는 그들이 가지고 있는 인간관계 기술을 찾아내려고 노력했다. 그리고 이 모든 소재를 활용해서 나는 짧은 강연 한 편을 준비했다. 제목은 '친구를 얻고 사람을 움직이는 법'이다. 처음에는 분명 짧은 강연이었다. 하지만 곧 1시간 반이나 되는 강의로 늘어나 버렸다. 수년 동안 나는 이 강의를 뉴욕에 있는 카네기 연구소의 강좌에 참석하는 성인들에게 들려주고 있다. 강의를 들은 사람들에게는 사업이나 사회생활에서 이 원칙들을 실험해본 다음에 강좌에 돌아와 자신들의 경험과 얻은 성과를 이야기하도록 권한다. 이것은 대단히 재미있는 과제였다. 자기계발을 갈망하며 강좌에 참석했던 사람들은 일종의 실험실에서 일한다는 생각을 하며 재미있어 했다. 이전에는 절대 볼 수 없었던 유일한 성인들을 위한 인간관계 실험실은 바로 우리 삶의 현장이었다.

　이 책은 통상적인 방법으로 집필하지 않았다. 이 책은 아이가 성장하듯 발전했다. 각종 실험의 결과로 점차 내용이 풍부해졌고, 수천 명의 경험으로 더욱 강화되었다. 몇 해 전에 우리는 우편엽서만한 카드에 일련의 원칙을 적어놓고 강좌를 시작했다. 다음 기수 강좌에서는 보다 큰 카드에 원칙을 적게 되었고, 그 후에는 전단지가 되었다가 여러 권의 소책자가 되었다. 그리고 그 소책자는 크기와 규모가 조금씩 더 커져갔다. 그렇게 15년 동안 연구하고 실험을 한 결과, 이 책에 이르게 되었다.

우리가 여기서 정한 원칙은 이론이나 주먹구구식 어림짐작이 아니다. 그 원칙은 마법과 같다. 믿을 수 없겠지만 그 원칙을 적용했을 때 많은 사람의 삶에 그야말로 혁명이 일어나는 것을 직접 목격한 바 있다.

실제 예를 들어 설명해보자. 314명의 직원을 거느린 한 남자가 우리 강좌를 듣게 되었다. 그는 오랫동안 신중하지 못하게도 마구 직원들을 힐난하고, 비판하며 몰아붙여 왔다. 친절함이나 감사의 말, 격려는 그의 입술에 붙어 있는 법이 없었다. 하지만 이 책에서 이야기하는 원칙을 공부한 후에 그는 삶의 철학을 완전히 바꾸어 버렸다. 지금 그가 운영하는 회사는 충성심과 열정, 팀워크가 새롭게 조성되어 영감이 가득한 조직이 되었다. 314명의 '원수'가 314명의 '친구'로 변한 것이다. 같이 강좌를 듣는 사람들 앞에서 그는 당당히 말했다.

"전에는 회사 안을 걸어가면 나에게 인사를 해오는 사람이 아무도 없었습니다. 직원들은 내가 다가오는 걸 보면 딴청을 피우고 시선을 돌렸지요. 하지만 지금은 그들 모두가 나의 친구입니다. 심지어 경비원도 내 이름을 부르고 있습니다."

이 남자는 보다 많은 수익을 올리게 되었고, 더 많은 여가 시간을 갖게 되었다. 또한, 무엇보다 중요한 사실은 비즈니스와 가정생활에서 보다 큰 행복을 찾게 되었다는 점이다.

셀 수 없이 많은 영업사원이 이 원칙을 활용해 판매 실적을 가파르게 향상시켜 왔다. 많은 사람이 새 거래처를 확보했다. 이전에는 아무리 간청해도 상대해주지 않던 곳들이었다. 경영진은 보다 많은 영향력을 행사하게 되고 더 많은 봉급을 받게 되었다. 어떤 회사 중역은 봉급이 인상되었는데 그 이유가 여기서 알게 된 진리를 현실에 그대로 적용했기 때문이라고 했다.

필라델피아 가스 회사의 한 간부는 65세에 좌천을 당하게 되었다. 호전적이고 사람들을 능란하게 지도하지 못했기 때문이라고 했다. 그런데 이 훈련을 통해 그는 좌천되지 않은 정도가 아니라 보다 높은 봉급을 받는 자리로 승진하게 되었다.

강좌 마지막에 열리는 파티에 참석한 배우자들은 아내나 남편이 이 훈련을 시작하면서 가정생활이 훨씬 더 행복해졌다고 말하는 경우가 부지기수였다. 사람들은 자신들이 이루어놓은 새로운 성과에 놀라곤 했다. 그저 마법처럼 보이기도 했다. 어떤 경우에는 너무 놀란 나머지 일요일에 우리 집으로 전화를 걸어오기도 했다. 정규 강좌가 열리기 전까지 48시간을 참았다가 놀라운 성과를 보고할 수가 없었던 까닭이었다. 어떤 사람은 너무나 감동받아서 다른 수강생들과 함께 밤이 늦도록 강의 내용을 토론하다가 새벽 3시가 되어서야 집으로 돌아갔다. 하지만 자신의 실수를 깨달은 충격과 동시에 그 앞에 열리는 새롭고 풍요로운 세상의 전망이 너무나 감격스러운 나머지 잠을 자지 못했다. 그는 그날 밤, 그 다음 날 밤, 다시 그 다음 날 밤에도 잠을 이루지 못했다.

아무것도 모르는 순진한 사람이라 새로운 이론을 좀 알게 되었다고 야단스럽게 구는 사람이냐고? 전혀 그렇지 않다. 그는 세상 물정에 밝아 만사가 시들한 미술품 거래상이자 잘나가는 사교계 한량이었다. 그는 세 가지 언어를 유창하게 구사하고 유럽의 대학 두 곳을 졸업한 유능한 사람이었다.

지금 이 서문을 쓰는 중에도 예전에 강좌를 들었던 한 독일인에게 편지를 받았다. 그는 호엔촐레른Hohenzollerns 왕가 치하 시절부터 장교를 지낸 조상을 두고 대대로 군복무를 해온 독일의 귀족이었다. 대서양을 막 건너온 그의 편지는 강좌를 통해 알게 된 원칙을 적용했던 일에 대해 적고 있었다. 종교적 열정이 느껴지기까지 하는 편지였다.

하버드를 졸업하고 뉴욕에 사는 재산가도 있었다. 그는 커다란 카펫 공장을 운영하고 있었는데 같은 주제로 대학에서 4년 동안 배웠던 것보다 더 많은 것을 14주 강좌에서 배웠다고 단언했다. 말도 안 된다고? 허황된 이야기라고? 물론 아는 표현을 모두 동원해 내 말을 무시해도 뭐라 할 사람은 없다. 나는 그저 사회적으로 상당히 성공한 점잖은 하버드 졸업생이 1933년 2월 23일 목요일 저녁에 뉴욕에 있는 예일 클럽에서 600여 명의 사람들 앞에서 한 연설을 그대로 전달한 것뿐이다.

하버드의 저명한 교수 윌리엄 제임스는 말했다.

"원래 우리의 능력과 비교하면, 우리는 오직 절반 정도만 각성해 있습니다. 우리는 신체적, 정신적 자원의 극히 일부만 사용하고 있습니다. 대체적으로 인간은 자신의 한계에 한참 못 미치는 삶을 삽니다. 인간은 다양한 종류의 능력을 가지고 있지만 습관적으로 사용하지 못하고 있습니다."

'습관적으로 사용하지 못하는' 그 능력! 이 책은 오로지 당신의 잠자고 있는 능력과 사용되지 못한 자산을 찾아내고 발전시켜 실질적인 이익을 얻을 수 있도록 돕고자 하는 목적으로 만들어졌다.

프린스턴 대학 총장직을 지낸 존 히번 박사는 이렇게 말했다.

"교육이란 살아가면서 겪는 여러 상황에 대응하는 능력이다."

이 책의 처음부터 3부까지를 다 읽고도 살아가면서 겪는 여러 가지 상황에 대응할 준비를 갖추지 못한다면, 적어도 그 사람에게 이 책은 실패작이라고 생각한다. 허버트 스펜서가 말했듯이 '교육의 위대한 목적은 아는 데 있지 않고 행동하는 데' 있기 때문이다.

– 데일 카네기

이 책을 최대한 활용하는 9가지 방법

1. 이 책을 최대한 잘 활용하고자 한다면 그 어떤 규칙이나 기술보다 절대적으로 중요하고 반드시 필요한 일이 있다. 이 기본적인 요건을 갖추지 못하면 수천 개의 공부법도 소용이 없다고 봐야 한다. 하지만 이 중요한 기본 자질을 갖추면 더 이상의 특별한 방법이 없어도 이 책을 최대한 활용하여 놀라운 일을 이루어낼 수 있다.

그 마법과도 같은 필요 자격은 바로 이것이다. 마음속 깊이 우러나오는 배우고자 하는 강한 열망 그리고 사람을 다루는 능력을 신장시키고야 말겠다는 단호한 결의다. 이런 마음가짐은 어떻게 키울 수 있을까? 여기서 말하는 원칙들이 얼마나 중요한지를 끊임없이 자신에게 환기시키는 것만으로도 가능하다. 이 원칙을 완벽하게 습득하고 나면 더 만족스럽고 행복하며 완전하고 풍족한 삶을 사는 데 큰 도움을 받을 수 있다는 사실을 떠올려보라. 그리고 계속해서 자신에게 되뇌어보라.

"나의 인기와 행복 그리고 가치는 사람을 다루는 나의 능력에 달려 있다."

2. 먼저 한 장의 내용을 재빨리 읽어서 개략적인 내용을 파악해라. 그러고 나면 다음 장으로 어서 넘어가고 싶다는 마음이 들겠지만, 그래도 그렇게 하지 마라. 물론 단지 재미삼아 이 책을 읽는 경우라면 그래도 좋다. 하지만 인간관계에 관한 기술을 배우고 싶어서 이 책을 접한 사람이라면 다시 처음으로 돌아가 그 장의 내용을 통독해라. 이렇게 읽는 편이 결국에는 시간을 절약하고 더 좋은 성과를 얻게 해줄 것이다.

3. 책을 읽는 중간 중간에 잠시 읽고 있는 내용에 대해 생각해보도록 하라. 책에서 제안하는 방법들을 언제, 어떻게 적용해볼 수 있을지에 대해 자문해보라.

4. 크레용이나 연필, 펜, 마커펜, 형광펜 등을 손에 들고 책을 읽도록 하라. 활용할 수 있을 것 같다는 생각이 드는 제언을 보게 되면 밑줄을 그어라. 별 네 개짜리 제언이라면 밑줄을 긋거나 형광 표시를 한 문장에 별 네 개를 그려 넣는 별점 주기를 하라. 책에 표시를 하고 밑줄을 긋는 일은 책을 다시 한 번 살펴보는 일을 훨씬 손쉽게 해주는 흥미로운 작업이다.

5. 대형 보험회사에서 15년간 관리직 근무를 해온 한 여성을 알고 있다. 그녀는 매달 자신의 회사에서 발행하는 모든 보험 약관을 읽는다. 그녀는 달마다 매년 똑같은 내용으로 발간되는 그 많은 약관을 다 읽는다. 왜 그럴까? 그녀는 경험을 통해 그렇게 해야만 모든 단서 규정을 기억할 수 있다는 사실을 알고 있었기 때문이었다. 나는 대중 화법에 관한 책을 집필하는 데 거의 2년의 시간을 보낸 적이 있었다. 하지만 그때 내 책에 내가 썼던 내용을 기억하기 위해 때때로 앞부분 원고를 다시 살펴봐야만 했다. 우리의 망각 속도는 정말 놀라울 정도로 대단하다.

그러니 이 책에서 실질적인 도움을 얻어 영구적인 성과를 얻고자 한다면 이 책을 한 번 완독하는 것으로 충분하다고 생각하지 마라. 책을 한 번 다 읽고 난 다음에도 매달 한 번씩은 몇 시간에 걸쳐 되살펴 봐야만 한다. 책상 위에 책을 올려놓고 매일 접할 수 있도록 하라. 그리고 시간이 날 때마다 한 번씩 훑어보라. 완전히 이루지는 못했지만 머지않아 이룰 수 있는 발전의 가능성이 있다는 사실을 끊임없이 자신에게 상기시켜라. 여기서 소개하는 원칙을 습관적으로 활용하기 위해서는 열정적인 자세로 계속해서 복습하고 끊임없이 현실에 적용해보아야 한다. 그 외 다른 방법은 없다.

6. 조지 버나드 쇼가 이런 말을 했다고 한다.

"사람에게 뭔가를 가르칠 수는 있어도 절대로 학습시킬 수는 없다." 그의 말이 맞다. 학습은 능동적인 과정이다. 우리는 행동을 통해 배운다. 그러니 이 책에서 배운 원칙을 완전히 내 것으로 만들고자 한다면 그것과 관련된 행동을 하라. 기회가 닿을 때마다 여기서 깨달은 규칙들을 적용시켜라. 그렇게 하지 않으면 금방 다 잊어버리게 된다. 활용된 지식만이 우리 머릿속에 새겨진다.

여기서 제안하는 방법들을 늘 적용하는 일이 어려울 수도 있다. 이 책을 집필한 나도 모든 것을 적용하는 일이 어려울 때가 있다. 가령 기분이 언짢으면 상대방의 관점을 이해하려 노력하기보다는 비난하고 비판하는 편이 훨씬 쉽다. 칭찬할 점을 찾기보다는 잘못된 점을 찾는 편이 더 쉬울 때가 많다. 다른 사람이 원하는 바를 이야기하는 것보다는 내가 원하는 바를 이야기하는 게 더 자연스럽다. 다른 것도 마찬가지다. 그러니 이 책을 읽으면서 정보를 습득하는 것만이 목적이 아님을 명심하도록 하라. 우리는 새로운 습관을 형성시키려 하고 있다. 새로운 삶의 방식을 적용하는 중인 것이다. 그러기 위해서는 상당한 시간과 인내력이 필요하고, 일상 속에서 계속 적용하고 실천해야 한다.

그러니 이 책의 활용법을 자주 찾아보고 참고하도록 하라. 인간관계에 관한 워크북 정도로 생각하면 되겠다. 그리고 자녀를 다루는 문제라든가 배우자를 설득하거나 화가 난 고객을 만족시켜야 하는 등의 구체적인 문제 상황에 직면하게 될 때마다 자연스럽게 또는 충동적으로 떠오르는 행동을 조심하도록 하라. 대신에 이 책을 펴들고 밑줄을 쳐두었던 부분을 다시 읽어보도록 하라. 그런 다음에 새로운 방법을 시도하고, 그것이 마법처럼 이루어주는 성과를 지켜보도록 하라.

7. 배우자나 자녀 또는 회사 동료와 약속을 하고 여기서 원칙을 하나 어길 때마다 약간의 돈을 주기로 하라. 인간관계의 법칙을 습득하

는 것을 하나의 재미있는 게임이 되게 하는 것이다.

8. 월스트리트 주요 은행의 은행장이 우리 강좌에 참석해 자기계발을 위해 자신이 활용했던 매우 효과적인 시스템을 설명한 적이 있다. 그는 공식적인 학력은 거의 없지만 미국에서 가장 중요한 금융가로 손꼽히고 있었다. 그가 고백하기를 자신의 모든 성공은 자신이 집에서 만든 시스템을 끊임없이 적용한 덕분이라고 했다. 그의 말을 그대로 옮겨서 그 방법을 설명해보자.

"저는 몇 년 동안 하루 일정을 모두 정리하는 일정 기록부를 작성해왔습니다. 우리 가족은 토요일 밤에는 저와 뭔가를 할 계획을 절대로 세우지 않았습니다. 제가 매주 토요일 저녁이면 한 주간의 일들을 돌아보고 평가하며 자기반성을 하는 시간을 보낸다는 걸 알고 있기 때문입니다. 저녁 식사를 하고 나면 혼자서 일정 기록부를 펼쳐놓고 그 주에 참석했던 회의며 면담이나 토론에 대해 곰곰이 생각해봅니다. 그리고 자문합니다. '그때 어떤 실수를 했었지?', '제대로 해낸 일은 무엇이었지? 더 좋은 성과를 올려주었을 방법이 있었나?', '그 경험을 통해 어떤 교훈을 얻을 수 있지?' 이렇게 일주일간의 일을 되돌아보다가 기분이 언짢아지는 경우도 종종 있습니다. 터무니없는 실수를 했다는 사실에 화들짝 놀라기도 하지요. 물론 세월이 흐르면서 그런 실수의 수가 줄어들고는 있습니다. 때로는 그런 시간을 보내고 나서 내 등을 내가 토닥이며 자화자찬하기도 합니다. 자기 분석, 자기 교육이라는 이 방법을 몇 년 동안 계속해오면서 그 어떤 것보다 더 많은 것을 얻을 수 있었습니다. 무엇보다 의사 결정 능력을 향상시켜 주었습니다. 그리고 사람들과 사귀는 일에도 많은 도움이 되었습니다. 말로 다 하지 못할 정도로 강력하게 추천해드리고 싶습니다."

이 책에 나오는 원칙을 적용하는 데 있어서도 이와 비슷한 방법을 사용해보는 건 어떨까 생각한다. 그렇게 해보면 두 가지 성과를 거둘 수 있을 것이다. 일단 값을 매길 수 없이 귀중하고 흥미로운 교육 과정에 참여할 수 있게 된다. 그리고 사람들을 만나고 상대하는 능력이 엄청나게 신장되었음을 알 수 있게 된다.

9. 이 책의 마지막에는 〈내가 이룬 성취 기록〉란을 만들었다. 이 책을 끝까지 읽은 후, 스스로 깨달은 원리를 생활에 직접 적용해보고, 그렇게 얻은 성취 기록을 상세히 기록해보라. 기록을 하면서 몰랐던 점을 발견하기도 하고, 영감을 얻어 더 발전하기 위해 노력하게 될 것이다. 그리고 몇 년이 지난 후, 우연히 그것을 펼쳐보았을 때 생각지도 못할 황홀한 충격을 맛보게 될 것이다.

이 책을 최대한 활용하는 9가지 방법

1. 인간관계의 원칙을 완전히 터득하고자 하는 강한 욕구가 마음속에서부터 우러나오도록 하라.

2. 각 장의 내용을 두 번씩 읽은 후, 다음으로 넘어가도록 하라.

3. 책을 읽는 중간 중간에 잠시 시간을 두고 책에서 제안한 방법을 어떻게 적용해볼 수 있을지를 자문해보도록 하라.

4. 중요한 아이디어에는 밑줄을 쳐라.

5. 한 달에 한 번씩 책을 다시 읽어라.

6. 기회가 닿을 때마다 이 책에서 익힌 원칙을 적용해보도록 하라. 이 책을 일상의 문제를 해결하는 데 도움을 주는 실질적인 지침서라고 생각하라.

7. 여기서 익힌 원칙을 어기는 걸 주변 사람에게 들킬 때마다 소정의 돈을 주는 식으로 배우는 과정을 신 나는 게임으로 만들어라.

8. 매주 어느 정도 발전하고 있는지를 확인하라. 어떤 실수를 했는지, 좋아진 점은 무엇인지, 앞으로 도움이 될 교훈으로 배운 것은 무엇인지 자문해보도록 하라.

9. 이 책에서 배운 원칙을 언제, 어떻게 적용했는지 보여주는 기록을 책의 뒷부분에 적어보도록 하라.

1부

사람을 다루는
기본 원칙

Dale Carnegie

Chapter 1

꿀을 얻으려면
벌통을 걷어차지 마라

1931년 5월 7일, 뉴욕시 역사상 유례를 찾을 수 없는 세상을 떠들썩하게 한 범인 검거 작전이 막바지로 치닫고 있었다. 몇 주간에 걸쳐 검거 작전을 벌인 끝에 웨스트앤드에비뉴에 있는 애인의 아파트에 숨어 있던 '쌍권총' 크로울리를 함정에 빠트려 궁지에 몰아넣었던 것이다. 크로울리는 술도 마시지 않고 담배도 피지 않는 총잡이였지만 살인범이었다.

150명의 경찰과 형사들은 그가 숨어 있는 아파트 꼭대기 층을 포위했다. 그리고 도끼로 지붕을 찍어 구멍을 내고 최루탄 가스를 터트려 '경찰 살해범'인 크로울리를 밖으로 끌어내려 했다. 그 주변 건물 위에는 기관총을 설치해놓았다. 그리고 1시간이 넘도록 뉴욕의 고급 주택

가로 꼽히는 그 지역에서 권총과 기관총이 발사되는 요란한 소리가 울려 퍼졌다. 크로울리는 속을 두툼하게 채워넣은 소파 뒤에 몸을 웅크리고 경찰을 향해 계속해서 총을 쏘아댔다. 만여 명의 사람들이 흥분한 채 그 총격전을 지켜보았다. 뉴욕의 거리 한복판에서 절대로 볼 수 없었던 광경이었다. 마침내 크로울리를 체포한 멀루니 경찰청장은 '쌍권총으로 무장한 이 무법자는 뉴욕시 역사상 가장 위험한 범죄자'라고 공표했다. '깃털이 떨어지는 소리에도 도발적으로 살인을 저지를 위인'이라는 게 경찰청장의 설명이었다.

하지만 당사자인 '쌍권총' 크로울리는 자신을 어떻게 생각할까? 그가 숨어 있던 아파트에 경찰이 무차별 사격을 가하는 동안 '관계자 귀하'라고 쓰기 시작했던 그의 편지에 답이 있다. 상처에서 흘러내린 피가 종이 위에 선홍색 흔적을 남겨둔 그 편지에서 크로울리는 이렇게 말했다.

'내 코트 속에는 피곤하고 지쳤지만 인정 많고 다정한 마음이 있습니다. 그 마음은 누구도 해치고 싶어 하지 않습니다.'

하지만 바로 그 직전에 무슨 일이 벌어졌는지를 보자. 크로울리는 롱아일랜드로 가는 한적한 시골길 위에서 애인과 야단스레 애정행각을 벌이고 있었다. 그때 갑자기 경찰 한 명이 자동차로 다가와 말했다.

"면허증을 보여주십시오."

크로울리는 아무런 대꾸도 하지 않고 권총을 꺼내 총알 세례를 퍼부어 경찰을 쓰러트렸다. 경찰이 땅에 쓰러져 죽어가자 크로울리는 차에서 풀쩍 뛰어내려 경찰의 연발 권총을 가로채 집어들고 엎드려 있는 경찰에게 또 한 방을 날렸다. 그런 살인마가 이런 말을 했던 것이다.

"내 코트 속에는 피곤하고 지쳤지만 인정 많고 다정한 마음이 있습니다. 그 마음은 그 누구도 해치고 싶어 하지 않습니다."

크로울리는 전기의자 사형 집행을 선고받았다. 싱싱 교도소의 사형장에 도착했을 때 그는 "사람을 죽였으니 이렇게 된 것이야."라고 말했을까? 아니었다. "자기 방어를 했다고 이렇게 하는가?"였다.

이야기의 핵심은 '쌍권총' 크로울리는 자신이 그 어떤 잘못도 하지 않았다고 생각했다는 점이다. 크로울리의 이런 태도가 범죄자 중에서 좀 유별난 것이라고 생각한다면 다음 말에 귀를 기울여보라.

"내 인생 최고의 시간을 쏟아부어 사람들에게 부담스럽지 않은 즐거움을 주며 살아왔습니다. 사람들이 즐겁게 지내도록 도와주었는데 돌아온 것은 이렇게 곤욕스러운 일뿐이군요. 쫓겨 다니는 신세라니 말입니다."

알 카포네의 말이다. 그렇다. 미국에서 가장 악명을 떨친 공공의 적이자 가장 사악한 갱단의 두목으로, 총을 난사하며 시카고를 위협했던 그 인물이 한 말이다. 알 카포네는 자신이 잘못했다고 생각하지 않았다. 자신은 공익을 위해 일하는 자선가라고 진심으로 믿고 있었다. 배은망덕한 사람들에게 오해를 받고 있는 공익을 위한 자선가였다.

뉴욕 최고의 악당인 더치 슐츠도 마찬가지였다. 그는 한 신문 인터뷰에서 자신을 공익을 위하는 자선 사업가라고 칭했다. 그는 진심으로 그렇게 믿고 있었다.

이 문제를 두고 루이스 로스와 흥미로운 편지를 주고받은 적이 있다. 뉴욕에서 가장 악명 높은 싱싱 교도소에서 교도소장으로 수년 동안 일했던 그는 분명한 어조로 다음과 같이 전해왔다.

"싱싱 교도소에 있는 범죄자들 중에는 자신을 악한이라 여기는 이가 거의 없습니다. 그들도 저나 선생님 같은 인간이기 때문이죠. 그래서 자기 합리화를 하고 변명을 해댑니다. 금고를 부숴버리거나 재빨리 권총을 뽑아들었어야만 했던 어쩔 수 없는 이유가 있었다고들 합니다. 그릇된 주장을 펴든 논리적으로 설명을 하든 간에 모든 방법을 동원해 합리화를 시키고 자신들의 반사회적인 행동을 정당화하죠. 그리고 결국에는 애초에 감옥에 갇힐 이유 따위가 전혀 없다는 생각을 확고히 하는 겁니다."

알 카포네와 '쌍권총' 크로울리, 더치 슐츠 같은 흉악범이나 무슨 짓을 할지 모를 위험한 교도소의 범죄자들도 스스로 자책하거나 잘못을 인정하는 법이 없다고 한다면, 우리 주변 사람들은 어떨까?

자신의 이름을 딴 상점으로 시작해 최초의 백화점을 세운 존 워너메이커가 이런 고백을 한 적이 있다.

"30년 전에 터득한 사실이 하나 있는데, 바로 다른 이를 꾸짖고 야단치는 게 어리석은 일이라는 겁니다. 하나님이 모든 사람들에게 지적인 능력을 골고루 나눠주지 않기로 결정하셨다는 사실에 불만을 품지 않고 나 자신의 한계를 극복하려 애를 쓰고 있습니다."

존 워너메이커는 일찌감치 이런 깨달음을 얻었지만, 나는 1세기의 3분의 1에 해당하는 30여 년 동안 이 세상을 헤매고 나서야 비로소 사람들은 잘못을 저질렀어도 십중팔구는 자신의 잘못을 인정하지 않는다는 사실을 이해하게 되었다.

비판은 아무 쓸모가 없다. 당하는 사람으로 하여금 자기 방어를 하게 만들고, 필사적으로 자기 행위를 정당화하도록 한다. 비판은 위험하다. 사람들의 소중한 자존심에 상처를 입히고 그 사람의 가치를 손상시켜 적의와 분노만 불러일으키기 때문이다.

저명한 심리학자 B. F. 스키너는 실험을 통해 긍정적인 행동에 대한 보상을 받은 동물이 부정적인 행동에 대한 처벌을 받은 동물보다 많은 양을 빨리 학습하고, 그 내용을 더 효과적으로 보유한다는 사실을 밝혀냈다. 그리고 이후 연구를 통해서 인간에게도 같은 원칙이 적용된다는 것을 보여주었다. 비판이나 비난으로는 영구적인 변화를 일으킬 수 없을 뿐만 아니라 잘못하면 분노나 적의를 불러일으킬 수 있다.

또 다른 위대한 심리학자 한스 셀리도 다음과 같이 말했다.

"우리는 인정을 원하는 만큼 비난과 단죄를 두려워하고 겁낸다."

비판은 분노나 적의를 일으켜 종업원이나 가족 구성원 또는 친구의 사기를 꺾어놓을 뿐 비판의 원인이 된 상황을 바로 잡지 못한다.

오클라호마의 이니드에 사는 조지 존스톤은 한 엔지니어링 회사에서 안전관리 행정업무 담당자로 일하고 있었다. 그의 업무 중에는 직원들이 현장에서 작업을 할 때 안전모를 착용했는지를 확인하는 것도 있었다. 그는 안전모를 착용하지 않은 직원을 발견할 때마다 권위를 내세워 반드시 규정을 따르도록 지시했다고 한다. 결과적으로 직원들은 뚱한 얼굴로 마지못해 안전모를 썼지만, 그가 떠나자마자 다시 벗어버리곤 했다.

그래서 다른 방법을 써보기로 했다. 다음에 안전모를 쓰지 않은 근로자를 봤을 때 안전모가 불편하거나 잘 맞지 않느냐고 물어보았다. 그리고 상냥한 어조로 안전모는 부상을 입지 않도록 보호하는 목적으로 만들어졌으니 작업 중에는 늘 착용하는 것이 좋다고 상기시켜 주었다. 그 결과 화를 내거나 감정적으로 받아들이지 않고 규정에 따르는 경우가 점차 늘어갔다.

흠잡기식 비난의 무익함을 보여주는 사례는 역사의 장에서 수도 없이 목격할 수 있다. 일례로 시어도어 루즈벨트와 윌리엄 하워드 태프트 대통령 사이의 유명한 다툼을 들 수 있다. 그 다툼으로 인해 공화당은 분열되고 그 덕에 우드로우 윌슨이 백악관을 차지하게 되었으며, 제1차 세계대전 중에 명백한 한 획을 그어 역사의 흐름을 바꾸어놓았다. 사실 관계를 간단히 되짚어보자. 루즈벨트는 1908년에 백악관을 나와서 태프트를 도와 대통령에 당선되게 했다. 그리고 나서는 아프리카로 가서 사자 사냥을 했다. 다시 귀국한 루즈벨트는 격노하며 태프트의 보수성을 비난했다. 그리고 세 번째 대통령 당선을 위한 임명권을 확보하려 불무스 당을 창당하면서 공화당은 거의 파멸 직전에 이르게 되었다. 이어 열린 선거에서 태프트와 공화당은 버몬트와 유타, 단 두 주에서만 승리했다. 이는 공화당 역사상 최대의 참패로 기록되었다.

루즈벨트는 태프트를 비난했지만, 태프트 대통령은 자신을 비난했을까? 물론 아니다. 그는 두 눈에 눈물을 머금은 채로 이렇게 말했다.

"달리 어떻게 할 수가 없었습니다."

누구를 비난해야 할까? 루즈벨트일까, 태프트일까? 솔직히 나도 모르겠다. 그리고 누구의 잘못인가는 중요한 게 아니다. 여기서 내가 말하고자 하는 바는 루즈벨트의 비난이 태프트가 스스로 잘못했다고 인정하게 만들지 못했다는 사실이다. 태프트가 자신을 정당화하면서 두 눈에 눈물을 머금은 채 같은 말만 되풀이하게 했다.

"달리 어떻게 할 수가 없었습니다."

아니면 티팟 돔Teapot Dome 스캔들을 예로 들어 보자. 1920년대 초반 모든 신문이 일제히 분개하며 소식을 타전하던 사건이었다. 한마디로

온 나라를 뒤흔들었다. 당시를 기억하는 사람들은 미국 역사상 유례가 없는 일이라 생각하고 있다. 이 스캔들의 사실 관계는 다음과 같다. 알버트 펄은 하디 행정부의 내무장관으로 엘크 힐과 티팟 돔 지역의 정부 소유 석유 매장지 임대 업무를 맡고 있었다. 그 석유 매장지는 추후 해군이 사용하기 위해 개발을 유보해두었던 곳이었다. 내무장관 펄은 임대자를 선정할 때 경쟁 입찰을 실시했을까? 천만에 말씀이었다. 그는 돈벌이가 짭짤할 그 계약을 친구인 에드워드 도히니에게 모두 넘겨주었다. 그러자 도히니는 기쁜 마음으로 내무장관 펄에게 수만 달러의 돈을 '빌려주었다.' 그러자 펄은 고압적인 태도로 미해군에게 명령을 내려 인근 유전에서 엘크 힐 석유 매장지의 석유를 채굴하는 경쟁자들을 당장 내쫓았다. 총부리와 총검을 겨눈 군인들에 의해 자신들의 일터에서 쫓겨난 경쟁사들은 법원으로 몰려갔다. 그리고 티팟 돔 스캔들을 만천하에 폭로했다. 그 악취가 어찌나 불쾌하고 비도덕적이었는지 결국 하딩 행정부에 큰 손상을 입히고 온 미국 국민의 속을 뒤집어놓았다. 이 사건은 공화당을 완전히 파멸시킬 뻔했다. 결국, 펄은 철창 안에 갇히는 신세가 되었다.

펄은 엄청난 비난을 받았다. 공인 중에 그만큼 비난을 받은 이는 없을 정도였다. 그렇다면 그는 참회하고 뉘우쳤을까? 몇 년 후 허버트 후버가 강연 중에 하딩 대통령의 죽음은 정신적 불안과 근심이 원인이었다고 했다. 친구인 펄이 그를 배신했기 때문이었다. 그러나 펄 부인은 그 이야기를 듣고 자리를 박차고 일어났다. 그리고 눈물을 훔치며 두 주먹을 휘두르면서 소리를 질렀다.

"뭐라고요? 하딩이 펄에게 배신당했다고요? 우리 남편은 절대로 누구를 배신한 적이 없어요. 황금이 가득한 집을 준데도 우리 남편을 꼬여 잘못된 일을 하게 만들지 못할 거예요. 배신당하고 도살장으로 끌려가 박해를 받은 건 바로 우리 남편이란 말입니다."

이것 봐라. 인간의 본성은 이렇게 나쁜 짓을 하고도 자신을 제외한 모든 이를 비난하는 식이다. 우리 모두도 마찬가지다. 다음에 누군가를 비난하고자 하는 마음이 들면 알 카포네와 '쌍권총' 크로울리, 알버트 펄을 기억하도록 하라. 비난은 제집을 찾아 되돌아오는 비둘기와 같다는 사실을 명심하라.

비난은 언제나 제자리로 되돌아온다. 우리가 비난하면서 바로 잡아주겠노라고 하는 상대는 아마도 자신을 정당화하면서 오히려 우리를 비난하거나 그 점잖은 태프트처럼 말할 것이다.

"달리 어떻게 할 수가 없었습니다."

1865년 4월 15일 아침, 에이브러햄 링컨은 한 싸구려 하숙집 문간방에서 죽어가고 있었다. 그 하숙집 건너편에는 포드 극장이 있었다. 존 윌크스 부스가 극장 앞에 있던 링컨에게 총을 쏘았다. 키가 큰 링컨의 축 늘어진 몸은 밑이 내려앉은 작은 침대에 대각선으로 쓰러져 있었다. 머리맡에는 로자 보뇌르의 유명한 〈마시장〉의 싸구려 복제 그림이 걸려 있었고, 음침한 가스 버너의 노란 불빛이 어른거리고 있었다.

링컨이 죽어가는 동안 국방장관 스탠턴이 말했다.

"이 세상 최고로 완벽한 지도자가 여기 누워 있습니다."

링컨이 자신의 사람을 다루는 성공 비결은 무엇이었을까? 나는 10년 동안 링컨의 일생에 관해 연구했고, 이후 3년의 기간에 걸쳐 《링컨의 알려지지 않은 이야기Lincoln The Unknown》라는 책을 쓰고 또 고쳐 썼다. 그 어떤 연구에 견주어도 빠지지 않을 정도로 링컨이라는 사람의 인물됨과 가정생활을 총망라한 상세한 내용을 담았다고 자부한다. 특히 링컨이 사람을 다루는 방법에 대해 연구했다. 링컨도 비난과 흠잡기에 몰두한 적이 있었다. 인디애나 주의 피존 크릭 밸리에서 지내던 젊은 시절, 그는 비난할 뿐만 아니라 사람들을 비웃는 내용의 시와 편지를 써서 당사자가 볼 수 있는 길목에 일부러 떨어뜨려놓기도 했다. 그 편지는 평생을 갈 원한을 불러일으키기도 했다.

일리노이 주의 스프링필드에서 변호사를 개업하고 일하던 때조차도 링컨은 신문에 공개적으로 서한을 보내 자신의 반대자에 대한 공격을 했다. 한번은 그 도가 지나쳤던 적이 있었다.

1842년 가을에 링컨은 제임스 쉴드라는 이름의 싸움을 좋아하고 허영심 많은 정치인 한 명을 비웃었다. 〈스프링필드 저널〉에 익명으로 편지를 보내 그를 비난했다. 온 도시의 사람들이 소리 내어 웃었다. 자부심이 강하고 감수성이 예민한 쉴드는 격노했다. 그리고 편지를 누가 썼는지 알아내어 당장 말을 타고 링컨에게 달려가 결투를 신청했다. 링컨은 싸움을 원하지 않았다. 결투 같은 것에 반대하는 입장이었다. 하지만 자신의 명예를 지키려면 빠져나갈 도리가 없었다. 무기는 링컨이 선택하도록 되어 있었다. 링컨은 팔이 길었기 때문에 한 손으로 드는 긴 기병검을 선택하고 웨스트포인트 졸업생에게 검투하는 법을 배웠다. 그리고 정해진 결투의 날 링컨과 쉴드는 미시시피 강가 모래톱에서 만나 죽을 때까지 싸우는 결투를 준비했다. 하지만 막 결투가 시작되려는 찰나 입회인의 중재로 결투는 중지되었다.

그 사건은 링컨의 인생을 통틀어 가장 섬뜩하게 무서운 사건이었다. 그 사건으로 인해 링컨은 사람들을 다루는 기술에 있어서 가장 중요한 가르침을 얻게 되었다. 그 후 링컨은 다시는 사람들을 모욕하는 편지를 쓰지 않았고, 다른 사람을 조롱하는 일도 하지 않았다. 그 이후로는 사람을 비난하거나 흠잡는 일도 없었다.

시간이 흘러 남북전쟁이 일어났다. 전쟁 중에 링컨은 포토맥 강을 지키는 군대의 지휘관으로 새로운 장군을 여럿 임명했다. 하지만 맥클라렌, 포프, 번사이드, 후커, 미드에 이르기까지 장군들은 차례로 커다란 실책을 벌여 링컨으로 하여금 도탄에 빠져 방 안을 서성이게 만들었다. 국민의 절반이 이 무능력한 장군들을 비난하고 나섰지만 링컨은 '누구에게도 원한은 품지 않고, 모두를 자애롭게 대하자.'라는 기치 아래 묵묵히 있었다. 그가 가장 좋아하는 인용문 중에는 '비판을 받지 아니하려거든 비판하지 마라.'가 있었다.

링컨 부인이 다른 사람과 함께 남부 사람들을 호되게 비난하는 말을 하자 링컨은 다음과 같이 말했다.

"그들을 비난하지 말아요. 그들과 같은 상황에 처하면 우리도 그렇게 할 거예요."

비난이라면 링컨처럼 할 말이 많은 사람도 없을 것이다. 일례를 들어 보자.

1863년 7월이 시작되면서 사흘간 게티즈버그에서 전투가 벌어졌다. 7월 4일 밤에 리 장군이 남쪽으로 퇴각하는데 폭우를 품은 폭풍 구름이 몰려왔다. 리 장군은 패잔병을 이끌고 포트맥 강에 도착했다. 그들의 눈앞에는 수위가 높아져 도저히 건널 수 없는 강물이 넘실거리고 있었고, 뒤에서는 승전에 의기양양해진 북군이 쫓아오고 있었다. 리 장군은 궁지에 몰리게 되었다. 도망칠 수 없는 지경이었다. 링컨은 그 기회를 포착해냈다. 리 장군의 군대를 포로로 잡고 당장에 전쟁을 끝낼 수 있는 하늘이 주신 절호의 기회였다. 그래서 희망에 부풀어 미드 장군에게 참모회의 소집 없이 즉시 공격을 감행하라고 명령을 내렸다.

링컨은 자신의 명령을 전선으로 보내고, 특사까지 보내서 미드 장군이 즉각 행동을 개시하도록 명령을 내렸다.

그런데 미드 장군은 어떻게 했을까? 그는 링컨이 시키는 정반대로 했다. 링컨의 지시를 어기고 참모회의를 소집했던 것이다. 그는 주저하고 있었다. 꾸물거리며 온갖 변명을 전신환으로 타전해 보냈다. 리 장군을 겨눈 직접적인 공격을 거부했다. 결국, 강물은 줄어들고 리 장군은 강을 건너 자신의 병력을 유지한 채 포트맥 강을 건너가 버렸다.

링컨은 불같이 화를 냈다. 그는 아들 로버트에게 큰소리로 외쳤다고 한다.

"맙소사! 이게 다 어찌 된 일이란 말이냐? 바로 눈앞에 적이 있어서 손만 뻗쳤으면 잡을 수 있었어. 내가 한 말이나 그 어떤 행동도 우리 군대를 움직이게 하지 못했다니! 그런 상황에서라면 그 어떤 장군이라도 리 장군을 패배시킬 수 있었을 것이고, 내가 그 자리에 있었다면 직접 리 장군을 붙잡았을 거야."

낙심천만한 링컨은 자리에 앉아 미드 장군에게 편지를 쓰기 시작했다. 여기서 기억할 것은 당시의 링컨이 평생을 통틀어 가장 온건하고 조심스러운 말투를 썼다는 사실이다. 그래서 1863년에 쓰인 이 편지는 가장 통렬하게 질책하는 내용이라고 봐야 한다.

친애하는 장군께

리 장군이 달아난 일이 얼마나 크나큰 불행인지 정확히 이해하고 계신 것 같지 않습니다. 손쉽게 잡을 수 있었던 리 장군을 붙잡았다면 최근에 거둔 다른 승전보와 연계하여 이 전쟁을 종결지을 수 있었을 겁니다. 하지만 아시다시피 이제 전쟁은 무기한 장기전에 돌입하게 되었습니다. 지난 월요일에 리 장군에 대한 공격도 해내지 못했다면, 강 남부에서는 어떻게 공격할 수 있을까요? 당시 수하에 두었던 병력 3분의 2에도 미치지 못하는 더 적은 군사들을 데리고 가야할 텐데 말입니다. 그런 일을 기대하는 건 터무니없는 비이성적인 일이 될 것입니다. 그러니 지금은 장군이 많은 일을 해낼 수 있으리라 기대하지 않고 있습니다. 절호의 기회를 놓쳐버리셨습니다. 저는 그 문제로 한없이 괴로운 마음입니다.

이 편지를 읽은 미드 장군은 어떻게 했을까?

하지만 미드 장군은 이 편지를 전혀 보지 못했다. 링컨은 편지를 부치지 않았다. 이 편지는 링컨이 죽은 뒤에 서류 더미에서 발견되었다.

내 추측을 말하자면(이건 어디까지나 추측에 불과한 말이다.), 저 편지를 쓰고 나서 링컨은 창문 밖을 내다보며 이렇게 중얼거렸을 것 같다.

"잠깐, 이렇게 성급하게 화를 내지 말아야 하는지도 모르겠군. 내가 이 조용한 백악관에 앉아서 미드 장군에게 공격 명령을 내리는 건 그야말로 쉬운 일이지. 하지만 만약 게티즈버그에 있다면, 그리고 미드 장군처럼 지난주 동안 그 많은 피를 보았다면, 또 귀청이 찢어질 듯한 부상자와 죽어가는 병사들의 비명과 외치는 소리를 들었다면, 어쩌면 나 역시 공격하고 싶다는 생각을 하지 않았을지도 모르지. 미드 장군처럼 소심한 성격이었다면 그가 했던 것처럼 똑같이 했을지도 모르는 일이야. 어차피 다 지나간 일이잖아. 이 편지를 보낸다면 내 마음이야 풀리겠지만, 그로 인해 미드 장군은 자기 행위를 변명하려고 할 테지. 그러면 장군은 나를 힐난하게 될 거고. 그렇게 되면 악감정이 생겨 미드 장군을 지휘관으로서 활용하는 일이 어려워질 수도 있어. 어쩌면 그가 퇴역해 버릴 수도 있어."

앞서 말했듯이 링컨은 편지를 치워 버렸다. 신랄한 비판과 질책은 아무런 소득도 없는 경우가 태반이라는 사실을 쓰라린 경험을 통해 알고 있었기 때문이었다.

시어도어 루즈벨트는 대통령으로 재임 시절에 난처한 문제에 봉착하면 뒤로 기대어 앉아 백악관 집무실 책상 위에 걸려 있는 커다란 링컨의 초상화를 올려다보며 자문했다고 한다.

'링컨 대통령이 지금 나의 입장이었다면 어떻게 했을까? 이 문제를 어떻게 해결했을까?'

마크 트웨인은 걸핏하면 화를 내고 빼곡한 글이 적힌 편지를 쓰곤 했다. 한번은 자신의 화를 돋운 남자에게 이런 편지를 쓴 적이 있었다.

'당신한테는 땅에 묻힐 수 있는 허가증이 필요한 것 같소. 말만 하시오. 당장 내가 알아보리다.'

또 한번은 그의 맞춤법과 구두점 사용 실력을 향상시켜 주려고 애쓴 편집자에게 이런 편지를 쓰기도 했다.

'지금부터 그 문제는 내 원고대로 놔두시고, 당신이 제안한 교정 내용은 그 썩어 문드러진 뇌 덩어리에나 계속 간직하고 있으시오.'

이런 신랄한 편지를 쓰면 마크 트웨인의 기분은 좋아졌다. 노여움을 발산할 수 있었기 때문이었다. 그리고 그 편지들은 실제로 아무에게도 해를 입히지 않았다. 마크의 아내가 몰래 그 편지들을 우편함에서 꺼내놓았기 때문이다. 그 편지들은 단 한 번도 부쳐지지 않았다.

누군가를 통제하고 변화시켜서 더 나은 사람으로 만들고 싶은가? 그것은 좋은 일이다. 전적으로 찬성한다. 하지만 일단 자기 자신부터 시작하면 어떨까?

"자기 집 대문 앞이 지저분하면 이웃집 지붕 위의 눈에 대해 시비하지 마라."

공자의 말이다.

나는 사람들에게 깊은 인상을 주려고 애를 쓰던 치기 어린 시절에 리처드 하딩 데이비스에게 어리석은 편지를 쓴 적이 있었다. 그는 한때 미국 문학계에서 크게 주목을 받았던 사람이었다. 나는 작가들에 대한 글을 싣는 잡지를 준비하던 중이어서 데이비스에게 그의 작업 방식에 관해 말해달라는 부탁을 했다. 몇 주 후 나는 편지 한 통을 받았다. 편지 아랫부분에는 이런 메모가 있었다.

'구술 후 확인하지 못함.'

나는 깊은 인상을 받았다. 그 작가가 매우 대단하고 바쁘며 중요한 사람이란 생각을 하게 되었다. 나는 전혀 바쁘지 않았지만 리처드 하딩 데이비스에게 강한 인상을 남기고 싶어서 짧은 답장을 쓰면서 말미에 '구술 후 확인하지 못함.'이라고 적어놓았다.

데이비스는 답장을 쓰는 수고를 하지 않았다. 그저 내가 보냈던 편지 하단부에 다음과 같은 말 한 마디를 휘갈겨 써서 다시 보내왔다.

'당신의 그 불손한 태도를 능가하는 불손함은 없을 것 같군요.'

내가 큰 실수를 저지른 것은 사실이었다. 이런 훈계를 듣는 게 마땅한 일이었을 것이다. 하지만 인간이었던 탓에 나는 분개했다. 너무나 크게 분개했던 나는 그로부터 10년 후에 리처드 하딩 데이비스의 부고 기사를 읽고도 했던 생각은(말하기 부끄러운 일이지만) 그가 나에게 상처를 주었다는 것이었다.

수십 년 동안 마음에 사무쳐서 죽을 때까지 잊지 못할 원망을 불러일으키고 싶다면 신랄한 비난을 약간만 하면 된다. 제아무리 정당한 비난이라도 효과는 확실하다.

사람들을 대할 때는 우리가 논리적인 존재를 상대하고 있지 않다는 점을 기억하라. 우리는 감정의 동물이고, 자존심과 허영에 자극받아 행동하며 편견으로 가득 찬 존재다.

영국 문학을 풍요롭게 했던 최고의 소설가로 꼽히는 감수성이 예민한 토마스 하디가 소설을 영원히 쓰지 않게 된 것도 혹독한 비평 때문이었다. 혹평은 영국의 시인 토마스 채터턴을 자살에 이르게 했다.

젊은 시절 우직하기만 했던 벤자민 프랭클린은 나중에 사람을 능수능란하게 다루어 프랑스에 미국 대사로 파견을 나가게 되었다. 그는 성공 비결에 대해 이렇게 말했다.

"남의 험담은 하지 않습니다. 그리고 내가 아는 모든 사람들에 대해 좋은 말만 합니다."

비난하고 비평하고 불평하는 것은 바보나 하는 일이다. 사실 대부분의 바보가 그렇게 하고 있다. 하지만 이해심을 발휘하고 용서하려면 자제심과 갈고닦은 인품이 있어야 한다.

영국의 비평가이자 사상가인 칼라일은 이렇게 말했다.

"대인의 위대함은 소인을 대하는 태도에서 알 수 있다."

시험비행 조종사이자 에어 쇼의 곡예 비행사였던 밥 후버가 샌디에이고에서 에어 쇼를 마치고 로스앤젤레스로 돌아오는 중에 사건이 일어났다. 〈비행 조종술Flight Operations〉지에 실린 글에 따르면 300피트 상공에서 비행기의 엔진 두 개가 멈춰 섰다고 한다. 밥 후버는 능란한 비행술로 간신히 비행기를 착륙시켰다. 다친 사람은 없었지만 비행기는 심각하게 파손되었다.

비상 착륙을 하고 나서 밥 후버가 했던 첫 번째 일은 비행기의 연료를 검사하는 것이었다. 그의 짐작대로 그가 조종한 제2차 세계대전 당시의 프로펠러 비행기에 가솔린이 아닌 제트 연료가 주유되어 있었다.

공항에 도착하자마자 밥 후버는 자신의 비행기를 담당했던 정비사를 만나게 해달라고 청했다. 그 젊은이는 자신의 실수에 괴로워하며 낙담해 있었다. 밥 후버가 다가가 보니 그의 얼굴에 눈물이 흘러내리고 있었다. 자신의 실수로 고가의 비행기가 손상을 입었고 하마터면 세 명의 목숨도 잃을 뻔했던 것이다.

밥 후버가 얼마나 화가 났을지는 미루어 짐작할 수 있을 것이다. 탁월한 실력을 자랑하는 꼼꼼한 파일럿이 그런 부주의를 목격했으니 호된 꾸지람과 질책을 하는 게 당연한 일이었다. 누구라도 그렇게 예상했다. 하지만 밥 후버는 그 정비사를 꾸짖지 않았다. 한 마디 비난이나 비판도 없이 그 큰 팔을 정비사의 어깨에 두르고 말했다.

"나는 자네가 다시는 이런 실수를 하지 않을 거라고 생각하네. 그러니 내일 조종할 F-51의 정비는 자네가 맡아주었으면 하네."

부모가 되면 자녀를 비난하기 쉽다. 지금 이 책을 읽는 독자들은 내가 '그러지 마라.'라고 할 것으로 예상하겠지만, 그렇게 하지 않을 생각이다. 그저 "비난하기 전에 미국 저널리즘의 고전으로 꼽히는 '아버지는 잊어버린다'라는 글을 읽어보라"고 말하겠다. 이 글은 〈피플즈 홈 저널People's Home Journal〉의 사설로 소개된 글이다. 저자의 승인 아래 〈리더스 다이제스트Reader's Digest〉에 실린 요약판을 이곳에 소개한다.

이 글에 대해 작가인 리빙스톤 라니드는 다음과 같이 말했다.

"이 글은 미전역의 수백여 개의 잡지와 기관지, 신문에 실리고 수많은 외국어로 옮겨져 폭넓게 소개되었다. 학교나 교회, 강연회장에서 이 글을 읽고자 하는 사람들에게 사용 허가를 내준 일도 있다. 셀 수 없이 무수한 행사와 프로그램에서 사용되기도 했다. 의외였지만 대학 정기 간행물뿐만 아니라 고등학교 교지에도 실렸다. 가끔 의외의 인정을 받는 글이 있는데 이 글이 그런 것 같다."

'아버지는 잊어버린다'

-리빙스톤 라니드

아들아, 듣거라. 네가 잠든 사이에야 말하는구나. 말아 쥔 작은 손 하나를 뺨 아래 대었고, 금발 고수머리는 땀으로 젖은 앞이마에 달라붙어 있구나. 나는 지금 네 방에 몰래 들어와 앉아 있단다. 조금 전에 서재에서 신문을 읽으려고 앉았는데 회한과 후회와 가책이 숨 막히게 밀려들어 왔단다. 죄책감이 든 나는 네 침대 곁으로 왔다.

아들아, 이런 생각이 들었단다. 그동안 나는 너에게 신경질만 냈어. 얼굴을 수건으로 살짝 문질러 닦기만 했다고 학교 갈 준비를 하는 너를 꾸짖었지. 신발을 닦지 않았다고 너를 꾸짖기도 했구

나. 물건을 바닥에 던졌다고 화를 내며 소리를 지르기도 했지.

아침 식사를 하면서도 온갖 잘못을 지적하며 잔소리를 했구나.
너는 물을 엎지르고, 음식을 게걸스럽게 삼켰고, 한쪽 팔꿈치를
식탁 위에 올려놓았고, 빵에 버터를 너무 많이 발랐지. 내가 기
차를 타러 나가는데 놀려던 너는 뒤로 돌아 한쪽 손을 흔들며 말
했지.

"안녕, 아빠!"

그때 나는 얼굴을 찡그리며 이렇게 대꾸했지.

"어깨를 펴라."

그러고는 저녁에 또다시 같은 일을 했지. 나는 길에 나가 너를
몰래 지켜보았단다. 너는 땅에 엎드려 구슬치기를 하고 있었지.
스타킹에 구멍이 나 있더구나. 당장 너를 앞세워 집으로 데리고
들어가 친구들 앞에서 창피를 주었지.

"스타킹이 얼마나 비싼데. 네 돈 주고 사는 거라면 좀 더 조심
해서 신었을 거다."

아버지라는 사람이 이런 말을 했다니!

그 다음에 있었던 일을 기억하니? 내가 서재에서 글을 읽고 있
을 때 네가 상처 입은 얼굴을 하고 조심스레 들어왔단다. 신문에
서 눈을 떼고 방해를 받아 짜증스러운 얼굴로 너를 보니 너는 문
가에서 주저하며 서 있더구나.

"무슨 일이니?"

나는 날카로운 목소리로 말했지.

너는 아무 말도 하지 않았지. 다만 한달음에 방을 가로질러 달려
와 내 목덜미에 네 두 팔을 두르고 키스했지. 꼭 껴안는 네 작은

두 팔에는 하나님께서 마음속에 피어주신 애정이 듬뿍 담겨 있었단다. 너를 무시하는 태도조차 무색할 뿐이었지. 그런 다음 너는 밖으로 나가 빠른 걸음으로 계단을 올라갔지.

그래, 아들아. 그 직후였다. 내 손에 든 신문이 스르르 떨어지고 구역질 나도록 끔찍한 두려움이 나를 덮쳐왔다. 나는 습관적으로 무슨 짓을 저질렀단 말인가?

흠을 잡고 책망하는 그 버릇, 네가 아이라서 당연하다고 생각하며 해왔던 일이었다. 그렇다고 내가 너를 사랑하지 않는 건 아니란다. 어린 너에게 너무 많은 걸 기대하고 있어서였다. 한참을 살아온 내 삶의 잣대로 너를 재고 있더구나.

너는 장점이 많고, 진실하며, 착한 아이란다. 네 작은 심장은 언덕 위로 솟아오르는 햇살만큼 커다랗단다. 자연스레 나에게 달려와 굿나잇 키스를 하는 네 모습에서도 알 수 있지.

아들아, 오늘 밤은 다른 것은 중요하지 않구나. 지금 나는 어둠 속에서 네 침대 곁에 무릎 꿇고 앉아 부끄러워하고 있단다!

참 보잘 것 없고 미약한 속죄구나. 네가 깨어났을 때 이런 이야기를 하면 이해하지 못할 줄 안다. 하지만 내일이면 나는 정말 아빠가 될 거다! 너와 친구처럼 지내고 네가 괴로울 때 같이 괴로워하고 네가 웃을 때 같이 웃을 테다. 짜증 섞인 말이 튀어나오려고 하면 혀를 깨물거란다. 그리고 신성한 의식처럼 이 말을 되풀이할 거란다.

"우리 아들은 아이일 뿐이다. 어린아이!"

미안하게도 나는 너를 다 자란 어른이라고만 생각하고 있었단다. 피곤한 몸을 침대에 누이고 웅크려 자는 너를 보니 아직도 어린아이란 걸 알겠구나. 어제 너는 엄마 품에 안겨 어깨에 머리를 기대고 있었지. 너에게 나는 너무 많은 것을 요구했구나. 너무 많은 것을.

누군가를 비난하고 책망하는 대신에 이해하도록 노력하자. 행동의 이유를 알아보려 하자. 그렇게 하면 공감하게 되고, 인내하게 되고, 친절하게 된다. 모든 것을 알면 모든 것을 용서할 수 있다.

제1원칙

비난하거나 비판하거나 불평하지 마라.

Chapter
2

사람을 상대하는
비결

　이 세상에서 사람에게 뭔가를 시키려면 방법은 하나뿐이다. 그건 바로 그 일을 하고 싶게 만드는 것이다. 그 외 다른 방법이 없다는 사실을 기억하라.

　물론 권총부리를 갈비뼈에 갖다 대서 손목시계를 풀어 주고 싶게 만들 수는 있다. 해고하겠다는 으름장으로 직원들의 협조를 얻어낼 수도 있다(뒤로 돌아 나가기 전까지는 직원들이 순순히 협조한다). 회초리를 때리거나 위협하면 어린아이들에게 원하는 일을 시킬 수 있다. 하지만 이런 미숙하고 거친 방법은 절대로 바람직하지 않은 반향을 불러일으키게 된다.

　일을 시킬 수 있는 유일한 방법은 원하는 것을 주는 것뿐이다.

　그렇다면 생각해보자. 우리는 무엇을 원하는가?

지그문트 프로이트는 우리가 하는 모든 일은 두 가지 동기에서 나온 다고 말했다. 성적 욕구와 훌륭한 사람이 되고자 하는 욕망이다.

미국에서 가장 조예가 깊은 철학자로 손꼽히는 존 듀이는 이를 조금 다르게 표현했다. 존 듀이는 인간 본성의 가장 심오한 욕구는 '중요한 존재로 인정받고자 하는 욕구'라고 말했다. 여기서 '중요한 존재로 인정받고자 하는 욕구'라는 표현을 기억해야 한다. 중요한 말이다. 앞으로 이 책에서 여러 번 듣게 될 말이기도 하다.

우리는 무엇을 원하는가? 그리 많지는 않겠지만 갈망하는 것들이 몇 가지 있게 마련이다. 대부분 사람들이 원하는 것에는 다음과 같은 것들이 포함되어 있다.

1. 건강과 생명의 보존
2. 음식
3. 잠
4. 돈과 돈으로 살 수 있는 것들
5. 내세의 삶
6. 성적 만족
7. 자녀의 행복
8. 중요한 존재로 인정받는 느낌

하나를 제외하고는 대부분 충족되는 욕구다. 하지만 단 하나, 음식이나 잠에 대한 욕구만큼이나 가장 마음 깊은 곳에서 가장 중요하게 열망하는 것은 만족되는 일이 거의 없다. 이것이 바로 프로이트가 '위대해지고자 하는 욕구'라 불렀던 것이다. 존 듀이는 이것을 '중요한 존재로 인정받고자 하는 욕구'라고 말했던 것이다.

링컨이 '모든 이들은 칭찬을 좋아한다.'라고 편지의 서두를 적었던 적이 있었다. 윌리엄 제임스는 '인간 본성의 가장 깊은 내면에 존재하는 기본적인 본질은 인정을 받고자 하는 갈망이다.'라고 말했다. 윌리엄 제임스가 인정받고자 하는 '바람'이나 '욕구' 또는 '욕망'이라고 말하지 않은 점에 주의해주기 바란다. 그는 인정받고자 하는 '갈망'이라고 말했다.

이것은 격렬하고 참기 어려운 인간의 갈망이다. 따라서 이런 가슴속 깊은 곳의 갈망을 만족시키는 쉽지 않은 일을 해낸 사람은 사람들을 손아귀에 쥐고 흔들 수 있고, 그가 죽으면 장의사조차도 유감스러워할 것이다.

중요한 존재로 인정받고자 하는 갈망은 인류와 동물을 구분 짓는 주요한 차이점 중 하나다. 실례로 설명해보자. 나는 미주리 주에 있는 변두리 농장에서 살았는데, 우리 아버지는 미국산 두록종의 돼지와 혈통이 좋은 헤리퍼드종 소를 키우고 계셨다. 우리는 카운티 경진대회나 미들 웨스트 지역에서 열리는 축산 박람회에 우리집 돼지와 소를 출전시켜서 십여 번 우승을 했다. 우리 아버지는 하얀색 모슬린 천에 파란 리본을 꽂아놓고 집에 찾아오는 사람들에게 그 기다란 모슬린 천을 내보이곤 했다. 아버지는 한쪽 끝을 잡고 다른 쪽은 내게 잡게 한 다음에 파란 리본들을 전시했다.

그러나 우리집 돼지들에게 그 리본은 중요한 것이 아니었다. 하지만 아버지에게는 중요했다. 그 상은 아버지에게 자신이 중요한 존재로 인정받고 있다는 느낌을 주었다.

우리의 선조들에게도 이런 강렬한 인정받고자 하는 갈망이 없었더라면 문명이 존재하지 못했을 것이다. 중요한 존재로 인정받고자 하는 갈망이 없다면 우리는 동물과 다름없이 지냈을 것이다.

가난에 시달리며 정규 교육을 받지 못한 잡화점 점원이 50센트에 산 가구 밑바닥에서 발견한 법률 서적을 공부한 것도 바로 이 중요한 존재로 인정받고자 하는 갈망 때문이었다. 그 점원이 누구인지 짐작할 수 있을 것이다. 바로 링컨이다.

찰스 디킨즈가 불후의 명작을 집필하도록 영감을 준 것도 바로 중요한 존재로 인정받고자 하는 갈망이었다. 크리스토퍼 워렌 경이 교향곡과 같은 훌륭한 석조 건물을 설계했던 것도 이 욕구 때문이었다. 록펠러가 다 쓸 수도 없을 정도의 재산을 모았던 것도 바로 이 갈망 덕분이었다! 동네에서 가장 잘사는 집이 필요 이상으로 큰 집을 짓고 사는 것도 다 이 갈망 때문이다. 이 갈망 때문에 우리는 최신 스타일의 옷을 입고자 하고, 최신 차를 몰고, 똑똑한 자녀 자랑을 하고자 한다.

수많은 소년 소녀들이 갱단에 가입해서 범죄를 저지르는 것도 바로 이런 갈망 때문이다. 뉴욕 시경 국장을 지낸 멀루니에 의하면, 보통의 젊은 범죄자들은 자부심이 강해서 체포되면 가장 먼저 그를 영웅으로 만들어준 선정적인 신문을 보여달라는 요구를 한다고 한다. 영화배우나 텔레비전 스타, 정치인들 사진과 함께 신문 지면을 공유하고 있다는 사실에 흡족해서 복역 기간의 어려움쯤이야 대단치 않은 것처럼 본다는 것이다.

그렇다면 중요한 존재로 인정받고 있다는 느낌을 얻을 수 있는 방법이 무엇이냐고 묻는다면 그건 사람마다 다르다. 성격에 따라 달라진다. 무엇을 가장 중요하게 생각하느냐에 달려 있는 일이다. 록펠러는 큰돈을 써서 중국 베이징 지역에 근대 시설을 갖춘 병원을 세우고, 얼굴 한 번을 못 보고 추후에도 볼 일이 없는 수백만 명의 가난한 사람들을 염려했다. 반면, 딜린저는 노상 강도, 은행 강도, 살인자가 되는 것으로 인정받는 느낌을 얻었다. FBI 요원에게 쫓기던 딜린저가 미네소타의 한 농가에 쳐들어가 이런 말을 했다고 한다.

"내가 딜린저다!"

그는 자신이 공공의 적 1호라는 사실에 자부심을 느끼고 있었다.

"너희를 해치지는 않겠다. 하지만 난 딜린저다!"

그렇다. 딜린저와 록펠러의 가장 큰 차이는 중요한 존재로 인정받기 위한 방법에 있었다.

역사적으로 살펴보면 인정받고자 하는 갈망을 해소하기 위해 애쓴 유명한 사람들의 재미있는 일화가 많다. 조지 워싱턴조차도 '미합중국 대통령 각하'라는 호칭을 원했고, 콜럼버스는 '인도양의 총독이자 제독'이라고 불러달라고 했다. 러시아의 캐서린 대제는 '황후 폐하 친서'라고 적혀 있지 않은 편지는 열어보지 않았다고 한다. 링컨의 부인은 백악관에서 그랜트 장군의 부인에게 포악한 목소리로 "내가 허락하기도 전에 감히 내 안전에 앉아 있다니!"라고 소리쳤다고 한다.

미국의 백만장자들은 버드 제독의 1928년 남극 원정을 후원하면서 그 광활한 얼음산에 자신들의 이름이 붙여질 것이라 생각했다. 빅토리아 휴고는 자신의 이름으로 파리의 시명을 개명하고자 하는 바람을 가졌다. 위대한 문호 셰익스피어조차도 집을 경호할 군대를 거느려서 이름을 더 빛내고자 했다.

사람들은 주목을 받고 교감을 나누고 인정받는 느낌을 얻기 위해 병이 들기도 한다. 맥킨리 부인의 이야기를 해보자. 부인은 미합중국의 대통령인 남편에게 국가의 중대 행사도 무시한 채 몇 시간이고 자신의 침대에 같이 누워서 자신을 안고 재워주기를 강요했다. 그녀는 주목받고자 하는 강렬한 욕망을 만족시키기 위해 치과 치료를 받는 동안 남편을 곁에 두었다. 한번은 남편이 국무장관인 존 헤이와 약속을 지키기 위해 치과치료를 받는 도중에 아내를 놔두고 자리를 떴다가 한바탕 난리 법석이 일어난 적도 있었다.

작가인 메리 로버츠 라인하트가 존재감을 얻으려다 마음의 병이 든 아름답고 생기발랄한 젊은 여성의 이야기를 해준 적이 있다.

"어느 날 이 아가씨는 도저히 피할 수 없는 사실에 직면하게 되었죠. 아마 나이 문제였을 거예요. 앞으로 살아갈 날은 창창한데 외롭고 기대되는 일도 거의 없었어요. 그녀는 몸져 누워버렸어요. 그로부터 10년 동안 아가씨의 노모는 3층까지 오르락내리락거리며 음식을 해다 바치면서 그 아가씨를 간호했지요. 그러던 어느 날 딸의 시중으로 지쳐가던 노모는 쓰러져 돌아가셨어요. 병약한 아가씨는 몇 주 동안 괴로운 생활을 하다가 마침내 자리를 털고 일어나 옷을 챙겨 입고 다시 정상적인 삶을 재개했답니다."

전문가들은 사람들이 미쳐가는 이유가 가혹한 현실에서 거절당하고 받아들여지지 못했던 존재감을 정신착란으로 세운 꿈나라에서 얻기 위해서라고 단언한다. 미국에서는 다른 질병으로 고통받고 있는 사람들을 다 합친 것보다 이런 정신병으로 고통받는 환자들이 더 많다.

정신병의 원인은 무엇일까?

광범위한 문제이므로 한마디로 대답할 수 없을 것이다. 하지만 우리는 매독과 같은 특정 질병이 뇌세포를 파괴시켜서 그 결과로 정신병을 일으킨다는 것은 알고 있다. 사실 정신병의 절반 정도가 뇌조직의 상해와 알콜, 독소, 부상과 같은 물리적인 원인에서 기인한다. 하지만 나머지 절반은 두뇌 조직에는 아무런 손상도 없는 상태에서 미쳐간다(이것이 바로 소름끼치는 이야기다). 사후에 부검을 해서 그들의 뇌조직을 고성능 현미경으로 관찰하면 보통 사람들과 마찬가지로 건강한 조직임을 알 수 있다고 한다.

그렇다면 그들이 미쳤던 건 왜일까?

미국에서 가장 권위 있는 정신과 병원으로 꼽히는 곳의 수석 내과의사에게 이 질문을 한 적이 있다. 그와 관련한 연구로 가장 유명한 상을 수상한 경력을 자랑하는 그 의사는 나에게 솔직히 자신도 사람들이 미치는 이유를 모른다고 말했다. 확실히 아는 이가 아무도 없지만 그가 단언할 수 있는 것은 미친 사람들은 현실세계에서 얻을 수 없었던, 인정받는 느낌을 미쳐서 얻게 된다고 말해주었다. 그러고 나서 그가 내게 해준 이야기다.

"결혼을 했다가 비극적인 파국을 맞은 환자가 한 명 있었습니다. 그녀는 사랑과 성적 만족감, 자녀와 사회적 명성을 원했지만, 삶은 그녀의 바람을 철저하게 저버렸지요. 남편은 그녀를 사랑하지 않았습니다. 함께 식사하는 것조차 거부하면서 2층에 있는 자신의 방에 음식을 가져다달라고 했어요. 자녀도 없었고 사회적 지위도 없었어요. 그녀는 미쳐갔습니다. 상상 속에서 남편과 이혼하고 처녀 때 이름을 되찾았어요. 지금은 영국의 명문 귀족과 결혼했다고 믿으면서 자신이 '레이디 스미스'라고 주장하고 있습니다. 자녀 문제에 있어서는 매일 밤 아이를 가졌다고 상상합니다. 만날 때마다 '의사 선생님 어젯밤에 아이를 낳았어요.'라고 말하지요."

과거에 그녀의 희망이 담긴 배는 현실이라는 날카로운 암초에 좌초되어 산산조각이 나버렸다. 하지만 정신병이 만들어낸 환상의 섬에서는 화창한 날씨 속에서 그녀의 바켄틴 범선이 바람의 노랫소리에 불룩해진 돛으로 항구를 향해 순항하고 있는 것이다.

비극적이라고? 글쎄, 나는 모르겠다. 그녀의 의사는 이렇게 말했다.

"내 힘으로 그녀의 정신병을 고칠 수 있다고 하더라도 고쳐주고 싶지 않습니다. 그녀는 지금 훨씬 더 행복하니까요."

중요한 존재로 인정받는 느낌을 얻고자 하는 마음이 너무나 강해서 미쳐버린 사람들이 있다면, 정신병의 이면에 존재하는 바로 그 인정을 사람들에게 해준다면 얼마나 대단한 기적을 일으킬 수 있는지 생각해보라.

미국 비즈니스 역사상 최초로 백만 달러 이상의 연봉을 받았던 사람 중에는 찰스 스왑이 있다(소득세도 없었고 일주일에 50달러를 벌면 매우 부유한 사람이라고 여겨지던 시절이었다). 그는 앤드류 카네기에게 발탁되어 1921년에 유에스 스틸United States Steel Corporation의 초대 회장이 되었다. 방년 38세에 이룬 일이었다(스왑은 나중에 유에스 스틸을 떠나 어려움을 겪고 있던 베슬리헴 스틸Bethlehem Steel Corporation으로 이직해서 미국에서 가장 수익을 많이 내는 기업으로 재건해내기도 했다).

앤드류 카네기가 찰스 스왑에게 연봉으로 백만 달러 즉 하루에 3,000달러 이상의 보수를 주었던 이유는 무엇이었을까? 스왑이 천재여서? 아니다. 그렇다면 제철에 관해 다른 사람보다 많이 알고 있어서? 말도 안 된다. 찰스 스왑은 자신보다 제철에 관해 더 많이 알고 있는 사람들을 여럿 두고 있었다고 직접 말하기도 했다.

스왑은 자신의 보수가 그렇게 많았던 이유를 '사람을 다루는 능력'에 있었다고 말했다. 나는 그에게 그 비결을 물어보았다. 지금부터 그가 털어놓은 비결을 그대로 옮겨본다. 청동에 새겨서 집집마다, 학교마다, 가게나 사무실마다 걸어놓아야 할 말이다. 우리 아이들이 라틴어 동사의 활용이나 브라질의 연간 강수량 따위를 외우느라 낭비하는 시간에 이 말을 외워야 마땅하다. 그 말에 따라 살면 완전히 다른 삶을 살수 있게 된다.

"사람들의 열정을 불러일으키는 내 능력 때문이라고 생각합니다. 제게 있는 가장 훌륭한 자산이지요. 사람들에게서 최선을 이끌어내는 방법은 인정과 격려입니다. 사람들의 사기를 꺾어놓고 의욕을 잠재우는 것은 상사의 비난이 최고입니다. 저는 절대로 사람들을 비난하지 않습니다. 사람들에게 일하고자 하는 동기를 부여하는 것이 중요하다고 생각합니다. 어떻게 하면 칭찬을 할까 생각하고 흠을 잡거나 나무라는 일은 하기 싫어합니다. 마음에 드는 일이 있으면 저는 진심으로 인정하고 칭찬을 아끼지 않습니다."

스왑은 이렇게 했던 것이다. 하지만 보통의 사람들은 어떨까? 완전히 반대다. 마음에 안 드는 일이 있으면 당장 하급자에게 큰소리를 친다. 마음에 들 때는 아무 말도 하지 않는다. 옛날 시조에서도 이렇게 말했다.

'잘못을 하면 당장 소리를 듣지만 두 배로 잘해도 아무런 소리를 듣지 못하네.'

스왑은 다음과 같이 단언했다.

"폭넓은 인간관계를 맺으면서 전 세계 수많은 위대한 사람들을 만나봤지만, 지위 고하를 막론하고 칭찬하는 데 최우선을 두고 노력하는 사람이 비난하기만 하는 사람보다 더 일을 못하는 경우를 보지 못했습니다."

솔직히 스왑의 말은 앤드류 카네기가 이룬 경이적인 성공의 이유 중

눈에 띄는 것이다. 그는 함께 일하는 사람들을 공적인 자리뿐만 아니라 사적인 자리에서도 칭찬하고 격려했다.

카네기는 자신의 비문을 통해서도 함께 일한 사람들을 칭찬하고 싶어 했다. 그래서 비문을 이렇게 써달라고 했다.

'자신보다 더 현명한 사람들을 주변에 둘 줄 알았던 한 사람, 여기 잠들다.'

존 록펠러가 사람을 다루는 문제에서 거둔 첫 번째 성공의 비결도 진심에서 우러나오는 칭찬과 인정이었다. 그의 동업자 에드워드 베드포드가 남아프리카에서 잘못된 구매로 회사자금 백만 달러를 잃었던 적이 있었다. 베드포드를 비난해도 마땅한 일이었다. 하지만 그는 베드포드가 최선을 다했다는 걸 알고 있었다. 그리고 이미 돌이킬 수 없는 일이었다. 그래서 록펠러는 칭찬할 일을 찾아보았다. 그리고 베드포드에게 투자한 돈의 60퍼센트를 지켜낼 수 있었다는 것을 축하했다.

"그것만 해도 장하네. 우리가 늘 저 하늘에 있는 양반처럼 잘해낼 수 있는 건 아니잖나."

우연히 신문에서 수집한 이야기 하나가 있다. 실화는 아니지만 진실을 보여주는 데는 손색이 없는 이야기다. 그 하나를 옮겨보자.

이 우스개 이야기의 주인공은 농사일을 하는 여자다. 힘든 하루를 마치고 돌아온 집안 남자들의 앞에 놓인 요리는 수북하게 담긴 건초더미였다. 남자들이 미쳤느냐며 광분하자 여자는 대답했다.

"눈치챌지 몰랐는데……. 지난 20년간 요리를 해왔지만 건초는 먹지 않겠다는 말을 나한테 한 적이 없잖아."

가출한 아내에 관한 연구가 몇 년 전에 있었다. 연구 결과 아내들이 가출하는 주된 이유가 무엇으로 밝혀졌을까? 바로 '감사와 인정의 부족'이었다. 가출한 남편에 대해 비슷한 연구를 한다고 해도 엇비슷한 결과를 얻게 되리라고 생각한다. 우리는 종종 배우자의 존재를 너무나 당연히 여겨서 감사하다는 표현을 하지 않는다.

내게 수업을 듣는 학생 중 한 명이 아내의 부탁에 대한 이야기를 해준 적이 있다. 같이 교회를 다니는 여자 몇 명과 함께 자기계발 프로그램에 참여하고 있던 아내는 남편에게 좋은 아내가 되는 데 도움이 될 만한 행동 여섯 가지를 적어달라고 부탁했다. 남편은 우리 수업에서 이렇게 말했다.

"그런 부탁을 받아서 놀랐습니다. 솔직히 아내가 달라졌으면 하는 점 6개를 쓰는 건 아주 간단한 일입니다. 뭐 아내도 제가 달라졌으면 하는 점을 한 천 개는 적을 수 있을 겁니다. 하지만 저는 그렇게 하지 않았습니다. 아내에게 '생각해보고 내일 아침에 답을 줄게.'라고 말했지요. 그리고 다음 날 아침 매우 일찍 일어나서 꽃가게에 전화를 걸어 장미꽃 여섯 송이와 카드 하나를 아내에게 가져다 달라고 했습니다. '당신이 달라졌으면 하는 것 6개를 도저히 생각할 수가 없었어. 나는 지금 그대로의 당신을 사랑해.'라고 적어달라고 했죠. 저녁에 집에 와보니 문가에서 맞이해주는 사람이 있었습니다. 바로 아내였어요! 아내는 거의 울기 직전이었습니다. 아내가 부탁한 대로 아내를 비판하지 않았던 게 너무나 다행이었다는 건 말할 필요도 없습니다. 다음 일요일 교회에 간 아내는 과제를 한 이야기를 했어요. 같이 프로그램에 참여하고 있는 여성분들이 저에게 다가와 말했습니다. '제가 들어본 중에 가장 사려 깊은 행동이었어요.' 그때 저는 감사와 인정의 힘을 깨달았습니다."

브로드웨이를 놀라게 한 최고의 뮤지컬 제작자, 플로렌즈 지그펠드는 교묘하게 '미국의 여성들을 미화시키는' 능력이 있다는 평판을 얻었다. 누구도 두 번 눈길을 주지 않는 보잘것없는 사람을 데려다 무대 위에 세워 신비하고 관능적인 매력을 지닌 모습으로 바꾸어놓은 적이 많았다. 인정과 신뢰의 가치를 알고 있던 그는 정중한 행동과 존중의 힘만으로 여성이 자신을 아름답다고 느끼게 만들었다. 지그펠드는 아주 실질적으로 행동했다. 코러스의 주급을 30달러에서 자그마치 170달러로 올려주었다. 또, 기사도 정신을 발휘해서 폴리스 극장에서 첫 공연을 하던 밤에 주연 배우들에게 축전을 보냈다. 그리고 코러스를 맡고 있는 아가씨들 모두에게 아메리칸 뷰티 품종의 값비싼 장미를 한 아름씩 보냈다.

한때 단식이 유행하던 시절 나도 휩쓸려 꼬박 6일 밤낮을 먹지 않았던 적이 있었다. 힘들었다. 그런데 둘째 날보다 여섯째 날이 덜 배고팠다. 만약 식구나 직원들에게 6일 동안 음식 섭취를 못하게 했다면, 그건 범죄행위라고 생각할 것이다. 하지만 사람들이 음식만큼이나 간절히 원하는 '진심 어린 감사와 인정'은 6일이 아니라 6주, 때로는 6년에 이르는 동안 주지 않아도 아무렇지 않게 생각한다.

최고의 배우로 활동했던 앨프리드 런트는 〈빈에서의 재회Reunion in Vienna〉에서 주역을 맡아 연기하면서 "내 자존감에 자양분을 많이 주는 것만큼 필요한 일은 없다."라고 말했다.

우리는 자녀나 친구, 직원들의 육체적인 성장에는 관심을 두고 있지만 그들의 자존감을 키워주지는 못하고 있는 건 아닐까? 소고기에 감자 요리를 대접해서 에너지를 길러주기는 하지만 새벽 별을 보며 음악을 감상했던 추억처럼 몇 년 동안 머릿속에서 울려 퍼질 다정한 감사와 인정의 말을 해주는 건 무시한다.

폴 하비는 〈나머지 이야기The Rest of the Story〉라는 라디오 방송에서 진심 어린 평가와 인정이 한 사람의 삶을 변화시킬 수 있다는 걸 이야기했다. 몇 년 전, 디트로이트의 한 교사가 스티브 모리스에게 교실에서 잃어버린 쥐 한 마리를 찾는 걸 도와달라고 부탁한 적이 있었다. 당연히 그 선생님은 교실에 다른 누구도 하지 못하는 일을 해낼 수 있었던 스티브의 능력을 인정하고 감사했다. 하늘은 앞을 보지 못하는 스티브에게 뛰어난 청력을 주셨다. 하지만 그 뛰어난 청력에 대해 인정을 받았던 것은 그때가 처음이었다. 그로부터 몇 년이 흐른 뒤 스티브는 그 선생님의 인정으로 새로운 인생이 시작되었다고 말했다. 뛰어난 청력을 계발하기 시작한 스티브는 스티비 원더라는 가명으로 1970년대 최고의 대중 가수이자 작곡가가 되었다.

이쯤에서 "흥, 어림도 없는 소리! 그런 건 다 해봤다고. 다 소용없어. 머리 좋은 사람들에게는 안 먹힌다고."라고 말할지도 모른다.

물론 명민하고 분별력 있는 사람에게 아첨하는 말은 효과가 없다. 얄팍하고 이기적이며 가식적이기 때문이다. 실패하는 게 당연하고 사실 대부분이 실패한다. 하지만 어떤 사람들은 인정에 목마르고 굶주려 아무것이라도 덥석 무는 경우도 있다. 아사 직전의 사람이 풀과 지렁이라도 먹겠다고 하는 것과 마찬가지이다.

빅토리아 여왕은 아첨에 약했다. 영국의 수상, 벤자민 디즈레일리는 여왕을 상대할 때는 지나칠 정도로 알랑거렸다고 고백하기도 했다. 그의 말을 그대로 빌려 표현하자면 그는 '흙손으로 아첨을 발라댔다.' 하지만 디즈레일리는 광활한 영국 제국을 통치했던 사람 중에 가장 능수능란한 솜씨를 발휘했던 이였다. 그는 뛰어난 말솜씨를 지녔다. 하지만 디즈레일리가 효과를 보았다고 우리도 반드시 같은 성과를 거둘 것이라 말 할 수는 없다. 아첨은 결국에는 이득보다는 손해를 더 많이 가져다준다. 아첨은 가짜다. 가짜 돈을 다른 사람에게 건네면 문제가 생기는 것처럼 마찬가지로 아첨도 문제만 일으킬 수 있다.

아첨과 인정의 차이는 뭘까? 간단하다. 진심이냐, 아니냐의 차이다. 마음에서 우러나온 것이냐, 입에서 나온 것이냐의 차이다. 이기적이냐, 이기적이지 않느냐의 차이다. 전체적으로 찬탄하고 감동받을 만한 것이냐, 아니면 비난받을 일이냐의 차이다.

얼마 전 멕시코시티에 있는 차풀테펙 성에서 오브레곤 장군의 흉상을 본 적이 있다. 그 흉상 아래는 장군의 철학에서 나온 현명한 말이 새겨져 있었다.

'네가 공격하는 적을 두려워하지 마라. 너에게 아첨하는 친구를 두려워하라.'

내가 말하는 건 아첨이 아니다! 절대로! 오히려 그 반대다. 삶을 살아가는 새로운 방식에 대해 이야기하고 있다. 다시 한 번 말한다. 난 삶의 새로운 방식에 대해 말하는 중이다.

킹 조지 5세는 버킹검 궁전에 있는 자신의 서재 벽에 6개의 금언을 걸어놓았다고 한다. 그중에는 이런 말이 있었다.

'값싼 칭찬을 하거나 받지 않도록 가르쳐주세요.'

값싼 칭찬, 그것이 바로 아첨이다. 이전에 아첨에 대한 정의를 내린 글을 읽은 적이 있는데 다시 한 번 되새겨볼 필요가 있다.

'아첨은 상대가 자신에 대해 생각하는바를 그대로 말해주는 것이다.'

랄프 월도 에머슨도 말했다.

"어떤 언어를 구사하더라도 자신의 모습이 드러나게 마련이다. 아첨을 하는 걸로 다 해결이 된다면, 모든 사람이 쉽게 대인관계의 전문가가 될 수 있을 것이다."

특정 문제에 대해 고민을 하는 경우가 아니라면 대개 95퍼센트의 시간 동안 우리는 자신에 대해 생각한다. 잠시 우리 자신에 대해 생각하는 걸 멈추고 다른 사람의 장점에 대한 생각을 시작할 수 있다면, 우리는 가치 없는 가짜여서 입 밖으로 나오는 즉시 의도가 포착당하는 아첨에 의지할 필요가 없다.

일상생활을 하면서 가장 무시하게 되는 덕목 중 하나가 인정이다. 자녀가 우수한 성적표를 가지고 왔을 때나 처음으로 케이크를 구웠거나, 나무 위에 새집을 짓는 데 성공했을 때도 우리는 칭찬을 게을리한다. 부모의 관심과 인정만큼 아이를 기쁘게 하는 일은 없다.

이 다음에 클럽에서 필레미뇽 스테이크를 맛있게 먹었다면 요리사에게 훌륭한 요리였다는 말을 전하도록 하라. 피곤해보이는 판매원이 정중하고 공손하게 대해 주면 제발 한 마디 인사말을 건네도록 하라.

성직자나 강연자, 강사들이 가장 낙담하고 의기소침해지는 건 열심히 이야기를 했는데도 감사의 말 한 마디를 듣지 못할 때다. 전문가들도 그런데 사무실, 상점, 공장에서 일하는 사람들이나 가족과 친구들은 더욱 그럴 것이다. 대인관계에 있어서 잊지 말아야 할 것은 우리가 상대하는 모든 이들이 인간이고 인정과 감사에 굶주려 있다는 사실이다. 인정과 감사는 모든 사람들이 좋아하는 법정통화와 같아서 모든 거래에 무제한으로 통용될 수 있다.

일상이라는 여행길 여기저기를 감사라는 작은 불꽃으로 밝혀보도록 하라. 그 작은 불꽃이 우정이라는 불길을 일으켜 횃불로 우리를 밝혀 준다는 사실을 깨닫고 놀라게 될 것이다.

코네티컷 주의 뉴페어필드에 사는 파멜라 던햄의 담당 업무 중에는 일을 잘 못하는 경비원의 관리 감독이 있었다. 다른 직원들은 그 경비원을 비웃고 복도를 어지럽혀서 그가 얼마나 일을 엉망으로 하고 있는지를 보여주곤 했다. 상황은 너무나 나빠서 그 상점에서는 생산적인 일을 할 시간까지 빼앗기고 있었다.

파멜라는 관리인에게 동기를 부여하고자 갖은 방법을 다 써보았지만 효과가 없었다. 그러던 중에 그 관리인이 이따금씩 일을 잘해낼 때가 있다는 걸 알게 되었다. 그녀는 그때마다 다른 사람들 앞에서 그를 칭찬하기로 마음먹었다. 매일 경비원의 일솜씨가 나아지기 시작했고, 곧 그는 모든 맡은 일을 솜씨 좋게 해내기 시작했다. 이제 그는 아주 훌륭한 일꾼이 되었고, 다른 사람들이 그의 진가를 알아보고 인정하게 되었다. 진정한 인정은 비난이나 비웃음이 이루지 못한 일을 해내고 만다.

상처를 주는 것으로는 변화를 이끌어내지도 못할뿐더러 아예 상대의 주목도 받을 수가 없다. 스크랩했다가 거울에 붙여놓고 매일 눈에 뜨이도록 해놓은 오래된 경구가 하나 있다.

'나는 이 세상을 딱 한 번 살다가 간다. 그러므로 내가 사람들에게 할 수 있는 어떤 선행이나 친절함이 있다면, 이제 그것을 할 것이다. 나는 미루거나 게을리하지 않을 것이다. 이 길을 다시는 갈 수 없기 때문이다.'

에머슨은 말했다.

"내가 만난 모든 사람은 어떤 면에서든 나보다 뛰어난 점이 있다. 그러므로 나는 그들에게 배운다."

에머슨이 그랬다면 우리는 천 배쯤 더 그렇지 않겠는가? 내가 원하는 것, 내가 이룬 것들에 대한 생각은 멈추고 다른 사람의 장점을 알아보는 일을 시작해보자. 그리고 아첨일랑 생각도 하지 마라. 진심에서 우러나오는 진실한 칭찬을 하자.

'진심을 담은 칭찬을 아낌없이 주자.'

그러면 사람들은 우리의 말을 소중하게 간직하고, 평생 되풀이해 기억해줄 것이다. 우리가 그들을 잊은 후에도 계속 그 말은 남아 되풀이될 것이다.

제2원칙

진심에서 우러나오는 진실한 칭찬을 하자.

Chapter 3

이 일을 해내면 세상이
자신의 편이 될 것이고, 해내지 못하면
외로운 길을 걷게 된다

여름이면 종종 메인 주로 낚시를 간다. 나는 개인적으로 딸기에 크림을 묻혀 먹는 것을 좋아하지만 묘하게도 물고기는 벌레를 더 좋아한다. 그래서 나는 낚시를 갈 때는 내가 원하는 것은 생각하지 않는다. 대신 물고기들이 원하는 것을 생각한다. 미끼로 크림 묻은 딸기를 걸지 않는다. 대신에 물고기들 앞에 메뚜기나 벌레를 매달아 보이면서 말한다.

"이거 먹고 싶지 않니?"

사람을 얻으려고 할 때도 이와 같은 상식적인 판단을 가지면 어떨까?

제1차 세계대전 당시 대영제국의 수상이었던 로이드 조지는 그렇게 했다. 윌슨, 올랜도, 클레망소와 같은 다른 전시 지도자들이 다 실각하고 사람들에게 잊힌 후에도 여전히 권력을 유지하고 있는 방법을 로이드에게 물어보았다. 그러자 그는 자신이 정상의 위치를 유지하고 있는 이유를 하나 꼽으라고 한다면, 그건 아마도 물고기가 좋아할 미끼를 달아야만 한다는 사실을 깨닫고 있었기 때문일 것이라고 했다.

우리가 원하는 것에 대해 말할 이유가 없다. 그건 유치하고 어처구니 없는 일이다. 물론 자기가 원하는 것에 관심이 가게 마련이다. 우리는 영원히 그렇게 할 것이다. 하지만 다른 사람은 관심을 두지 않는다. 우리 모두는 다 같다. 모두 각자 자신이 원하는 것에만 관심을 두고 있다.

그러니 이 세상에서 다른 사람에게 영향력을 미칠 수 있는 유일한 방법은 다른 사람이 원하는 것에 대해 말하고 그들이 어떻게 하면 그걸 얻을 수 있는지를 보여주는 것이다.

다른 사람에게 뭔가를 시키려고 할 때는 이것을 기억해라.

자녀가 담배를 피우지 않게 하고 싶다면 일장 설교를 하거나 내가 원하는 것에 대해 말하지 마라. 대신 담배를 피우면 야구 선수가 될 수도 없고, 백 미터 달리기에서 일등을 할 수 없다고 알려주면 된다. 자녀를 대할 때 뿐만 아니라 송아지나 침팬지를 대할 때도 모두 다 기억해두면 유용하다.

하루는 랄프 월도 에머슨과 그의 아들이 송아지 한 마리를 우리에 몰아넣으려 했다. 하지만 그들은 대부분 사람들처럼 자신들이 원하는 것만 생각하는 실수를 범했다. 에머슨은 당기고 그의 아들은 밀었다. 하지만 송아지는 자기가 하고 싶은 일을 했다. 송아지는 오로지 자신이 원하는 것만 생각했기 때문에 다리에 힘을 주고 버티며 한사코 목초지를 떠나지 않으려 했다. 그러던 중 아일랜드 출신의 하녀 한 명이 에머슨 부자가 애를 먹고 있는 걸 보았다. 그녀는 에세이나 책을 쓸 수 있는 재능은 없었지만, 최소한 '생활의 지혜', 아니 '송아지에 관한 지혜'에 있어서는 에머슨보다 나았다. 하녀는 송아지가 원하는 것이 무엇인지를 생각했다. 그리고 송아지의 입에 손가락을 넣어 빨게 한 다음에 천천히 송아지를 헛간 안으로 들어오게 유도했다.

태어난 첫날부터 지금껏 우리는 원하는 것을 찾아서 움직였다. 적십자에 거액의 기부을 하는 건 어떠냐고? 물론 그것도 예외는 아니다. 적십자에 기부금을 내는 건 도움의 손길을 주고 싶다는 마음 때문이다. 훌륭하고 이타적이며 거룩한 행동을 하고 싶었기 때문이었다.

"너희가 여기 내 형제 중에 지극히 작은 자 하나에게 한 것이 곧 내게 한 것이니라."(마태복음 25장 40절)

남을 돕는 이타적인 일을 하고 싶다는 생각이 돈보다 더 강하게 들지 않았다면 그런 기부를 하지도 않았을 것이다. 물론 기부금을 냈던 것이 차마 거절하지 못해서라거나 단골 거래처에서 부탁을 해왔기 때문일 수도 있다. 하지만 어떤 경우이든 한 가지는 확실하다. 기부를 한 것은 뭔가를 원했기 때문이다.

저명한 심리학자인 해리 오버스트리트는 그 유명한 《인간 행동에 영향을 주는 법Influencing Human Behavior》이란 책에서 다음과 같이 말했다.

'행동은 근본적으로 욕망에서 나온다. 그래서 기업, 가정, 학교, 정치계에서 사람을 설득하고자 하는 이에게 줄 수 있는 최대의 조언은 우선 상대에게 간절히 원하는 마음을 불러일으키라는 것이다. 이 일을 해내면 온 세상이 자신의 편이 될 것이고, 해내지 못하는 사람은 외로운 길을 걷게 된다.'

가난에 찌들어 고생을 하던 스코틀랜드 출신 소년이었던 앤드류 카네기는 한 시간에 2센트의 수당을 받는 일로 시작해서 3억 6,500만 달러의 유산을 남겼다. 그는 일찌감치 사람들에게 영향을 미치는 유일한 방법이 상대가 원하는 것에 관해 이야기하는 것이란 사실을 깨달았다. 학교에 다녔던 것은 겨우 4년뿐이었지만 그는 사람을 다루는 법을 익히 알고 있었다.

실례를 들어보자. 한번은 카네기의 처제가 두 아들 때문에 속상해했다. 두 아들 모두 예일 대학에 입학했는데 자기들 일에만 바빠서 집에 편지 한 장 쓰지 않았고, 엄마가 보낸 필사적인 편지도 거들떠보지 않고 있었다.

그래서 카네기는 100달러를 걸고 답장을 보내라는 말도 쓰지 않은 채 답장을 받아내겠노라고 했다. 누군가 그가 제안한 내기에 응했다. 그러자 카네기는 조카에게 허물없는 안부 편지를 적고 마지막 추신에다가 대수롭지 않은 듯 5달러 지폐 두 장을 동봉한다고 적었다. 하지만 정작 편지에는 그 돈을 동봉하지 않았다.

당장에 '사랑하는 앤드류 삼촌에게'로 시작하는 감사의 답장이 왔다. 그 편지의 마지막 문장이 무엇이었을지는 모두 짐작할 수 있을 것이다.

또 다른 설득의 예는 오하이오 주의 클리브랜드에 사는 스탠 노박이라는 사람의 이야기다. 우리 강좌에 참석했던 그는 어느 날 저녁 퇴근해서 귀가해보니 막내아들 팀이 거실에서 발을 구르며 소리를 지르고 있었다고 했다. 다음 날이면 유치원에 가기로 되어 있던 막내가 가지 않겠다고 고집을 부리는 참이었다. 예전의 스탠이라면 당장 아이를 방으로 쫓아내면서 유치원에 가는 게 좋을 거라고 협박조로 말했을 것이다. 달리 도리가 없는 일이라고 생각했다. 하지만 그렇게 해도 아들 팀이 유치원 생활을 최상의 마음상태로 시작하게 하는 데 전혀 도움이 되지 않을 거란 생각이 들었다. 그래서 스탠은 자리를 잡고 앉아서 생각했다.

'내가 팀이라면 유치원에 가는 걸로 신 나할 이유가 무엇이 있을까?'

그와 아내는 팀이 유치원에서 할 수 있는 온갖 재미있는 일들의 목록을 만들었다. 그런 다음에 손가락 그림 그리기, 노래 부르기, 새 친구 사귀기 등의 목록을 실행에 옮겼다.

"우리는 부엌 식탁에서 손가락 그림을 그리기 시작했습니다. 아내 릴리와 큰 아들 밥과 저는 모두 재미있게 그림을 그렸죠. 곧 팀이 구석에서 우리를 엿보았습니다. 그러다가 자기도 시켜달라고 사정을 하더군요. '오, 안 돼! 손가락 그림 그리기를 하려면 일단 유치원에 가서 하는 법을 배워야 해.' 저는 신중하게 막내가 이해할 수 있는 용어로 준비한 목록을 모두 읽어주었습니다. 유치원에 가서 할 수 있는 온갖 재미있는 일들을 이야기해주었지요. 다음 날 아침, 제일 먼저 일어났다고 생각한 저는 아래층으로 내려갔다가 막내아들이 거실 의자에서 깊이 잠들어 있는 걸 발견하게 되었습니다. '여기서 뭐하고 있니?' 제가 묻자 막내아들이 대답했습니다. '유치원에 가려고 기다리는 중이에요. 지각하고 싶지 않아서요.' 우리 온 가족의 열성이 팀에게 하고자 하는 마음을 불러일으켰던 것입니다. 그 어떤 협박이나 잔소리로도 이룰 수 없는 일이었습니다."

사람을 설득할 일이 생기면 말을 하기 전에 잠시 여유를 가지고 속으로 생각해보도록 하자.

"이 사람이 그것을 원하게 하려면 어떻게 해야 할까?"

이런 생각을 해보면 우리가 원하는 것에 전혀 도움되지 않는 대화를 섣불리 꺼내 상황을 악화시키는 일을 피할 수 있을 것이다.

강연회를 열기 위해서 뉴욕의 한 호텔 대연회장을 저녁 시간 동안 20일간 대여한 적이 있었다.

첫 번째 시즌을 시작하는데 갑작스레 호텔 측에서 이전에 지불했던 비용의 세 배에 달하는 돈을 내야 한다는 통보를 했다. 강연회 티켓이 모두 인쇄되어 배포되었고 관련 광고도 모두 나간 후에야 들은 이야기였다.

 당연히 나는 가격 상승분을 지급하고 싶지 않았다. 하지만 호텔에 내가 원하는 것을 이야기해본들 무슨 소용이 있겠는가? 호텔 측은 오로지 자신들이 원하는 것에만 관심을 두고 있을 것이다. 그래서 며칠 후 나는 호텔 지배인을 만나러 갔다.

 "편지로 소식을 듣고 조금 놀랐습니다."

 나는 말했다.

 "하지만 그 문제로 탓할 마음은 없습니다. 제가 지배인님 입장이어도 비슷한 편지를 쓸 수밖에 없었을 겁니다. 호텔의 지배인으로서 가능한 한 높은 수익을 올리려 하는 건 당연한 일이지요. 그렇게 하지 않으면 해고당하실 테니까요. 당연한 일이겠지요. 자, 그럼 종이 한 장을 가져다가 저한테 인상된 가격으로 대여료를 끝까지 받아내시면 얻게 될 이익과 불이익을 한번 적어보도록 합시다."

 나는 '이익'이라는 제목을 적고 다음과 같은 글을 적어 내려갔다.

 '연회장이 빈다.'

 그런 다음에 나는 말을 이어나갔다.

 "연회나 무도회를 위해 연회장을 대여할 수 있게 비워놓을 수 있다는 이득을 얻게 되시네요. 큰 이익을 얻게 되시겠어요. 그런 행사라면 강연회를 위해 대여하는 것보다 더 많은 돈을 받으실 수 있으시겠어요. 이번 시즌 강연이 진행되는 20일 내내 연회장을 묶어놓는다면 상당한 수익을 올릴 수 있는 비즈니스를 놓치는 게 확실하네요. 그럼 이제는 불이익에 대해 생각해봅시다. 일단 제가 드리는 돈으로 수익을 올릴 수 있는 부분이 감소되겠군요. 지금 요구하시는 돈을 낼 수가 없기 때문에 행사 자체를 아예 취소할 생각이거든요. 다른 곳에서 강연회를 하자고 강력하게 주장할 생각입니다. 거기에 또 다른 불이익도 있겠네요. 이번 강연회는 교육수준이 높은 문화인들을 호텔로 유인합니다. 호텔 선전에 좋은 일이 아니겠습니까? 신문에 5,000달러를 써서 광고를 한다고 해도 강연회 동안 제가 불러 모을 만큼의 많은 사람이 호텔을 보게 할 수는 없을 겁니다. 그러는 편이 호텔에 더 이익이지 않겠습니까?"

나는 말을 하면서 '불이익'이라는 제목 아래 이 두 가지 내용을 적은 다음에 그 종이를 지배인에게 전했다.

"이번 일로 여러분이 얻게 될 이득과 불이익 두 가지를 신중하게 고려해보시고 최종 결정 사항을 알려주시면 좋겠습니다."

다음 날 나는 연회장 대여료가 300퍼센트 인상되는 대신 50퍼센트만 인상되었다는 서신을 받았다. 분명히 말해둘 것은 대여료를 삭감하면서 내가 원하는 것에 대해서는 이야기하지 않았다는 점이다. 나는 줄곧 상대가 원하는 것과 그것을 얻을 수 있는 방법에 대해서만 이야기했다.

만약 당시 내가 인간적이고 자연스러운 반응을 보였다면 어떻게 되었을까? 씩씩거리며 호텔 사무실로 쳐들어가서 "강연회 티켓을 다 인쇄하고 광고까지 한 마당에 호텔 연회장 대여료를 300퍼센트 인상한다는 게 도대체 무슨 소리요? 300퍼센트 인상이라니! 말도 안 되지! 어이가 없군! 그런 돈은 절대로 줄 수가 없소!"라고 했다면 어떤 일이 벌어졌을까? 말다툼이 벌어지고 분위기는 격해져서 끓어오르다 아무 말이나 내뱉는 상황까지 왔을 것이다. 말다툼이 어떻게 마무리되는지는 모두 잘 알고 있을 것이다. 상대가 틀렸다는 걸 납득시킨다 해도 자존심 때문에 그가 뒤로 물러나 양보하는 일은 어렵다.

인간관계의 기술을 완전히 습득하려는 사람들에게 최고의 조언이 될 말을 하나 전한다.

"성공의 비결이 하나 있다고 한다면 그건 나의 관점뿐만 아니라 상대의 관점을 이해하고 역지사지로 상황을 바라보는 능력이다."

영화배우 헨리 포드의 말로 참 좋은 말이다. 다시 한 번 반복해서 적어보자.

'성공의 비결이 있다고 한다면, 그건 나의 관점뿐만 아니라 상대의 관점을 이해하고 역지사지로 상황을 바라보는 능력이다.'

간단하고 누가 보기에도 명백한 진리니 누구라도 한눈에 이해할 수 있는 말이다. 하지만 아직도 이 세상 사람의 90퍼센트는 살아가는 시간의 90퍼센트 동안 이 사실을 묵살하고 있다. 그런 사례를 들어달라고? 내일 아침 당장 책상 위에 놓인 편지 중 아무것이나 한 장을 집어 들어 보라. 그러면 우리 대부분이 이 중요하고 상식적인 규범을 어기고 있다는 걸 발견할 수 있을 것이다. 내가 본 편지 한 장을 소개하자. 미국 전역에 지사를 가지고 있는 한 광고 대행사의 라디오 부서 부장이 전국의 지역 라디오 방송사 국장들에게 보낸 편지다(편지의 각 문단을 읽은 후 내 반응을 괄호로 묶어서 적어놓았다).

인디애나 주 블랭크빌에 사는 존 블랭크 귀하

친애하는 블랭크 씨에게
본사는 라디오 광고대행 분야의 선두적인 지위 유지를 바라고 있습니다.

(당신네 회사가 뭘 바라는지 따위가 무슨 상관이야? 내 문제로도 머리가 아픈데 말이야. 은행에서는 돈을 어서 갚지 않으면 주택 융자건의 담보권을 행사하겠다고 하고, 정원에 접시꽃은 벌레들이 다 망쳐놓았지, 게다가 어제 주식시장은 폭락했어. 오늘 아침에는 8시 15분 기차를 놓쳤고. 어젯밤에 열린 존스의 댄스파티에도 초대받지 못한 데다 의사들은 나보고 고혈압에 신경통, 비듬이 있다고 한다고. 그런데 이게 도대체 뭔 일이지? 그렇지 않아도 걱정할 일 투성이인데 사무실에 도착해서 편지를 열었더니 뉴욕에 있는 애송이 같은 녀석이 자기네 회사가 원하는 것에 대해 지껄여대고 있는 꼴을 보게 되는군. 내 참! 이 작자는 자기가 쓴 편지가 어떤 인상을 심어주고 있는지를 알면 당장 광고업계를 나와서 싸구려 술을 만들어야 할 거야. 이렇게 머리가 지끈거리게 만드는 재주가 있으니 숙취가 생기는 싸구려 술을 얼마나 잘 만들겠어).

본사에서 계약한 전국적인 광고주들은 네트워크 방송사에 든든한 기반이 되어주고 있다고 자부합니다. 그리하여 본사에서는 네트워크 가맹국이 네트워크 프로그램을 일정 시간에 방송할 수 있는가에 대한 조사를 벌여 매년 업계 최고의 자리를 유지하고 있습니다. (그러니까 지금 업계 최고의 잘나가는 큰 회사라는 거지? 그래서 뭐 어쩌라고? 미국의 군대에 제너럴 일렉트릭 사와 제너럴 모터스를 모두 합한 만큼 큰 회사라고 해도 내가 눈 하나 깜빡 안 한다. 반푼이 벌새만큼만 머리가 돌아가도 지금 내 관심사는 우리 회사지, 댁네 회사가 얼마나 큰지가 아니라는 걸 알 거다. 당신네 회사의 그 대단한 성공에 대해 이렇게 떠들어대는 걸 듣고 있자니 내가 작고 별 볼 일 없는 것처럼 느껴지잖아).

본사는 저희 광고주에게 라디오 방송 편성에 관한 최신 정보를 제공하기를 바라고 있습니다.
(바라고 있다고? 그래 실컷 바라고 있어라. 바보 멍청이 같으니라고. 댁이든 미국 대통령이든 다른 사람이 무얼 바라는지 나는 안중에도 없다. 마지막으로 다시 한 번 말하는데 나는 내가 바라는 것에만 관심이 있다. 그런데 댁은 이 말도 안 되는 편지에서 그것에 대해서는 지금껏 단 한 마디 언급도 없었다고).

그러니 주간편성표의 우선 등록 목록에 본사를 등재하여 주십시오. 광고 대행사에게는 모든 세부 정보가 시간 예약을 현명하게 하는 데 유용합니다.
('우선 등록 목록'이라니, 정말 뻔뻔하기 짝이 없군. 자기네 회사 자랑으로 거드름을 피워서 초라한 기분이 들게 만들어놓고는 이제 와서 나보고 '우선 등록 목록'에 넣어달라고 부탁하다니. 부탁하는 주제에 '제발 부탁합니다.'라는 말도 하지 않고 말이지).

편지에 대한 신속한 회신을 주시면 귀사의 최근 '동향'에 대해 파악할 수 있어서 상호 유익하리라 생각합니다.
(이 어리석은 작자야! 댁의 편지는 한꺼번에 인쇄되어 뿌려진 싸구려 전단지 같잖아. 가을날 낙엽처럼 사방에 뿌려진 거라고. 그런 주제에 나에게 뻔뻔스럽게 부탁을 했어. 주택담보대출과 접시꽃, 혈

압을 걱정하고 있는 나보고 자리에 앉아서 댁이 뿌린 단체 편지를 접수했다는 친필 편지를 써서 보내달라고 하다니. 그것도 '신속하게' 해달라고?' 나도 댁 못지않게 바쁜 사람이란 걸 모르나? 적어도 내가 생각하기에는 그렇단 말이지. 그리고 말이 나왔으니 말인데 도대체 당신이 뭐라고 나한테 이래라저래라 명령을 하는 거지?' 상호 유익할' 거라는 말에서 겨우, 마침내 내 관점에서 보기 시작하기는 했지만 나한테 어떤 점이 이로울지는 애매하게 말해놨잖아.)

그럼 이만 줄이겠습니다.

존 도우 라디오 부서 부장

추신 : 관심이 있으실 것 같아서 블랭크빌 저널의 발췌를 동봉합니다. 방송에 활용하실 수 있을 겁니다.
(추신에 와서야 내 문제를 해결하는 데 도움이 될 만한 걸 언급했군. 처음부터 이 이야기로 시작하지. 하지만 그게 다 무슨 소용이 있겠나? 이 편지 같은 허튼 소리를 지껄이는 따위 일이나 저지르는 광고업자는 아마 뇌에 문제가 있는 사람일거다. 댁에게 필요한 건 우리의 최신 동향에 대한 정보가 적힌 편지 따위가 아니야. 치료를 위해 갑상선에 요오드나 한 병 들어부어야지).

광고를 생업으로 삼고 있으면서 사람들에게 구매욕구를 끌어내는 일에 전문적인 기술이 있다고 자부하는 사람도 저런 편지를 쓰는 마당인데 정육점 주인이나 빵가게 아저씨, 자동차 세일즈맨에게는 뭘 기대할 수 있겠는가?

우리 강좌에 참여한 사람 중에 대형 화물 터미널 소장직을 맡고 있는 에드워드 버밀런이 썼던 편지를 하나 더 소개하자. 이런 편지를 받는 사람은 어떤 마음이 들지 생각해보길 바란다. 일단 편지 먼저 소개하고 다시 이야기해보자.

A. 제레가 선즈 주식회사 28 프론트 스테이션
브루클린, 뉴욕. 11201

수신 : 에드워드 버밀런 씨
내용: 아웃바운드 화물의 접수 작업에 장애가 발생했습니다. 그 까닭은 대부분 물량이 오후 늦게 저희에게 도착하기 때문입니다. 그 결과 혼잡이 벌어졌고, 저희는 초과 근무를 하게 되었으며, 화물을 운송해온 트럭의 운행이 지연되고, 심지어 화물 배송이 늦어지는 경우도 발생했습니다. 11월 10일에 귀사에서 510건의 화물을 인수받았습니다만, 도착 시간은 오후 4시 20분이었습니다.
저희는 화물 접수의 지연으로 파생되는 바람직하지 못한 결과를 방지하기 위해 협조를 부탁드리고자 합니다. 죄송하지만, 위에서 언급한 시각에 접수한 화물 선적과 같은 건이 또 있으시면 트럭을 더 빨리 가져오시거나 오전 중으로 화물 일부를 보내주시겠습니까?
이런 식으로 조정을 하면 귀사의 트럭에서 보다 신속하게 화물을 하역하고, 접수 당일에 일처리를 할 수 있게 되어 귀사에게도 이익이 될 것입니다.

그럼 이만 줄이겠습니다.

J. B. 감독

이 편지를 다 읽은 A 제레가스 선즈 주식회사의 판매부장인 버밀런 씨는 이 편지를 나에게 보내면서 다음과 같은 말을 덧붙였다.

"이 편지는 의도했던 것과 정반대의 역효과를 냈습니다. 터미널의 어려움에 대해 기술하는 것으로 편지를 시작했는데 그건 일반적으로 보자면 제가 관심을 둘 만한 일이 아니었습니다. 그러고 나서 저희 회사의 형편은 묻지도 않고 불쑥 협조를 요청했습니다. 그리고 마지막 문단에서야 우리가 협조를 하게 되면 우리의 화물이 제 날짜에 배송되고 트럭에서 짐을 부리는 걸 더 신속하게 할 수 있다고 말했습니다. 다시 말하자면 우리가 가장 관심 있어 하는 이야기는 편지 말미에 적혀 있었던 겁니다. 그 편지는 우리의 협조 대신에 반감만 사고 말았습니다."

그렇다면 이 편지를 다시 써서 개선시켜볼 수는 없을까? 우리가 겪고 있는 문제에 대한 이야기로 시간을 낭비하지 말자. 헨리 포드의 충고처럼 '나의 관점뿐만 아니라 상대의 관점을 이해하고 역지사지로 상황을 바라보자.'

그럼 이 편지를 교정해보자. 최선은 아닐지 모르지만 적어도 조금은 더 나아졌지 않은가?

에드워드 버밀런 씨
A. 제레가 선즈 주식회사 28 프론트 스테이션
브루클린, 뉴욕. 11201

친애하는 에드워드 버밀런씨에게

지난 14년간 저희 회사의 고객이 되어주신 귀사의 거래에 감사드리며 저희는 신속하고 효율적인 서비스로 만족을 드리고자 노력하고 있습니다. 하지만 귀사의 트럭에 실어 보내주신 대형 선적 화물이 지난 11월 10일 오후 늦게 도착하면서 서비스가 원활치 못하게 되었음을 유감으로 생각합니다. 그 이유는 다른 고객님들께서도 오후 늦게 화물을 보내오셨기 때문이었습니다. 이로 인해 정체 현상이 일어났습니다. 이것은 귀사의 트럭이 부득이하게 항구에 묶여 있게 되고 의뢰해주신 화물 배송도 지연이 될 수 있다는 의미입니다.

이런 일을 막기 위해서는 부두까지의 운송을 가능한 한 오전 중에 마쳐주시면 귀사의 트럭도 원활하게 운행하실 수 있고, 화물 배송도 즉각적으로 처리가 될 수 있습니다. 그렇게 해주시면 저희 일꾼들도 저녁 일찍 귀가해서 귀사에서 제조한 맛있는 마카로니와 국수 요리를 즐길 수 있게 될 것입니다.

하지만 선적 화물이 언제 도착하든지 저희는 기꺼이 최선을 다해 신속한 서비스를 제공하려 노력할 것입니다. 바쁘신데 방해가 된 건 아닌지 모르겠습니다. 이 편지에 회신은 보내시지 않으셔도 됩니다.

그럼 이만 줄이겠습니다.

J. B. 감독 드림

뉴욕의 한 은행에서 일했던 바바라 앤더슨은 아리조나 피닉스로 이
사를 가고 싶었다. 아들의 건강 때문이었다. 그래서 그녀는 우리 강좌
에서 배운 원칙을 활용해서 다음과 같은 편지를 피닉스에 있는 은행
열두 군데에 보냈다.

친애하는 관계자분께

귀사와 같이 빠른 성장세를 보이는 은행이라면 은행에서 근무한 10
년의 제 경험에 관심을 가지실 것이라 생각합니다.
뉴욕의 뱅커스 트러스트 컴퍼니Bankers Trust Company에서 다양한 은
행 업무를 경험했던 저는 최근 지점장에 임명되어 예금, 신용, 대출,
경영 등 다양한 은행 업무에 필요한 기술을 익히고 있습니다.
저는 오는 5월에 피닉스로 거주지를 옮길 예정에 있습니다. 그래서
귀사의 성장과 수익창출에 기여할 수 있으리라 생각합니다. 저는 4
월 3일 피닉스에 있을 예정입니다. 그때 귀 은행의 목표 달성에 제
가 어떤 도움을 드릴 수 있다는 것을 보여드릴 수 있는 기회를 주시
면 감사하겠습니다.

진심을 담아서
바바라 앤더슨

앤더슨 부인의 편지에 대한 반응이 어땠을까? 12개 은행 중 11개 은
행에서 그녀에게 면접을 청해왔고, 바바라는 어떤 은행의 근무 조건을
받아들일지 선택하는 입장이 되었다. 어떻게 된 일이냐고? 앤더슨 부
인은 자신이 원하는 것을 말하지 않았다. 편지에 은행에 어떤 도움을

줄 수 있는지를 적으면서 부인이 원하는 것이 아닌 은행이 원하는 것에 집중했던 것이다.

오늘도 수천 명의 외판원들이 지친 몸을 이끌고 낙담한 얼굴로 거리를 걸어보지만 별다른 소득을 올리지 못하고 있다. 어째서 그럴까? 모두들 자신이 원하는 것만 생각하고 있기 때문이다. 사람들은 무언가를 살 생각을 하고 있지 않다는 걸 깨닫지 못하고 있다. 뭔가를 살 사람이면 외출해서 사가지고 온다. 하지만 우리 모두는 언제나 우리 자신의 문제에 골몰해 있다. 그런데 외판원이 나타나서 자신들이 소개하는 제품과 서비스가 우리 문제를 해결하는 데 도움이 된다고 알려줄 수 있으면 굳이 우리에게 물건을 팔려고 하지 않아도 된다. 우리가 알아서 사기 때문이다. 소비자들은 판매를 강요당하는 것보다 자신이 구매활동을 하고 있다고 느끼는 편을 좋아한다.

하지만 많은 외판원은 평생 소비자의 입장을 알지 못하고 영업을 한다. 일례를 들어보자.

나는 그레이터 뉴욕의 중심부에 있는 아담한 주택단지인 포레스트 힐스에서 오랫동안 살았다. 하루는 역으로 정신없이 달려가다가 우연히 몇 년 동안 그 지역에서 부동산을 사고파는 일을 하고 있는 공인중개사 한 명과 마주치게 되었다. 그는 포레스트 힐스를 잘 알고 있었다. 그래서 나는 허둥지둥 우리가 살고 있는 회반죽 바른 집이 메탈라스 metal lath(얇은 강판을 잔금으로 갈라 그물모양으로 만든 것)로 지어졌는지, 아니면 속 빈 타일로 지어졌는지를 물었다. 그는 모른다고 답하면서 내가 이미 알고 있는 걸 말해주었다. 포레스트 힐스 가든 협회에 전화를 하면 알 수 있다는 것이었다. 다음 날 아침, 나는 그 중개업자에게서 편지 한 통을 받았다. 내가 원하던 정보가 있었느냐고? 전화 통화 60초면 알 수 있는 정보였다. 하지만 그 사람은 그렇게 하지 않았다. 대신 전화를 해보라는 뻔한 말을 다시 하면서 나에게 보험을 들어달라고 부탁을 하는 편지를 썼다. 나를 돕는 데는 관심이 없었던 사람이었다. 오로지 자신을 도울 궁리만 하고 있었던 것이다.

앨라배마 주의 버밍햄에 살고 있는 하워드 루카스는 한 회사의 외판원 두 명에게 똑같은 상황을 주고 대처하는 모습을 보기로 했던 일을 말해주었다.

"몇 년 전에 조그만 규모의 회사에서 관리팀을 맡았던 적이 있었습니다. 우리 회사 근처에는 대형 보험회사의 지사 사무실이 있었지요. 그 보험사의 중개인들은 각자 지역을 맡아 활동하고 있었는데 우리 회사를 맡고 있는 중개인은 두 명이었습니다. 편의상 그들의 이름을 칼과 존이라고 하겠습니다. 어느 날 아침 칼은 우리 사무실에 들러 지나가는 말처럼 자기네 보험회사에서 회사 경영진을 위한 새로운 생명보험 상품을 내놓았는데 우리가 관심을 가질 만한 것이니 나중에 보다 자세한 정보를 가지고 다시 한 번 오겠다고 했습니다. 바로 같은 날, 존은 커피를 마시고 돌아오다가 길에서 우리를 만났습니다. 그는 큰 소리로 외쳤습니다. '루크, 기막힌 소식이 있어요!' 그는 서둘러 다가와 신이 난 목소리로 자사에서 그날 소개한 경영진을 위한 생명보험 상품에 대해 이야기했습니다(칼이 대수롭지 않은 목소리로 말했던 것과 같은 보험 상품이었다). 존은 우리가 그 보험의 최초 가입자가 되면 좋겠다고 말했습니다. 그러면서 보장 내용에 대한 몇 가지 중요한 이야기를 하고 다음과 같은 말로 마무리를 했습니다. '이 보험 상품이 아주 새로운 거거든요. 내일 본사 사람을 불러서 자세한 설명을 해드리도록 할게요. 그 사이에 일단 신청서에 서명을 하세요. 그럼 본사 사람이 더 자세한 정보

를 줄 수 있을 겁니다.' 어찌나 열정적으로 이야기하는지 자세한 내용
도 모르는 채 그 보험 상품에 가입하고 싶다는 생각이 들었습니다. 세
부적인 약관이 마련되었을 때 확인해보니 존이 처음에 보험에 관해 했
던 말은 다 맞았습니다. 존은 우리에게 보험 상품을 팔았을 뿐만 아니
라 나중에는 보장범위를 두 배로 확대해놓기까지 했습니다. 칼도 그
보험 상품을 팔 수 있었지만, 우리에게 그 보험 상품에 대한 욕구를 일
으키려는 노력을 전혀 하지 않았습니다."

이 세상에는 욕심 가득한 제멋대로의 사람들이 많다. 그래서 사심 없
이 다른 사람을 도우려는 보기 드문 사람은 대단한 이점을 누릴 수 있
다. 일단 그에게 적개심을 갖는 이가 적다. 저명한 법률가이자 미국의
위대한 사업가로 꼽히는 오웬 영은 이런 말을 했다.

"다른 사람의 입장에 서서 다른 사람의 마음을 이해할 줄 아는 사람
은 장래를 걱정할 필요가 없다."

이 책을 읽으면서 다른 사람의 관점에서 생각하고 다른 사람의 입장
에서 상황을 살피는 일이 많아졌다면, 그것 하나로도 앞으로의 커리어
가 든든해지는 걸 금방 느낄 수 있을 것이다.

다른 사람의 관점에서 바라보면서 상대가 뭔가를 원하게 하는 걸 속
임수라고 보아서는 안 된다. 상대에게는 손해가 되고 나에게만 이득이
되는 그런 거짓말이 아니다. 쌍방이 얻는 게 있는 협상이 되어야 한다.
버밀런 씨에게 보내졌던 편지에서 수신자와 발신자는 그 제안을 통해
서로 얻는 게 있었다. 은행과 앤더슨 부인도 편지를 통해 얻어가는 게
있었다. 은행은 능력 있는 직원을 얻었고, 앤더슨 부인은 적당한 일자
리를 얻었다. 존이 루카스 씨에게 보험 상품을 팔았던 사례에서도 그
거래를 통해 양측 모두 얻는 것이 있었다.

사람들에게 열정을 불러일으키라는 원리를 통해 모든 사람들이 이득을 얻은 사례는 로드아일랜드의 워릭에 사는 마이클 위든의 이야기에서도 찾아볼 수 있다. 그는 쉘 오일 컴퍼니의 지역 담당 외판원이었다. 마이크는 자기 지역에서 최고 실적을 올리고자 했다. 하지만 주유소 한 곳에서 발목을 잡고 있었다. 주유소 청소를 도무지 하지 않는 노인이 운영하는 주유소였다. 주유소가 너무 형편없는 몰골을 하고 있어서 판매실적이 심각하게 하락하고 있었다.

주유소 사장은 주유소의 상태를 개량하자는 마이클의 호소를 귀담아 듣지 않았다. 마음에서 우러나오는 진실한 대화와 훈계를 해봤지만 모두 소용이 없었다. 마이크는 같은 지역에서 최근에 오픈한 쉘 주유소에 그를 초대하기로 마음먹었다.

주유소 사장은 새로운 주유소의 시설에 아주 깊은 인상을 받았다. 마이크가 다시 그 주유소를 찾았을 때는 깨끗이 청소되어 있었고 판매실적도 서서히 호전되고 있었다. 이 일로 마이크는 담당 지역에서 일인자가 되었다. 온갖 말이나 토론은 도움이 되지 않았지만 그 주유소 사장에게 현대식 주유소를 직접 보여주어 그의 마음속에 하고자 하는 열정을 불러일으키고 나니 목표를 이룰 수 있었고, 사장과 마이크, 둘 모두 이익을 얻었다.

많은 사람이 대학에 진학해 베르길리우스의 시를 읽고 수수께끼 같은 미적분에 정통하지만, 정작 자신의 마음이 어떻게 작용하는지에 대해서는 알지 못한다. 한번은 막 대학을 졸업하고 최대의 에어컨 생산판매 회사인 캐리어 코퍼레이션Carrier Corporation에 입사하려는 젊은이들을 대상으로 '효과적인 대화법'에 관해 강의를 한 적이 있다. 참가자 중 다른 사람들에게 여가 시간에 농구를 같이 하자고 설득하려는 사람이 있었다. 그는 이렇게 말했다.

"여러분이 밖에 나가 농구를 했으면 좋겠습니다. 저는 농구하는 걸 좋아한답니다. 그런데 체육관에 몇 번 갔었는데 번번이 농구를 할 만큼 사람이 없었지요. 전날 밤에는 우리 중에 두어 명이랑 같이 공을 던지다가 공에 눈을 맞아 멍이 들었습니다. 내일 밤에는 모두 나와 줬으면 좋겠어요. 제가 농구를 하고 싶거든요."

이 말 중에 듣는 사람이 원하는 것에 대한 내용이 있는가? 아무도 가지 않는 체육관에 가고 싶어 할 사람이 있을까? 말하는 사람이 뭘 원하는지는 우리가 신경 쓸 일이 아니다. 게다가 멍이 들었다는데 괜히 나도 멍이나 들면 어떻게 하나 걱정도 될 것이다.

그는 체육관 시설을 이용함으로써 우리가 원하는 것을 얻게 된다는 걸 보여주었어야 했다. 사람들에게 하고자 하는 생각과 활력을 불어넣을 수 있어야 했다. 구미가 당기고 귀가 솔깃하게 만들었어야 했다. 얼마나 재미있는지, 얼마나 신 나는 경기인지 농구에 대해 이야기했어야 했다.

여기서 오버스트리트 교수의 말을 다시 떠올려보자.

'우선 상대에게 간절히 원하는 마음을 불러일으켜라. 이 일을 해내면 온 세상이 자신의 편이 될 것이고, 해내지 못하는 사람은 외로운 길을 걷게 된다.'

글쓰기 강좌를 수강하던 학생 중에 아들 걱정을 하는 이가 있었다. 아이가 체중 미달인데 제대로 먹지 않고 있었다. 아이의 부모는 보통 사람들이 사용하는 방법을 쓰고 있었다. 꾸중을 하고 잔소리로 괴롭히는 것이다.

"엄마는 네가 이것과 저것을 먹었으면 좋겠어."

"아빠는 네 키가 더 커지기를 바라고 있단다."

이런 하소연에 아이가 주의를 기울였을까? 모래사장의 모래 한 알만큼 하찮게 여길 뿐이었다.

상식이 있는 사람이라면 세 살배기 아이가 서른 살 아빠의 관점에 반응하리라고 기대해서는 안 된다. 그러나 아이의 아빠는 그렇게 되기를 기대하고 있었다. 말도 안 되는 일이었다. 결국, 아이 아빠는 그 사실을 깨닫고 자문해보기 시작했다.

"아이는 무얼 원할까? 내가 원하는 것과 아이가 원하는 것을 어떻게 하면 결합시킬 수 있을까?"

일단 그런 식으로 생각을 시작하자 문제는 간단해졌다. 아이는 세발자전거 타기를 좋아해서 브루클린에 있는 자기네 집 앞 인도에서 자전거를 타곤 했다. 그 길을 따라 조금 내려가다 보면 꼬마들을 괴롭히는 못된 아이 몇 명이 있었다. 꼬마 아이들의 자전거를 빼앗아서 타는 덩치가 더 큰 아이들이었다.

그런 일이 생기면 아이는 소리를 지르며 엄마에게 달려갔고 엄마는 밖으로 나와 그 못된 아이들에게서 자전거를 다시 빼앗아주곤 했다.

그럼 이 아이는 무얼 원하고 있을까? 셜록 홈스가 아니어도 쉽게 짐작할 수 있는 문제다. 아이의 자존심, 분노, 그리고 인정받고자 하는 열망 이 모든 감정이 강렬하게 작용하여 아이에게 복수를 하고 싶다는 생각을 하게 했다. 그 못된 아이의 코를 납작하게 해주고 싶었다. 그런 참에 아빠가 엄마가 먹으라고 하는 것들을 먹으면 언젠가 덩치 큰 아이들도 박살을 내줄 수 있게 된다고 설명해주었다. 아이의 영양섭취에 관한 문제는 곧 해결되었다. 아이는 시금치, 소금에 절인 양배추, 절인 고등어를 먹었다. 아이의 자존심을 상하게 하던 그 못된 아이를 두들겨 패줄 만큼 크기 위해서였다.

문제를 해결한 그 부모는 이번에는 다른 문제에 착수했다. 그 아이에게는 잠자리에서 오줌을 지리는 고약한 버릇이 있었다. 아이는 할머니와 함께 잤다. 아침이면 할머니는 일어나서 침대보를 만져보면서 이렇게 말했다.

"조니야, 밤새 네가 무슨 짓을 했는지 봐라."

그러면 아이는 대답하곤 했다.

"아니오, 제가 한 거 아니에요. 할머니가 했잖아요."

혼을 내고 매를 들고 망신을 주면서 그런 짓을 하지 말았으면 좋겠다고 타이르고 또 타일러봤다. 하지만 침대보는 늘 젖어 있었다. 그래서 부모는 이렇게 자문했다.

'이 아이가 오줌을 지리는 걸 그만하게 만들려면 어떻게 해야 할까?'

아이가 원하는 건 무엇이었을까? 일단 아이는 할머니의 나이트가운과 같은 잠옷이 아닌, 아빠 같은 파자마를 입고 싶어 했다. 밤마다 손주의 고약한 버릇에 진저리를 내고 있던 할머니는 아이가 달라질 수 있다는 말에 당장 파자마 한 벌을 사주었다. 그 다음으로 아이는 자신의 침대를 갖고 싶어 했다. 할머니도 반대하지 않았다.

엄마는 브루클린에 있는 백화점에 아이를 데리고 가서 판매원에게 윙크를 한 다음에 이렇게 말했다.

"여기 신사 분께서 쇼핑을 좀 하고 싶다고 하시네요."

판매원은 다음과 같은 응대로 아이가 인정받고 있다는 느낌을 갖도록 도와주었다.

"손님, 뭘 보여드릴까요?"

아이는 허리를 한껏 펴서 키를 크게 해보이며 말했다.

"저 혼자 쓸 침대가 필요해요."

판매원은 아이 엄마가 원하는 침대를 아이에게 보여주었다. 엄마가 판매원에게 윙크를 해보였고, 아이는 판매원에게 설득당해서 그 침대를 사기로 결정했다.

다음 날 침대가 배달됐다. 그날 밤 아빠가 집에 돌아오자 아이는 방 밖으로 달려 나와 소리쳤다.

"아빠! 아빠!, 이층으로 올라와서 제가 산 침대를 좀 보세요!"

아버지는 침대를 보면서 찰스 슈왑의 권고에 따랐다. 아이 아빠는 '가슴에서 우러나오는 칭찬을 아낌없이' 주었던 것이다.

"이 침대에는 오줌을 싸지 않겠지?"

아빠가 말했다.

"그럼요! 절대로 이 침대에는 오줌을 싸지 않을 거예요."

그리고 아이는 약속을 지켰다. 자존심이 걸린 문제였기 때문이었다. 그건 아이의 침대였다. 자기 손으로 직접 골라 산 침대였다. 게다가 남자 어른처럼 파자마도 입고 있었다. 아이는 어른처럼 행동하고 싶었다. 그래서 그렇게 행동했던 것이다.

이번에는 다른 아빠 이야기를 하나 더 해보자. 전화 기술자로 우리 강좌에 참여했던 더치만은 세 살 난 딸아이에게 아침밥을 먹이는 데 애를 먹고 있었다. 흔히 생각할 수 있는 꾸지람과 잔소리도 해보았고 어르고 달래는 방법도 써보았지만 모두 소용이 없었다. 그래서 부모는 자문해보기로 했다.

'어떻게 해야 아이가 아침밥을 먹고 싶어 하게 될까?'

그 아이는 엄마 흉내 내는 걸 좋아했다. 어른이 된 것 같은 느낌을 좋아했다. 그래서 어느 날 아침 부모는 아이를 의자 위에 올려놓고 아침밥을 준비하도록 해주었다. 그 순간에 아이 아빠가 부엌에 들어왔다.

시리얼을 휘젓고 있던 아이가 말했다.

"아빠, 오늘 아침에는 제가 시리얼을 만들었어요."

아이는 비위를 맞추지 않았어도 시리얼을 두 번이나 덜어서 먹었다. 시리얼을 먹는 일이 재미있었기 때문이었다. 아이는 인정을 받는 중요한 사람이 되었다는 느낌을 받았던 것이다. 시리얼을 만드는 일이 자기표현의 방법이 될 수도 있다는 걸 느꼈던 것이다. 윌리엄 윈터가 이런 말을 한 적이 있다고 한다.

"자기표현은 인간의 주요한 욕구다."

기억하라. 우선 상대에게 간절히 원하는 마음을 불러일으켜라.

이 일을 해내면 온 세상이 자신의 편이 될 것이고, 해내지 못하는 사람은 외로운 길을 걷게 된다.

제3원칙

다른 사람의 마음속에 강렬히 원하는 마음을 불러일으키도록 하라.

❖ 간단 요약 ❖
사람을 다루는 기본 원칙

제1원칙 비난하거나 비판하거나 불평하지 마라.

제2원칙 진심에서 우러나오는 진실한 칭찬을 하자.

제3원칙 다른 사람의 마음속에 강렬히 원하는 마음을 불러일으키

도록 하라.

사람에게
호감을 사는
6가지 방법

Dale Carnegie

Chapter
1

사람들에게
환영받는 비법

친구를 얻고자 해서 이 책을 읽는가? 그렇다면 이 세상 최고의 친구 사귀기 귀재의 테크닉을 배워보는 건 어떨까? 누구냐고? 내일 길을 걷다가 만날 수도 있다. 그 귀재는 반경 3m 이내에서 우리를 보면 꼬리를 흔들기 시작할 것이다. 걸음을 멈추고 가볍게 다독여주기라도 하면 그 귀재는 펄쩍 뛰어올라 우리를 얼마나 좋아하는지 보여줄 것이다. 이런 식의 애정 공세 뒤에는 그 어떤 숨은 동기도 없다는 걸 우리는 알고 있다. 그는 우리에게 부동산을 팔 생각을 하지도 않고, 결혼하자고 할 생각도 없다.

이 세상에서 먹고살기 위해 일하지 않아도 되는 유일한 동물이 개라는 사실을 생각해본 적이 있는가? 닭은 알을 낳아야 하고, 소는 젖을

줘야 하고, 카나리아는 아름답게 지저귀어야만 한다. 하지만 개는 사랑을 주기만 하면 먹고살 수 있다.

내가 다섯 살 때 아버지가 50센트를 주고 털이 노란 강아지 한 마리를 사 오셨다. 그 강아지는 내 어린 시절의 빛이자 기쁨이었다. 매일 오후 4시 30분쯤이 되면 강아지는 앞마당에 앉아 그 아름다운 두 눈을 반짝이면서 길가를 뚫어져라 바라보았다. 그리고 내 목소리가 들리거나 내 도시락통이 흔들거리는 게 보이면 한달음에 언덕길을 달려올라와 숨을 헐떡이며 나를 반겨주었다. 기쁨에 겨워 껑충거리며 환희에 젖어 짖어댔다.

티피는 5년 동안 한결같은 우정을 보여주었다. 그러던 어느 밤이었다. 그 비극적인 날을 나는 절대로 잊지 못할 것이다. 티피는 내가 누워 있던 곳에서 3m도 떨어지지 않은 곳에서 벼락을 맞아 죽었다. 티피의 죽음은 유년기에 겪게 된 비극이었다.

'티피, 너는 심리학책 따위는 읽어본 적이 없지. 그럴 필요가 없으니까. 너는 본능적으로 알고 있었어. 다른 사람이 나에게 관심을 갖게 하겠다고 애쓴 2년보다 다른 사람에게 진심 어린 관심을 가지는 2달 동안 더 많은 친구를 사귈 수 있다는 걸.'

한 번 더 이야기하자. 다른 사람이 나에게 관심을 갖게 하겠다고 애쓴 2년보다 다른 사람에게 진심 어린 관심을 가지고 보낸 2달 동안 더 많은 친구를 사귈 수 있다. 하지만 사람들은 살아가는 동안 다른 사람들을 흔들어서 자신에게 관심을 갖게 하려고 노력한다. 결과는 당연히 뜻대로 되지 않는다. 사람들은 다른 이에게 관심을 두지 않는다. 그저 자신들 생각뿐이다. 아침, 점심, 저녁 온통 머릿속에는 자기들 생각이다.

뉴욕 텔레폰 컴퍼니New York Telephone Company에서 전화 통화 중에 가장 빈번히 사용되는 단어가 무엇인지 알아보는 조사를 한 적이 있다. 어떤 단어였을지 다들 짐작이 갈 것이다. 그건 바로 대명사 '나'였다. '나', '나', '나' 이 말은 500번의 통화 중에 3,900번이 사용되었다. '나', '나', '나', '나'……

사람들과 함께 찍은 단체사진을 볼 때 가장 먼저 눈에 들어오는 건 누구였나?

사람들에게 깊은 인상을 심어주고 나란 사람에 대한 관심을 갖게 하려는 노력으로는 절대로 진실한 친구를 많이 얻을 수 없다. 친구 특히 진실한 친구는 그런 식으로 사귈 수 없다. 나폴레옹도 그렇게 하려고 조세핀과의 마지막 만남에서 이렇게 말했다고 한다.

"조세핀, 그동안 나는 이 세상 누구 못지않은 행운아였소. 하지만 지금 이 순간 내가 이 세상에서 의지할 수 있는 사람은 오직 당신뿐이오."

하지만 역사학자들은 나폴레옹이 조세핀을 정말 의지했는지 의구심을 갖고 있다.

빈 출신의 저명한 심리학자, 알프레드 애들러가 쓴 《인생의 의미What Life Should Mean to You》라는 책이 있다. 그 책에서 알프레드는 이렇게 말했다.

'주변 사람들에게 관심을 갖지 않는 사람은 살아가면서 많은 어려움을 겪고, 다른 사람들에게 큰 상처만 준다. 인류의 모든 실패는 바로 그런 사람들이 저지른 것이다.'

심리학에 관한 두툼한 책들을 아무리 들춰봐도 이만큼 우리에게 의미심장한 표현을 만나기는 어렵다. 강조를 위해 다시 한 번 적어보자.

'주변 사람들에게 관심을 갖지 않는 사람은 살아가면서
많은 어려움을 겪고 다른 사람들에게 큰 상처만 준다.
인류의 모든 실패는 바로 그런 사람들이 저지른 것이다.'

뉴욕 대학에서 단편소설 창작 강좌를 들었던 적이 있다. 그중에는 주요 잡지사의 편집자가 이야기를 들려주는 시간이 있었다. 그 편집자는 매일 책상에 수십 개씩 쌓이는 소설 중에 하나를 집어 들어 몇 문단만 읽고 나면 작가가 사람을 좋아하는지, 아닌지를 알 수 있다고 했다.

"작가가 사람을 좋아하지 않으면 사람들도 그 이야기를 좋아하지 않을 겁니다."

이 비정한 편집자는 소설 창작에 관한 이야기를 하는 중에 두 번이나 이야기를 멈추고 설교를 하고 있어서 미안하다고 사과하면서 다음과 같이 말했다.

"교회에서 목사님이 하는 것과 똑같은 소리를 늘어놓고 있네요. 하지만 소설 작가로 성공하고 싶다면 사람들에게 관심을 가져야만 한다는 건 기억해주세요."

소설 창작에 필요한 일이라면, 직접 얼굴을 맞대고 상대해야 하는 사람들에게도 필요한 일이 분명하다.

하워드 서스톤이 브로드웨이에서 공연을 할 때 분장실에 함께 있었던 적이 있다. 서스톤은 최고 마술사로 정평이 나 있는 사람이었다. 40년간 전 세계를 돌아다니며 환상을 만들어내고 청중을 어리둥절하게 한 것이 몇 번인지 모른다. 그의 마술에 놀란 사람들은 숨을 제대로 쉬지도 못했다. 6,000만 명이 넘는 사람들이 그의 마술쇼를 찾았고 서스톤은 200만 달러에 가까운 수익을 거두었다.

나는 서스톤에게 성공의 비결을 말해달라고 청했다. 학교 교육은 그에게 아무런 도움이 되지 못했던 것이 분명했다. 아주 어릴 적에 가출을 했던 그는 떠돌이로 지내면서 화차를 타고 돌아다니고 건초더미에서 자고 집집마다 돌아다니며 음식동냥을 해서 살았다. 글을 배운 것도 기찻길에 늘어선 표지판 덕이었다.

그가 마술에 대해 월등히 많은 것을 알고 있었느냐고? 아니었다. 그는 속임수에 관한 책이 수백여 권이 있다고 말해주었고, 그 속임수에 대해 그 못지않게 알고 있는 사람들이 수십 명이라고 했다. 하지만 그에게는 남에게 없는 것 두 가지가 있었다. 일단 무대에서 자신만의 개성으로 사람들에게 감명을 주는 능력이 있었다. 완벽한 쇼맨십을 구사했다. 그는 사람의 본성을 이해하고 있었다. 그가 하는 모든 행동, 몸짓, 어조, 눈썹 하나 움직이는 것까지 모든 것은 용의주도하게 사전에 연습된 것이었다. 그의 모든 행동은 정확한 타이밍에 맞춰져 있었다. 하지만 그게 다는 아니었다. 서스톤은 사람들에게 진심 어린 관심을 갖고 있었다. 서스톤은 많은 마술사들이 청중을 보면서 "사람들이 더 럽게도 많이 왔군. 저 얼뜨기들, 오늘 제대로 속여주겠어."라고 혼잣말을 한다고 했다. 하지만 서스톤은 완전히 다른 방법을 썼다. 서스톤은 무대에 오를 때마다 "나를 보러 이 사람들이 와주었으니 정말 감사하다. 이 사람들 덕분에 내가 쾌적한 삶을 누리고 사는 게 가능해졌지. 최선을 다해야겠다."라고 말했던 것이다.

무대 위에 오르기 전에 항상 이런 말을 되뇌였다고 했다.

"쇼를 찾아준 청중들을 사랑한다. 내 청중들을 사랑한다."

우스꽝스럽다고? 말도 안 되는 소리라고? 생각은 자유니 마음대로 생각해도 좋다. 나는 역사상 가장 유명한 마술사로 꼽히는 사람의 비결을 그저 전달할 뿐이다.

펜실베이니아 주의 노스 워렌에 사는 조지 다이크는 30년 동안 했던 주유소 일을 어쩔 수 없이 그만두게 되었다. 주유소 위쪽으로 새로운 고속도로가 건설되었기 때문이었다. 머지않아 은퇴 후의 무료한 일상이 지겨울 것이라 생각한 조지는 예전부터 갖고 있던 바이올린으로 음악을 연주하며 시간을 때울 생각이었다. 그는 곧 뛰어난 바이올린 연주자들과 이야기를 나누고 음악을 듣기 위해 여행을 다니게 되었다. 겸손하고 다정한 그는 만나는 모든 음악가들의 관심사와 경력에 관해 알고 싶어졌다. 대단히 훌륭한 바이올린 연주자는 아니었지만, 그러는 과정에서 많은 친구를 사귀게 되었다. 그는 여러 경연대회에 참가해서 곧 미국 동부의 컨트리 뮤직 팬들 사이에서 '킨주아카운티 출신의 서툰 바이올린쟁이, 조지 아저씨'로 알려지게 되었다. 조지 아저씨의 사연이 우리에게까지 알려졌을 때 그는 72세의 나이로 신 나게 살아가고 있었다. 다른 사람에 대한 지속적인 관심으로 그는 생산적인 일은 하지 못한다고 생각되는 은퇴 후의 기간에 완전히 새로운 삶을 시작했던 것이다.

시어도어 루즈벨트의 대단한 인기의 비결도 바로 이것이었다. 그가 부리는 하인조차도 그를 사랑했다. 그의 시종이었던 제임스 아모스는《시종에게 영웅이었던 시어도어 루즈벨트Theodore Roosevelt, Hero to His Valet》라는 제목의 책을 쓰기도 했다. 아모스가 책에서 밝힌 일화를 하나 소개한다.

'아내가 대통령에게 메추라기에 대해 물어본 적이 있다. 아내가 한 번도 메추라기를 본 적이 없다고 하니 대통령은 그 모양을 아내에게 자세히 설명해주었다. 그리고 얼마 후 우리가 살고 있는 별채로 전화가 왔다(아모스와 그의 아내는 오이스터 베이에 있던 루즈벨트 영지의 작은 별채에서 살고 있었다). 아내가 전화를 받았다. 루즈벨트 대통령이 직접 건 전화였다. 대통령은 아내에게 지금 창 밖에 메추라기가 있으니 밖을 내다보면 볼 수 있을 거라는 말을 전하기 위해 전화를 했던 것이다. 그처럼 작은 일도 챙기는 건 대통령의 평소 인품이었다. 대통령은 우리 별채를 지나갈 때마다 우리가 보이지 않아도 크게 소리를 치곤 했다. "어이, 애니!" "어이, 제임스!" 지나는 길에 던지는 다정한 인사였다.'

어떤 아랫사람이 이런 상관을 싫어할 수 있겠는가? 이런 사람이니 어떤 사람인들 좋아하지 않을 수 있었을까? 루즈벨트는 태프트 대통령이 영부인과 출타 중에 백악관을 찾아갔다. 진심으로 아랫사람을 좋아했던 그의 모습은 그가 백악관에서 오랫동안 일했던 하인들의 이름을 하나하나 불러 인사를 건넸던 것에서도 알 수 있었다. 심지어 조리원들의 이름도 다 알고 있었다.

아치 버트의 글에서 당시 상황을 옮겨보면 다음과 같다.

루즈벨트 전 대통령은 부엌에서 일하는 앨리스를 보고는 여전히 옥수수빵을 만드느냐고 물어보았다. 앨리스는 하인들 먹으라고 가끔씩 만들지만 윗분들은 드시지 않는다고 말했다.

"입맛을 모르는 사람들이군."

루즈벨트는 큰소리로 말했다.

"대통령을 만나게 되면 내가 이야기를 하도록 하겠네."

앨리스는 옥수수빵 한 조각을 접시에 담아냈다. 루즈벨트는 빵을 먹으면서 사무실로 넘어갔다. 그리고 정원사들과 인부들과도 인사를 하면서 지나갔다.

루즈벨트는 사람들 하나하나를 예전에 부르던 호칭으로 불렀다. 백악관에서 40년 동안 안내 담당자로 일해 왔던 아이크 후버는 자신의 이름을 불러주자 두 눈에 눈물이 가득한 채로 말했다.

"오늘은 거의 2년 만에 맞는 기쁜 날입니다. 제아무리 많은 돈을 준다 해도 오늘과 바꾸지 않을 겁니다."

그리 중요하지 않은 것처럼 보이는 사람들에 대한 관심은 뉴저지의 채텀에 사는 영업 담당자 에드워드 사이케스 주니어가 거래를 유지하는 일에 도움이 되기도 했다.

"몇 년 전에 메사추세츠 주에서 존슨 앤 존슨Johnson and Johnson 제품의 방문 판매를 한 적이 있었습니다. 거래처 중에는 힝햄에 있는 가게가 있었습니다. 그곳에 갈 때마다 소다수 담당 판매원이나 잡화 판매원과 잠시 이야기를 나누다가 점주와 이야기를 해서 주문을 받곤 했습니다. 하루는 그 매장의 주인에게 찾아갔는데 더 이상 존슨 앤 존슨 제품에 관심이 없으니 당장 가게에서 나가라는 말을 들었습니다. 존슨 앤 존슨이 소규모 가게의 손실에는 아랑곳없이 할인점이나 음식점에서의 판매에만 집중하고 있다고 느꼈기 때문이라고 했습니다. 나는 기가 죽은 채로 자리에서 물러나 몇 시간 동안 그 마을 주변을 차로 돌았습니다. 결국, 다시 돌아가서 최소한 존슨 앤 존스의 입장에 대해 설명이라도 해야겠다고 결심했습니다. 다시 돌아가서는 가게 안으로 들어가 평상시와 마찬가지로 소다수 담당 점원과 판매원에게 인사를 건넸습니다. 그리고 가게 주인에게 걸어가는데, 주인이 미소를 지으며 나를 맞아주는 게 아니겠습니까? 그리고 평소의 두 배가 되는 양의 물건을 주문했습니다. 저는 놀란 얼굴로 주인을 쳐다보면서 몇 시간 전에 왔다간 이후에 무슨 일이 있었느냐고 물었습니다. 주인은 소다수 통

옆에 서 있는 젊은이를 손으로 가리켜 보이며 말하기를, 내가 떠난 후 그 청년이 다가와서 내가 가게에 와서 자신과 판매원에게 인사를 건네 주는 몇 안 되는 영업담당자라고 말해주었다고 했습니다. 소다수 담당 점원은 주인에게 거래할 만한 영업담당을 꼽자면 그건 단연 나라고 말 했다고 했습니다. 주인은 그 말에 동의하고 단골 고객으로 남기로 했 다는 것이었습니다. 나는 사람에게 진심 어린 관심을 갖는 것이야말 로 영업을 하는 사람에게 중요한 자질이란 사실을 명심하게 되었습니 다. 하지만 다른 사람들에게도 그건 마찬가지로 중요한 일인 것 같습 니다."

진심 어린 관심은 최고의 인기를 누리는 유명인사의 시간과 협조를 얻 어낼 수도 있다는 걸 직접 경험한 적도 있다. 당시 상황을 설명해보자.

몇 년 전에 브루클린 예술과학 재단Brooklyn Institute of Arts and Sciences에 서 소설 창작 강좌를 연 적이 있었다. 강좌에 참여한 사람들은 모두 캐 서린 노리스, 페니 허스트, 아이다 타벨, 앨버트 페이슨 터훈, 루버트 휴즈와 같은 쟁쟁한 작가들을 브루클린으로 모시고 와서 작가들의 경 험을 통해 무언가 배울 수 있기를 바랐다. 그래서 우리는 작가들에게 작품에 대한 칭송과 함께 작가로서의 성공 비결과 충고를 진심으로 듣 고 싶다는 편지를 썼다.

편지 말미에는 150명 수강생들의 서명이 덧붙여졌다. 편지에는 작가 들이 무척 바빠서 강연 준비를 할 수 없음을 잘 알고 있다고 적고, 작가 에 대한 질문과 집필 방법에 대한 질문 목록을 동봉했다. 작가들은 그 편지를 마음에 들어 했다. 누군들 마음에 들어 하지 않았을까? 그래서 그 작가들은 우리를 돕기 위해 브루클린까지 여행에 나서주었다.

같은 방법으로 설득해서 내 강좌의 수강생들에게 강연을 해주었던 유명인사에는 시어도어 루즈벨트 내각의 재무장관 레슬리 샤우와 태프트 대통령 내각의 법무장관 조지 위커샴, 윌리엄 제닝스 바이런, 프랭클린 루즈벨트 등이 있다.

공장 노동자이든 사무직이든 왕좌에 앉은 왕이든 우리 모두는 지위 고하를 막론하고 나를 칭찬하고 높이 평가해주는 사람을 좋아한다. 독일의 한 카이저(독일 황제의 칭호)의 사례를 들어보자. 제1차 세계대전이 끝나갈 즈음에 카이저는 지구상에서 가장 무참한 경멸의 대상이 되어 있었다. 심지어 그의 조국도 그에게 등을 돌렸다. 그는 네덜란드로 도망가 목숨을 건졌다. 그를 향한 증오가 너무나 격렬해서 수백만의 사람들이 그의 사지를 찢거나 장작 위에 올려 화형시켜도 좋겠다고 생각할 지경이었다. 분노의 화염이 온 세상을 덮을 듯한 그때에 한 소년이 카이저에게 다정함과 존경심을 담은 진심 어린 편지 한 장을 보내왔다. 그 아이는 다른 사람들이 어떻게 생각하든 항상 빌헬름을 자신의 황제로 생각하고 사랑할 것이라고 적었다. 카이저는 소년의 편지에 깊은 감동을 받고 그 아이를 초대해 만나기로 했다. 소년은 빌헬름을 찾아왔다. 소년의 어머니도 동행했다. 그리고 카이저는 소년의 어머니와 결혼했다. 그 어린 소년은 친구를 얻는 법과 사람들에게 영향력을 발휘하는 법에 대한 책을 읽을 필요가 없었다. 그는 본능적으로 그 방법을 알고 있었던 것이다.

친구를 사귀고 싶다면 다른 사람을 위한 일을 하면 된다. 시간과 에너지를 필요로 하는 일을 아무런 계산 없이 진심으로 해주면 된다. 윈저공이 영국 황태자일 때, 남미 지역으로 여행 스케줄이 잡혀 있었다. 윈저공은 여행 몇 달 전부터 스페인어를 공부하기 시작했다. 그래서 여행지의 언어로 강연을 할 수 있었고, 남미인들은 그를 사랑했다.

나는 오랫동안 주위 지인들의 생일을 반드시 알아내고 있다. 어떻게 하느냐고? 점성술에 대해 일체 아는 것이 없으면서도 일단 상대방에게 태어난 일시가 사람의 성격이나 기질과 연관이 있다는 말을 믿는지 묻는 걸로 말을 시작한다. 그런 다음에 태어난 날을 묻는다. 가령 상대가 11월 24일이라고 말해주면 "11월 24일이라, 11월 24일."이라고 중얼거린다. 그러다가 친구가 뒤를 돌아보거나 해서 시선을 돌리면 이름과 생일을 아무 데나 적어두었다가 나중에 수첩에 옮겨 적었다. 매년 새해가 시작되면 그렇게 알아놓은 생일을 달력에 적어놓아 자동적으로 시선이 가도록 했다. 그리고 주변 지인들의 생일이 다가오면 편지를 쓰거나 전보를 보냈다. 결과는 그야말로 대성공이었다! 이 지구상에서 나만이 생일을 기억하는 경우도 있었다.

친구를 얻고자 하면 활기차고 열성적인 모습으로 대하도록 하라. 누군가 전화를 걸어왔을 때도 마찬가지다. 상대의 전화를 받게 되어 얼마나 기쁜지 모르겠다는 어조로 "여보세요."라고 말하자. 많은 기업에서는 전화교환원들에게 열성적이고 적극적인 어투로 모든 사람과 통화하라고 훈련시키고 있다. 그러면 전화를 걸어온 사람은 그 기업의 관심을 받고 있다는 느낌을 받는다. 이제 전화벨이 울릴 때마다 이 사실을 기억하라.

다른 사람에게 진심에서 우러나온 관심을 갖게 되면 친구를 얻게 되는 것만이 아니다. 기업에서는 고객의 충성도가 높아지는 경험을 하게 된다. 뉴욕의 북아메리카 내셔널 뱅크National Bank of North America의 공시에 매들라인 로즈데일이라는 예금자의 편지가 실린 적이 있다.

"귀사의 직원들에게 제가 얼마나 감사하고 있는지 말씀드리고 싶습니다. 모두가 예의바르고 공손하며 제게 많은 도움을 주었습니다. 긴

줄에 서서 기다린 끝에 창구 직원의 기분 좋은 인사를 받으면 기분이 참 유쾌해지더군요."

로즈데일 부인이 그 후로도 계속 그 은행의 고객이 된 것은 말할 나위도 없다.

뉴욕의 대형 은행에서 일하던 찰스 월터스는 한 기업에 관한 비밀 보고서를 준비하라는 업무를 맡은 적이 있었다. 긴급히 정보가 필요했는데 그 열쇠를 쥐고 있는 사람은 오직 한 명, 그 회사의 대표였다. 월터스 씨가 그 기업의 대표 사무실에 찾아갔을 때 한 젊은 여자가 문가에 고개를 내밀고 그날은 우표를 하나도 모으지 못했다고 말했다.

"열두 살 난 아들을 위해 우표를 수집 중입니다."

대표는 월터스 씨에게 말했다.

월터스 씨는 자신의 임무를 설명하고 질문을 하기 시작했다. 하지만 대표는 애매하고 막연하게 두루뭉술한 이야기만 해주었다. 이야기를 하고 싶어 하지 않는 게 분명했지만 그를 설득할 마땅한 방법이 없어 보였다. 그렇게 짧았던 대표와의 만남은 아무런 소득도 없이 끝나버렸다.

월터스 씨는 우리 강좌에서 당시의 이야기를 털어놓았다.

"솔직히 어찌해야 할 바를 모르겠더군요. 그러다가 그의 비서가 했던 말이 생각이 났습니다. 우표, 열두 살 난 아들……, 그때 우리 은행의 외무부서에서 수집해놓은 우표가 생각나더군요. 5대양 6대주에서 쏟아져 들어오는 편지봉투에서 떼어놓은 것들이었습니다. 다음 날 오후 저는 그 기업을 찾아가 대표의 아드님을 위해 우표를 조금 모아놓았다는 말을 전했습니다. 저는 그야말로 열화와 같은 안내를 받으며 대표의 사무실로 갔습니다. 대표는 마치 국회의원 선거에 출마한 사람인양 열정적으로 제 손을 잡고 악수를 했습니다. 환한 미소로 밝아진 얼굴에는 선의가 가득했습니다. '우리 조지가 좋아할 겁니다.' 그는 우표를 쓰다듬으면서 계속 말했습니다. '이걸 좀 보세요! 이건 보물입니다.' 우리는 몇 시간 동안 아들의 사진을 보고 우표에 대한 이야기를 나누었습니다. 그런 후 대표는 1시간에 걸쳐 제게 필요한 모든 정보를 주었습니다. 그것도 자진해서요. 알고 있는 모든 것을 이야기한 다음에는 부하직원을 불러 질문을 하게 해주었습니다. 공동 경영자들에게도 전화를 걸어주었습니다. 문서, 보고서, 통계, 사실 관계에 관한 정보를 그야말로 한 아름 얻을 수 있었습니다. 신문기자들 말로 표현하자면 특종을 잡았던 겁니다."

여기 또 다른 실례가 있다.

필라델피아에 사는 네이플 주니어는 몇 년 동안 대형 체인점 유통 기업에게 연료를 판매하려 애를 쓰고 있었다. 하지만 그 유통업체는 계속해서 타지역의 판매상에게 연료를 구매해서 네이플이 일하는 사무실 바로 앞을 지나 운반해왔다. 하루는 네이플이 우리 강좌가 시작되기 전에 그 유통업체에 대한 격한 분노를 쏟아내며 이 나라에 해악이 되는 존재라고까지 낙인을 찍었다.

그러면서도 자신이 연료를 팔 수 없었던 이유를 궁금해했다.

나는 다른 방법을 사용해보자고 제안했다. 그 방법을 간단히 말하면 다음과 같다. 일단 우리는 강좌에 참여한 사람들을 둘로 나누어 그 유통업체가 미국에 해를 끼치고 있는지 아니면 도움이 되고 있는지에 대한 논쟁을 벌이기로 했다.

네이플은 내 제안에 따라 그 업체를 옹호하는 편에 서기로 했다. 그는 유통업체를 옹호하는 편이 되는데 동의하고 경멸해 마지않던 그 유통업체의 임원 한 명에게 찾아가 말했다.

"오늘은 연료를 판매하려고 온 게 아닙니다. 도움을 받았으면 하는 일이 있습니다."

그리고 강좌에서 열기로 한 토론대회에 대해 설명한 다음에 이렇게 말했다.

"도움을 받고자 이렇게 찾아온 것은 제게 필요한 정보를 줄 수 있는 다른 사람이 없을 것 같기 때문이었습니다. 저는 이번 토론대회에서 꼭 이기고 싶습니다. 그러니 어떤 도움이라도 주시면 정말 감사하겠습니다."

그 이후 이야기는 네이플의 말을 빌어 설명하자.

"나는 그 임원에게 정확히 1분 정도만 시간을 내달라고 부탁했습니다. 그 조건 아래 임원은 나를 만나주기로 했지요. 내 상황을 설명하고 나자 그 임원은 나를 의자에 앉히고 정확히 1시간 47분 동안 이야기를 했습니다. 그리고 그 유통업체에 관한 책을 썼던 임원을 불러주기도 했습니다. 그는 전 미국 체인점 유통협회에 편지를 써주면서 나에게 토론대회 주제와 관련된 책 한 권을 주었습니다. 그는 자신이 수백여 개 지역을 위해 하는 일에 자부심을 갖고 있었습니다. 말하는 내내 그 임원의 눈은 빛났습니다. 그로 인해 저는 이전에 보지 못했던 것을 볼 수 있게 되었습니다. 그 임원으로 인해 제 사고방식은 완전히 달라졌습니다. 일을 마치고 떠나는데 임원은 내 어깨에 팔을 두르고 문까지 배웅해주면서 토론대회에서 이기게 되기를 빌어주었습니다. 그리고 마지막으로 이렇게 말했습니다. '봄에 다시 한 번 찾아와주십시오. 연료 주문을 좀 하고 싶습니다.' 저에게 그건 기적과도 같은 일이었습니다. 제가 아무런 말도 하지 않았는데 그 임원은 자발적으로 연료를 구매하겠다고 말한 거였습니다. 저희 제품과 저에게 관심을 갖게 하려고 노력했던 지난 10년 동안 이루었던 일보다 상대에게 진정으로 관심을 갖고 그의 문제에 대해 같이 고민하면서 보냈던 2시간 동안 더 많은 진척을 이뤄낼 수 있었습니다."

네이플 씨, 자네가 깨달은 그 사실이 새삼스러울 건 없네. 예수님이 태어나시기 100년 전에 로마의 유명한 시인 푸블릴리우스 시루스는 이렇게 말했지.

"우리는 우리에게 관심을 주는 사람에게만 관심을 가진다."

인간관계의 다른 원칙들도 마찬가지지만, 관심을 드러내는 일은 진심에서 우러나와야만 한다. 다른 사람에게 관심을 보이는 사람도 이득을 얻게 되지만, 그 관심을 받은 사람에게도 도움이 되어야만 한다. 쌍방에게 좋은 일이 되는 양방향 통행이어야 한다.

뉴욕의 롱아일랜드에서 강좌를 들었던 마틴 긴스베르크는 한 간호사가 보여준 특별한 관심이 자신의 삶 깊숙이 영향을 미쳤던 사례를 들려주었다.

"추수감사절이었습니다. 당시 저는 열 살이었죠. 저는 시립 병원의 기초생활수급자 전용 병동에 입원해서 다음 날 생명의 위험을 수반하는 정형외과 수술을 받으려고 기다리고 있었습니다. 저는 앞으로 몇 달 동안은 병원에 갇혀서 요양을 하면서 아파야 한다는 걸 알고 있었습니다. 아버지는 돌아가셨고, 어머니와 저 둘이서 작은 아파트에서 살면서 사회복지 기금의 원조로 살고 있었을 때였습니다. 그날 어머니는 병원에 찾아올 수 없는 사정이었습니다. 날이 저물어가면서 고독과 절망, 두려움의 감정이 엄습해왔습니다. 어머니는 집에서 혼자 제 걱정을 하고 계실 거란 생각을 했습니다. 혼자서 같이 밥 먹어줄 사람도 없이 계실 어머니는 추수감사절 저녁 식탁을 마련할 돈도 없었을 것이 분명했습니다. 눈물이 차올라서 베개에 고개를 파묻고 이불을 머리끝까지 뒤집어썼습니다. 저는 소리를 죽이고 울었습니다. 너무나 괴로워서 온몸이 아파오는 것 같았습니다. 한 젊은 수습 간호사가 제가 흐느껴 우는 소리를 듣고 다가왔습니다. 간호사는 내 얼굴을 가려주던 이불을 젖히고 내 눈물을 닦아주기 시작했습니다. 그리고 자신도 그날 일을 해야만 해서 가족과 함께 지낼 수 없어 외롭다고 말해주었습니다. 그리고 함께 저녁을 먹겠느냐고 물어왔습니다. 그 수습 간호사는 음식이 담긴 쟁반 두 개를 가져왔습니다. 얇게 썬 칠면조 고기와 으깬 감자, 크랜베리 소스 그리고 디저트로 아이스크림도 있었습니다. 간호사는 내게 말을 걸면서 내 두려움을 가라앉혀주려 노력했습니다. 근무시간은 오후 4시까지였지만 그 수습 간호사는 밤 11시까지 내 곁에 있어 주었죠. 나와 게임을 해주고 말을 나눠주면서 잠들 때까지 곁을 지켜주었습니다. 그 이후 추수감사절이 돌아오면 열 살 때 겪었던 좌절감과 두려움, 외로움과 함께 낯선 이가 보여준 따스함과 상냥함이 그 모든 것을 견디게 해주었다는 사실을 떠올리곤 합니다."

다른 사람들에게 호감을 사고 싶고, 진정한 친구를 얻고자 한다면, 그리고 내가 받은 도움을 다른 사람에게도 똑같이 되돌려주고 싶다면, 이 원칙을 마음에 새겨두도록 하라.

제1원칙

다른 사람에게 진심 어린 관심을 가져라.

Chapter
2

첫인상을 좋게 하는
간단한 방법

　뉴욕에서 열린 한 디너파티에 참석한 손님 중에 큰 유산을 상속받은 한 여성은 모든 사람에게 매력적인 첫인상을 주려고 애를 쓰고 있었다. 그녀는 모피며 다이아몬드, 진주에 상당한 돈을 썼다. 하지만 얼굴에는 전혀 신경을 쓰지 않았다. 시무룩한 표정의 얼굴에서는 이기심이 묻어나고 있었다. 그녀는 모든 사람이 알고 있는 진리를 알지 못했던 것이다. 얼굴의 표정이야말로 몸에 걸친 옷보다 훨씬 더 중요하다는 사실이었다.

　찰스 슈왑은 자신의 미소가 백만 달러짜리라고 말했다. 아마 그는 이 진리를 알고 있었던 것 같다. 슈왑의 대단한 성공의 이유는 그의 성격, 매력 그리고 사람들의 호감을 사는 능력에 있었지만, 그의 성격 중 가장 근사한 요소는 보는 사람의 마음을 사로잡는 미소였다.

백 마디 말보다 한 번의 행동이 전하는 메시지가 더 크다는 말이 있다. 미소는 "당신을 좋아합니다. 당신 때문에 행복해지네요. 당신을 만나 정말 반갑습니다."라는 말을 전한다. 이런 까닭에 개가 사랑을 받는 것이다. 개들은 우리를 보면 반가워 어쩔 줄 모르며 껑충껑충 뛰어다니지 않는가. 그러니 우린들 개를 보면 반갑고 기쁘지 않겠는가.

어린아이의 미소도 같은 작용을 한다.

병원 대기실에서 주위를 둘러본 적이 있는가? 하나같이 뚱한 얼굴로 조바심을 내며 자기 순서를 기다리고들 있다. 미주리 주의 레이타운에 사는 수의사 스테판 스포로울 박사는 어느 봄날 애완동물의 예방 접종을 위해 순서를 기다리는 환자들이 가득한 대기실에서 있었던 일을 이야기해주었다. 서로 이야기를 나누는 사람이 하나도 없었다고 했다. 다들 그 대기실에서 '대기'하고 있지 않았으면 할 수 있는 다른 수십 가지 일에 대해 생각하는 듯 묵묵히 앉아 있었다. 우리 강좌의 수강생이 들려준 그의 이야기를 들어보라.

"대여섯 명이 대기하고 있는 대기실에 한 젊은 여성이 9개월 된 갓난 아기와 새끼 고양이 한 마리를 데리고 들어왔어요. 그 여성은 우연히도 오랫동안 대기를 하는 바람에 마음이 심란해진 한 신사분 곁에 앉게 되었지요. 그 신사분이 정신을 차리고 보니 그 아이가 고개를 들어 신사를 빤히 쳐다보며 환한 미소를 지어 보이고 있었습니다. 아이다운 행동이었죠. 그러자 그 신사분이 어떻게 했는지 아세요? 아이를 보고 미소를 되돌리고 있었답니다. 누구라도 그런 상황에서는 그렇게 하겠지요. 곧 그 신사는 아기에 대한 이야기를 그 젊은 여성과 나누면서 자기 손주 이야기도 하게 되었어요. 곧 대기실에 있던 모든 사람들이 대화에 참여했고, 긴장감이 팽팽한 가운데 흐르던 지루함은 어느새 즐겁고 유쾌한 경험으로 변해가고 있었죠."

그럼 성의 없이 씩 웃는 것은 어떤 효과가 있을까? 그런 것에 속아 넘어갈 사람은 아무도 없다. 기계적인 행동이라는 걸 들켜서 괜한 공분만 살 뿐이다. 내가 말하는 건 진심 어린 진짜 미소다. 마음이 따뜻해지는 미소는 마음속 깊은 곳에서 우러나온다. 그런 미소는 큰 가치가 있다.

미시간 대학에서 심리학을 연구하고 있는 제임스 맥코널 교수는 미소에 대해 이렇게 말했다.

"미소 띤 사람은 가르치는 일이나 영업에 있어서 보다 유능하다. 또 자녀를 행복하게 키워낸다. 인상을 쓰는 것보다는 미소에 대해 연구해온 것이 더 많다. 격려가 처벌보다 훨씬 더 효과적인 교수 전략인 까닭이다."

뉴욕의 한 대형 백화점에서 채용담당을 맡고 있는 사람은 음울한 표정의 심리학 박사보다는 초등학교를 마치지 못했어도 유쾌한 미소를 짓는 사람을 고용하겠노라고 말했다.

미소에는 강력한 효력이 있다. 심지어 보이지 않는 미소라도 마찬가지다. 미국 전역에 서비스를 제공하는 전화 통신사들은 '고객을 사로잡는 전화 응대'라는 프로그램을 운영하고 있다. 전화를 이용한 영업을 하는 이들에게 제공되는 이 교육 프로그램에서는 전화상으로 이야기를 할 때도 얼굴에 미소를 띠라고 가르치고 있다. 그 '미소'가 목소리를 통해 전달되기 때문이다.

오하이오 주의 신시내티에서 컴퓨터 기업의 부장직을 맡고 있던 로버트 크라이어는 적임자를 찾기 어려운 직위에 적당한 인재를 찾아낸 이야기를 다음과 같이 들려주었다.

"우리 회사에서 일할 컴퓨터 공학 박사 학위 소지자를 찾는 데 애를 먹고 있었습니다. 그러다가 퍼듀 대학Purdue University의 학위 수여 예정자 중에서 원하는 자격요건을 갖춘 한 젊은이를 찾아내게 되었어요. 몇 번의 전화 통화로 다른 회사에서도 입사 권유를 해왔다는 걸 알게 되었습니다. 저희 매장보다 훨씬 더 규모가 있고 더 유명한 기업들이었지요. 하지만 그는 저희 회사를 선택해주었습니다. 기뻤습니다. 본격적으로 업무를 시작하게 된 이후 저는 다른 기업을 제치고 우리 회사를 선택한 이유를 물어보았습니다. 그는 잠시 망설이더니 이렇게 말했습니다. '다른 기업의 부장님들은 전화 통화에서 냉정하고 사무적인 어조로 말을 하더군요. 저는 비즈니스 거래의 일부로 치부되는 느낌을 받았습니다. 그런데 부장님은 저와 통화를 하게 되어 정말 기쁘다는 식으로 말씀하셨어요. 그래서 이 회사에서 일하고 싶다는 생각을 하게 되었습니다.' 저는 지금도 전화 통화를 할 때마다 미소를 짓고 있답니다."

미국에서 가장 큰 고무 제품 제조사로 손꼽히는 한 기업의 이사장이 직접 관찰한 결과를 가지고 들려준 이야기에 의하면, 자신이 하는 일을 즐기지 않는 사람이 성공하는 일은 거의 없다고 했다. 업계에서 인정받는 이 비즈니스 리더는 열심히 일하는 것만이 우리가 원하는 것을 가져다주는 마법의 열쇠라는 오래된 금언을 그리 믿지 않는다고 했다.

"웃고 떠들면서 비즈니스를 신 나게 해서 성공했던 사람들이 나중에 그 재미있던 것이 일이 되면서 변하는 걸 많이 보아왔습니다. 비즈니스는 지루해지고 즐거움이 사라지면서 실패하게 되는 거죠."

사람들이 나와 만나는 걸 즐거워하게 만들고 싶다면, 사람들을 만나는 시간을 내가 즐겨야만 한다.

　사업을 하는 사람들에게 일주일 동안 매시간 아무나 쳐다보고 미소를 지으라고 말하고, 다음 주 강좌에서 결과에 대해 물어보곤 한다. 결과가 어땠느냐고? 어디 보자. 여기 뉴욕에서 주식중개를 하고 있는 윌리엄 스타인하드트의 편지를 한 번 보자. 비단 이 사례만 있었던 것은 아니다. 수백여 개의 사례 중에 가장 전형적인 것이라서 소개할 뿐이다.

　'결혼한 지 18년이 넘었습니다. 그동안 저는 아침에 일어나서 출근하기 전까지 아내를 쳐다보고 미소를 짓거나 몇 마디 말을 건네는 법도 없이 살았습니다. 브로드웨이 지역에서 가장 지독한 무뚝뚝한 남자였지요. 그러다가 미소와 관련된 경험을 해보라는 이 강좌의 숙제를 받고 일주일 동안 시도해보기로 했습니다. 강좌가 있던 다음 날 아침 머리를 빗으면서 거울에 비친 뚱한 표정의 찌푸린 얼굴을 보면서 혼잣말을 했습니다. '빌, 오늘부터는 네 얼굴에 있는 그 심술궂은 우거지상을 확 지워버리는 거다. 이제부터는 웃자. 그럼 당장 시작해야지.' 그리고 아침식사 자리에서 아내에게 "여보, 좋은 아침이야."라고 인사를 건네며 웃었죠. 강사님께서는 아내가 깜짝 놀랄 거라고 미리 경고를 해주셨어요. 하지만 아내의 반응은 그 이상이었습니다. 어찌할 바를 모르고 당황해하더군요. 충격을 받았나봅니다. 아내에게 앞으로는 이런 모습을 늘 보게 될 거라고 말해주었습니다. 그리고 매일 아침 그렇게 했지요. 제 태도가 바뀌니 두 달이 채 지나기도 전에 우리집은 이전보다 더 행복한 가정이 되었습니다. 회사에 출근할 때 우리 아파트의 엘리베이터 운전관에게도 "좋은 아침입니다."라는 말과 미소로 인사를 걸었습니다. 경비원에게도 미소로 인사를 보냈습니다. 지하철 매표소에 있는 판매원에게도 미소를 지으며 잔돈을 달라고 했습니다. 주식 거래소에서도 사람들에게 미소를 지어 보였습니다. 이전에는 단 한 번도 제가 미소 짓는 걸 보지 못했던 사람들에게 말이지요. 그러면서 깨달 았습니다. 제가 미소를 보이면 사람들도 답례로 미소를 지어 보인다는 사실을요. 불만이나 고충이 있어서 찾아온 사람들에게도 쾌활한 태도 로 대하게 되었습니다. 사람들의 말에 귀를 기울이며 미소를 지었더니 문제를 해결하는 일이 훨씬 더 쉬워지더군요. 미소는 매일 돈을 벌어 다주는 것 같았습니다. 저는 다른 주식 중개인 한 명과 사무실을 공동 으로 사용하고 있습니다. 그가 부리는 젊은이 중에 호감이 가는 청년 이 한 명 있었습니다. 최근에 얻은 성과에 득의만만해진 저는 그 친구 에게 새롭게 터득한 인간관계의 철학에 대해 이야기를 해주었습니다. 그러자 그 친구는 솔직히 처음에 사무실을 같이 사용하면서 저를 고약 한 심술쟁이로 생각했다고 털어놓더군요. 그러다가 최근에는 생각을 바꾸었다고 했습니다. 제가 미소를 지으면 정말 인간적으로 보인다고 하더군요. 이제는 업무를 처리하면서 비판이나 비난을 하는 일도 없 어졌습니다. 비난 대신에 감사와 칭찬을 하지요. 제가 원하는 것에 대 해 이야기하는 것도 그만두었습니다. 지금은 다른 사람의 관점에서 보 려고 노력하죠. 이런 노력들은 그야말로 제 삶에 대변혁을 일으켰습니 다. 저는 완전히 다른 사람으로 거듭났습니다. 더 행복하고 더 부유해 졌으며 우정과 행복을 더 많이 누리게 되었습니다. 이 세상에서 가장 중요한 것들을 얻게 된 것입니다.'

말은 그렇지만 웃을 일이 없다고? 그렇다면 어떻게 해야 할까? 두 가지만 하면 된다. 일단 억지로 미소를 지어 보도록 하자. 혼자 있을 때 휘파람을 불거나 콧노래를 부르거나 아예 큰 소리로 불러보도록 하라. 행복한 사람처럼 행동하라. 그러면 정말 행복해질 것이다. 철학자이자 심리학자인 윌리엄 제임스는 이렇게 말했다.

"감정에 따라 행동을 하는 것처럼 보이지만 실제로 행동과 감정은 함께 작동한다. 그래서 의지력을 발휘해 직접적으로 행동을 통제하면 부차적으로 감정이 제어되어 실제 감정과 다른 감정을 불러일으킬 수 있다. 그러므로 기분이 좋지 않을 때 다시 기분이 좋아지도록 하는 최고의 방법은 기분을 추스르고 바르게 앉아서 이미 기분이 좋아진 것처럼 행동하고 말하는 것이다."

이 세상의 모든 사람은 행복을 추구한다. 그 행복을 얻는 가장 확실한 방법이 있다. 그것은 바로 생각을 제어하는 것이다. 행복은 외부 상황에 좌우되지 않는다. 우리의 내적 상황에 달려 있다.

무엇을 가지고 있느냐, 어떤 사람인가, 어디에 있는가, 무엇을 하는가 따위로는 행복과 불행을 결정하지 못한다. 행복에 대해 어떻게 생각하느냐가 중요하다. 두 사람이 같은 장소에서 같은 일을 하고 있다고 해보자. 두 사람은 재산의 규모나 사회적 지위도 같다. 하지만 한 사람은 불행하고 다른 한 사람은 행복할 수 있다. 어째서 그러냐고? 사고방식의 차이 때문이다. 로스앤젤레스나 시카고, 뉴욕의 냉방 잘된 사무실에서 보았던 행복한 얼굴을 열대우림의 엄청난 더위 속에서 원시적인 도구로 고된 노동을 하는 가난한 농부들에게서도 찾아볼 수 있다.

"좋고 나쁘고는 오직 생각이 정하는 일이다."

셰익스피어의 말이다. 에이브러햄 링컨은 "대부분 사람들은 자기 생각의 몫만큼 행복하다."라고 말한 바 있다. 링컨의 말이 맞다. 그 생생한 실례를 뉴욕의 롱아일랜드 기차역에 있는 계단을 걸어 올라가다가 목격한 적이 있다. 내 앞에는 지팡이와 목발에 의지해 걷는 절름발이 소년들 삼사십 명이 계단을 걸어오느라 애를 먹고 있었다. 한 소년은 다른 사람에게 업혀서 올라가야만 했다. 하지만 나는 그들의 커다란 웃음과 쾌활함에 놀랐다. 그 소년들을 인솔하고 있던 사람에게 어떻게 된 일인지 물어보고 다음과 같은 답을 얻었다.

"아, 그거요. 아이들이 처음에 평생을 절름발이로 지내야 한다는 사실을 알게 되었을 때는 충격을 받습니다. 하지만 처음의 충격을 이겨 내고 나면 자신의 운명을 순순히 받아들이고 보통 아이들처럼 행복한 소년이 됩니다."

그 소년들에게 모자를 벗어들고 경의를 표하고픈 마음이 들었다. 그 아이들 덕에 나는 절대로 잊을 수 없는 소중한 깨달음을 얻을 수 있었다.

폐쇄된 사무실 한 구석에서 혼자 일하는 건 외로울 뿐만 아니라 회사의 다른 직원들을 친구로 사귈 수 있는 기회를 놓치는 일이기도 하다. 멕시코의 과달라하라에 사는 세오라 마리아 곤잘레스가 그렇게 일하고 있었다. 회사에서 일하는 다른 직원들이 서로 수다를 떨고 웃는 것을 엿들으며 그들이 공유하는 동료애를 부러워했다. 회사에 취업한 후 처음 몇 주 동안 복도에서 다른 직원들 곁을 지나게 되면 수줍게 얼굴을 돌렸다.

그렇게 몇 주가 흐른 뒤 마리아는 혼잣말을 했다.

"마리아, 저 여자들이 너에게 다가오기를 기다리는 건 안 되겠다. 당장 밖으로 나가서 그들과 얼굴을 마주하자."

그리고 정수기에 물을 뜨러 가서는 환한 미소를 지으면서 마주치는 사람에게 "안녕하세요?"라고 말했다. 효력이 즉시 발휘됐다. 미소와 인사말이 되돌아왔다. 복도가 이전보다 더 밝아진 것 같았다. 일도 더 쉬워진 것 같았다. 아는 사람이 생기고 친구라 부를 정도로 친한 사이인 사람도 생겼다. 마리아의 일과 생활은 더욱 즐겁고 재미있어졌다.

에세이 작가이자 출판업자인 엘버트 허버드가 말해주는 현명한 조언에 귀를 기울여 보라. 물론 귀를 기울이기만 하고 실제로 적용해보지 않으면 아무 소용이 없다는 건 기억해야 한다.

"집 밖으로 나갈 때마다 턱을 잡아당기고, 머리를 꼿꼿이 세워라. 가슴 가득히 숨을 들이 마시도록 하라. 햇살을 한가득 들이키고 웃는 얼굴로 친구들과 인사를 나누고 진심을 담아 악수를 해라. 오해당할까 걱정하지 말고 미워하는 사람에 대해 생각하느라 시간을 낭비하지도 마라. 하고 싶은 일에 대해서만 생각하도록 하라. 그러면 흔들림 없이 목적지를 향해 갈 수 있다. 머릿속에는 하고자 하는 근사하고 멋진 일만 담아두도록 하라. 그렇게 하루를 보내고 날이 저물면, 자기도 모르는 사이에 원하는 일을 성취하는 데 필요한 절호의 기회를 붙잡을 것이다. 산호충이 흐르는 바닷물에서 자신에게 필요한 성분을 취하는 것과 같다. 자신이 되고자 하는 유능하고 정직하며 훌륭한 사람의 모습을 마음속에 그려 보라. 마음에 품은 그 생각이 너를 그 특별한 사람으로 변신시켜 줄 것이다. 생각의 힘은 위대하다. 올바른 마음가짐을 유지하라. 용기 있고 정직하며 쾌활하고 원기 왕성하라. 올바른 생각은 무에서 유를 창조한다. 하고자 하는 대로 모든 것이 이루어지고 진실한 기도는 모두 응답받는다. 우리는 우리 마음이 선택하는 대로 된다. 턱을 잡아당기고 머리를 꼿꼿이 세워라. 우리는 고치 속의 신과 같은 존재다."

미소는 나의 선의를 전하는 메시지다. 미소는 보는 사람의 삶을 밝혀 준다. 수십 명의 찌푸린 얼굴을 보고 고개를 돌려야 했던 사람에게 나의 웃는 얼굴은 구름 사이를 뚫고 나온 한 줄기 햇살이 된다.

몇 년 전에 뉴욕 시티의 한 백화점에서 크리스마스 시즌의 격무에 시달린 판매원들이 중압감에 시달리고 있다는 것을 인지하고 다음과 같은 광고로 사람들에게 수수한 철학 하나를 전달한 적이 있었다.

크리스마스에 보는 미소의 가치

돈이 들지 않지만 많은 것을 만들어냅니다.

주는 사람은 거저 주지만 받는 사람은 부유해집니다.

잠깐 사이에 일어나는 일이지만 그 기억이 영원하기도 합니다.

없어도 잘살 수 있을 만큼 부유한 사람은 없고, 아무리 가난해도 그 혜택을 받지 못할 사람은 없습니다.

가정에는 행복을 가져다주고, 직장에는 선의를 불러일으키며, 친구에게는 우정을 확인시켜 줍니다.

지친 사람에게는 휴식을, 낙담한 사람에게는 생기를, 슬픈 이에게는 빛을 주는, 자연이 선물한 최고의 문제 해결사입니다.

하지만 돈을 주고 살 수도, 구걸할 수도, 빌릴 수도, 훔칠 수도 없습니다.

누군가에게서 받아야만 소용이 있는 것이기 때문입니다.

크리스마스 시즌이 막바지에 다다를 때 우리 판매원이 너무 피곤해 손님들께 미소를 드리지 못하면, 손님이 미소 한 자락 보내주시기를 부탁드려도 될까요?

미소를 보내지 못할 정도로 지쳐버린 사람만큼 미소가 필요한 사람은 없으니까요!

제2원칙

미소를 지어라.

이름이 지닌
마법을 알아야 한다

　1898년, 뉴욕의 로클랜드 지역에서 비극적인 일이 발생했다. 한 아이가 죽어서 이웃들이 장례식 준비를 하고 있었다. 짐 팔리는 헛간에서 말을 데리고 나와 수레에 매었다. 땅에는 눈이 쌓여 있었고, 살을 에는 듯 추운 날씨였다. 말은 날씨 탓에 며칠 동안 운동을 하지 못한 상태였다. 물통이 있는 곳으로 가던 말은 경쾌하게 수레를 끌다가 갑자기 뒷발로 짐 팔리를 걷어차 죽게 했다. 스토니포인트라는 작은 마을에서는 그날 두 차례의 장례식을 치르게 되었다.

　짐 팔리에게는 아내와 아들 셋이 있었다. 유산은 몇 백 달러의 보험금뿐이었다. 그의 큰아들인 제임스 팔리는 열 살이었지만 벽돌 공장에 나가 일을 했다. 모래를 수레에 담아 나르고, 거푸집에 모래를 붓고, 다

만들어진 벽돌을 햇볕에 잘 마르도록 세워놓았다. 짐은 교육을 받을 기회를 갖지 못했다. 하지만 타고난 싹싹한 성격 탓에 사람들의 호감을 사는 천부적인 재능이 있었다. 그래서 정계에 진출했다. 그로부터 몇 년 후에는 사람들의 이름을 기억하는 불가사의한 능력을 계발해냈다.

그는 고등학교 문 앞에도 가보지 못했다. 하지만 46세가 되기 이전에 네 개의 대학에서 명예 학위를 수여받았고, 미국의 체신장관과 민주당 위원회Democratic National Committee의 위원장을 역임했다.

나는 그를 인터뷰하면서 성공 비결을 물어보았던 적이 있다. 그는 "성실히 노력한 것뿐입니다."라고 대답했고, 나는 "농담이시지요?"라고 말했다. 그러자 그는 내가 생각하는 그의 성공 비결은 무엇이냐고 물었다. 나는 대답했다.

"1만 명 사람들의 이름을 다 기억해서 불러줄 수 있는 것이라고 생각합니다."

"아니오, 틀렸소. 나는 5만 명의 이름을 다 기억해서 불러줄 수 있소."

정말이다. 그 능력으로 제임스 팔리는 1932년에 프랭클린의 선거운동을 관리하면서 루즈벨트를 백악관에 입성시켰다.

그는 석고 외판원으로 일하며 여기저기 돌아다니던 시절과 스토니포인트에서 서기관으로 일하던 시절에 사람들의 이름을 외우는 방법을 고안해냈다. 처음에는 간단한 방식이었다. 새롭게 사람을 만나면 그의 정식 이름을 알아내고, 그의 가족에 대한 이야기와 하는 일, 정치적 성향에 대해 물었다. 그리고 그런 사실들을 하나의 그림으로 만들어 기억하고 있다가 다음에 다시 그 사람을 만나면 악수를 청하면서 가족의 안부를 묻거나 뒷마당에 있는 접시꽃이 잘 자라는지를 물었다. 일 년이 더 지난 후에도 그런 것들을 모두 기억했다. 그를 따르는 사람이 늘어가기 시작한 것은 당연한 일이었다.

루즈벨트의 대선 선거 운동이 시작되기 몇 달 전에 제임스 팔리는 하루에 수백 통의 편지를 써서 미국 북서부 지역의 사람들에게 보냈다. 그리고 기차를 타고 19일 동안 20개 주를 순회하면서 1만 2,000마일을 여행했다. 마차, 기차, 자동차, 배까지 온갖 탈것은 다 이용했다. 그러다가 마을에 도착하면 아침, 점심, 오후의 티타임, 저녁 식사 시간에 사람을 만나서 '솔직하고 성의 있는 이야기'를 나누었다. 그리고 다시 서둘러 길을 떠나 다른 목적지로 갔다.

동부 지역으로 돌아오자마자, 짐은 방문했던 마을마다 한 사람씩을 정한 후, 편지를 써서 그와 이야기를 나누었던 모든 사람의 이름을 알려달라고 청했다. 방문했던 곳에서 만난 사람들의 이름을 모두 모으니 수천 명이 넘었다. 하지만 이름이 적혀진 모든 사람들은 제임스 팔리가 직접 쓴 약간의 감언이설이 담긴 편지를 받게 되었다. 편지는 늘 '친애하는 빌에게'나 '친애하는 제인에게'로 시작했다. 그리고 어김없이 제임스 팔리의 서명이 붙여졌다.

제임스 팔리는 일찍이 보통 사람들이 이 지구상의 모든 사람을 다 모아놓은 중에도 자신의 이름에 더 관심을 가진다는 사실을 깨닫고 있었다. 그 이름을 기억하고 친근하게 불러주면 은근한 겉치레 칭찬을 효과적으로 한 것이 된다. 하지만 이름을 잊어버리거나 철자를 틀리게 적으면 오히려 아주 불리한 입장에 처해 손해를 보게 된다. 파리에서 대중연설에 관한 강좌를 진행하면서 파리에 사는 모든 미국인들에게 안내장을 발송한 적이 있었다. 그런데 영어를 잘 모르는 게 분명한 프랑스인 타자수가 편지에 이름을 적어넣는 바람에 터무니없는 실수가 발생했다. 파리에 있는 대형 미국계 은행에서 부장급 직위를 갖고 있는 한 사람은 통렬한 책망의 내용을 담은 편지를 내게 보내왔다. 그의 이름 철자가 잘못 적혀 있었기 때문이었다.

때로 사람들의 이름을 기억하는 일이 어려울 수 있다. 특히 발음하기 어려운 이름은 더욱 그렇다. 그럴 때 우리는 그 이름의 발음을 익히려 노력하기보다는 그냥 무시하거나 간편한 별명으로 대신하는 경우가 많다. 시드 레비라는 한 사람은 니코데무스 파파도울로스라는 이름의 고객에게 한동안 전화를 걸어야 했다. 대부분 사람들은 그 손님을 '닉'이라고 불렀다. 레비가 들려준 말을 그대로 옮겨 본다.

"전화를 걸기 전에 그 사람의 이름을 몇 번이고 되뇌면서 제대로 불러주려고 노력을 했어요. 인사를 할 때도 정식 이름을 다 불렀어요. '안녕하세요, 니코데무스 파파도울로스 씨.' 그분은 충격을 받은 듯 했습니다. 한동안 전화 너머에서 아무런 소리도 들리지 않았거든요. 마침내 그분은 울먹이는 목소리로 말했습니다. '레비 씨, 이 나라로 이민 온 15년 동안 그 누구도 제 정식 이름을 제대로 불러주려고 애를 써준 적이 없었습니다.'"

앤드류 카네기가 성공할 수밖에 없었던 이유는 무엇이었을까?

그는 철강왕이라고 불렸다. 하지만 정작 그는 철강에 대해 아는 바가 거의 없었다. 그의 회사에는 철강에 대해 더 많이 아는 수백 명의 사람들이 있었다.

하지만 카네기는 사람을 다루는 법을 알고 있었다. 그렇기 때문에 그는 부자가 되었다. 그는 일찍이 기업 경영에 천부적인 재능을 보였고 천재적인 리더십을 발휘했다. 열 살 즈음에 그는 사람들이 자신의 이름을 얼마나 중요하게 여기고 있는지를 간파했다. 그리고 그 깨달음을 활용해서 사람들의 협조를 얻어냈다. 자세하게 알아보자.

소년 시절 스코틀랜드의 시골에서 살았던 카네기는 어느 날 토끼 한 마리를 잡았다. 어미 토끼였다. 그리고 곧 새끼 토끼들이 있는 둥지를 찾아냈다. 그런데 새끼 토끼에게 줄 먹이가 하나도 없었다. 하지만 카네기에는 멋진 아이디어가 떠올랐다. 이웃에 사는 아이들에게 토끼에게 줄 클로버 잎과 민들레를 뜯어오는 아이의 이름을 새끼 토끼에게 붙여주겠다고 말했던 것이다.

계획은 마법처럼 성공했고, 카네기는 그 일을 결코 잊지 않았다.

그로부터 몇 년이 흐른 뒤 카네기는 사업에서도 그와 같은 심리전을 활용해서 수백만 달러를 벌어들였다. 카네기는 펜실베이니아 철도회사에 철로를 팔고자 했다. 당시 펜실베이니아 철도회사의 대표는 에드가 톰슨이었다. 그래서 앤드류 카네기는 피츠버그에 커다란 철강 공장을 세우고 '에드가 톰슨 철강소'라고 이름 붙였다.

수수께끼를 하나 내자. 한번 맞춰보기 바란다. 펜실베이니아 철도회사에 철로가 필요하게 되었을 때 에드가 톰슨은 어디로 사러 갔을 것 같은가? 유통업체인 시어스 로벅Sears Roebuck이라고? 아니, 틀렸다. 다시 생각해봐라.

카네기와 조지 풀먼은 기차의 침대칸 사업을 두고 서로 우위를 점하기 위한 치열한 접전을 벌이고 있었다. 그때 우리의 철강왕은 다시 한번 토끼 사건의 교훈을 떠올렸다.

앤드류 카네기가 경영하던 센트럴 운송회사Central Transportation Company는 풀먼이 소유한 회사와 라이벌 관계였다. 두 회사는 유니온 퍼시픽 철도회사의 침대칸 사업을 따내기 위해 애를 쓰면서 상호비방을 하며 가격을 깎아내려 더이상 수익을 낼 수 없을 정도에 이르렀다. 카네기와 풀먼은 유니온 퍼시픽 철도회사 이사진들을 만나기 위해 뉴욕에 갔다. 어느 날 저녁, 세인트 니콜라스 호텔에서 열린 회의에서 풀먼을 만난 카네기는 말했다.

"풀먼 씨, 안녕하십니까. 우리 둘 모두 바보짓을 하고 있는 것 아닌가요?"

"그게 무슨 소리요?"

풀먼이 물었다.

그러자 카네기는 생각해두었던 제안을 꺼내놓았다. 두 회사의 합병이었다. 두 회사가 상호 경쟁하지 않고 협력하게 되면 얻게 될 이점에 대해 열정적인 어조로 설명했다. 풀먼은 주의 깊게 듣고 있었다. 하지만 완전히 설득된 것은 아니었다. 마침내 풀먼이 말했다.

"새로운 회사의 이름은 뭐라고 할 생각인가?"

카네기는 즉시 대답했다.

"당연히 '풀먼 팰리스 차량 회사'이지요."

그러자 풀먼의 얼굴이 밝아졌다.

"내 방으로 오게. 좀 더 자세히 이야기를 해보세."

그 이야기는 곧 산업계의 역사적 사건이 되었다.

친구들과 동업자의 이름을 기억하고 이름을 높여주는 전략은 앤드류 카네기 리더십의 비결 중 하나다. 그는 공장에서 일하는 노동자들의 이름을 모두 불러 줄 수 있다는 사실에 자부심을 갖고 있었다. 그리고 자신이 직접 공장을 관리하는 동안에는 파업으로 철강소가 침해를 당하는 일이 없었다는 점을 자랑스럽게 생각했다.

텍사스 주 상공회의소Texas Commerce Bancshares, Inc. 회장인 벤톤 러브는 기업이 크게 성장하면 성장할수록 기업 내 분위기가 냉랭해져 간다고 생각했다.

"그 분위기를 따뜻하게 만드는 방법에는 사람들의 이름을 기억해주는 것이 있습니다. 직원들의 이름을 기억하지 못하겠다고 말하는 임원이 있다면, 그건 자신이 맡은 주요한 임무를 기억하지 못하고 있으며 사상누각 식으로 일을 처리하고 있다고 말하는 것과 같습니다."

캘리포니아의 랜초 팰로스 버디스에 살고 있는 카렌 키르쉬는 TWA 항공사Trans World Airways의 승무원이었다. 그녀는 자신이 담당한 승객들의 이름은 가능한 한 다 기억해서 불러주곤 했다. 그 결과 도움을 받은 승객들은 그녀에게 직접 인사말을 건네기도 했고, 항공사에 연락해 칭찬을 하기도 했다. 한 승객은 편지를 썼다.

'한동안 TWA 비행기를 이용하지 않았었습니다. 하지만 지금부터는 TWA 비행기만 이용하려고 합니다. TWA 비행기를 탔을 때 마치 저만을 위해 준비된 서비스를 받는 느낌이었고, 제가 무척 중요한 사람이라도 된 것처럼 대접을 받았습니다.'

사람들은 자기 이름에 대단한 자부심을 갖고 있어서 어떻게 해서라도 이름을 남기려고 노력한다. 자기 감정을 잘 드러내지 않고 호통만 쳐대던 피니어스 테일러 바넘도 당대 최고의 연예인이었지만 나이가 먹어 자신의 이름을 이어갈 아들이 없자, 외손주인 실리에게 '바넘 실리'라고 개명하면 2만 5,000달러를 주겠다고 했다.

수세기 동안 귀족과 거물급 유력자들은 화가, 음악가, 작가를 후원해서 그들의 창작물이 자신들에게 헌정되는 일을 즐겼다.

도서관과 박물관에는 자신의 이름이 인류의 기억에서 사라질지도 모른다는 생각을 도저히 참을 수 없었던 사람들 덕에 최고로 값비싼 전시품을 보유하게 되었다. 뉴욕공립도서관New York Public Library은 애스토와 레녹스의 〈애스토와 레녹스 콜렉션Astor and Lenox collections〉을 보유하고 있다. 메트로폴리탄 박물관은 벤자민 앨트먼과 J. P. 모건의 이름을 길이 보존하고 있다. 거의 모든 교회는 스테인드글라스 창문으로 후원자의 이름을 기리고 있다. 대부분의 대학에는 가장 많은 액수를 후원한 이의 이름을 딴 건물들이 있다.

대부분 사람들은 이름을 기억하지 않는다. 이름을 기억하기 위해 집중하고 되풀이하는 시간과 노력을 낭비하고 싶지 않기 때문이다. 그래서 변명거리를 찾는다. 너무 바쁘기 때문이라는 것이다.

하지만 프랭클린 루즈벨트보다 더 바쁜 사람은 없을 것이다. 그는 한번 만난 정비사의 이름까지도 기억해서 다시 불러줄 정도로 정성을 들였다.

보다 자세히 실례를 들어 설명하자. 크라이슬러Chrysler에서 루즈벨트를 위한 특별한 차량을 만들었다. 루즈벨트는 다리가 마비되어 일반 자동차는 사용할 수가 없었다. 챔벌린은 정비사 한 명과 함께 그 특수 차량을 백악관으로 가져갔다. 지금 내 앞에는 챔벌린 씨가 자신의 경험을 적어 보내준 편지가 놓여 있다.

'저는 루즈벨트 대통령에게 특별한 장치가 있는 자동차를 다루는 법에 대해 가르쳐주었습니다. 하지만 그분은 사람을 다루는 훌륭한 기술에 관해 많은 가르침을 주었지요. 백악관을 방문했을 때, 대통령은 매우 즐거워하면서 기쁜 표정을 지었습니다. 제 이름을 불러주어서 매우 편안한 기분을 느끼게 해주었습니다. 특히, 제가 대통령에게 보여주고 알려줘야만 하는 것들에 대해 지극한 관심을 보여주었던 점이 인상 깊었습니다. 차는 손만으로 작동시킬 수 있도록 설계되어 있었습니다. 한 무리의 사람들이 차를 보려고 모여들었죠. 그러자 대통령은 말했습니다. "아주 경이롭군요. 단추 하나만 누르면 움직이고, 손쉽게 운전할 수 있다니 정말 훌륭한 것 같습니다. 어떤 원리로 움직이는지는 알 수 없지만 말입니다. 언젠가 시간을 내서 자동차를 분해해 작동 원리를 보고 싶군요." 루즈벨트 대통령의 친구들과 동료들이 정비사에게 감탄의 눈길을 보내자 대통령은 그 자리에서 말했습니다. "챔벌린 씨, 이 차를 개발하기 위해 애를 써주신 시간과 노력에 정말 감사드립니다. 정말이지 훌륭하게 해내셨습니다." 그리고 차의 라디에이터와 특별한 후방 거울, 시계, 특수 전조등, 실내장식품, 운전석의 좌석 위치, 트렁크에 있는 대통령의 이니셜을 새겨 넣은 여행 가방을 하나하나 감탄하며 살펴보았습니다. 다시 말해 그는 제가 중요하게 생각했던 모든 것들을 다 알아봐주었던 것입니다. 대통령은 다양한 장치들을 일일이 영부인과 노동장관인 퍼킨스 양과 대통령의 비서가 살펴볼 수 있도록 가르쳐주었습니다. 심지어 백악관의 짐꾼을 불러다가 당부하였습니다. '조지, 이 여행 가방들은 아주 특별하게 다뤄줘야만 하네.' 운전에 관한 교육이 끝나자, 대통령은 고개를 돌려 저를 보면서 말했습니다. "챔벌린 씨, 지금 연방준비제도위원회Federal Reserve Board가 30분째 기다리고 있어서 말입니다. 이만 일을 하러 가야할 것 같군요." 저는 정비사 한 명을 대동해서 백악관에 갔습니다. 도착하자마자 그 친구를 루즈벨트 대통령에게 소개했죠. 그 정비사는 대통령에게 한 마디 말도 건네지 않았고, 대통령은 그 친구의 이름을 단 한 번 들었죠. 그 정비사는 부끄럼이 많은 친구여서 뒤로 물러서서 가만히 있었습니다. 하지만 대통령은 자리를 떠나기 전에 그 정비사를 쳐다보면서 악수를 청하고 정비사의 이름을 부르며 워싱턴에 와줘서 고맙다는 인사말을 건네주었습니다. 마지못해 하는 인사치레가 절대 아니었습니다. 대통령은 진심이었습니다. 분명히 느낄 수 있었습니다. 뉴욕으로 돌아오고 나서 며칠 후 루즈벨트 대통령의 친필 서명이 곁들여진 사진 한 장과 도와줘서 고맙다는 내용의 편지 한 장을 받았습니다. 어떻게 시간을 내서 그런 것까지 챙기는지 저에게는 불가사의해 보이기만 했습니다.'

프랭클린 루즈벨트는 사람들의 호감을 사는 가장 간단하고도 쉬우며 그러면서도 가장 중요한 방법을 알고 있었던 것이다. 이름을 기억해주고 그 사람이 인정받고 있다는 느낌을 갖게 해주는 것이다. 그런데 우리 중 이걸 실천에 옮기고 있는 사람은 몇 명이나 될까? 낯선 사람을 만나 소개받고 몇 분간 담소를 나누고 나서도 헤어질 때는 이름을 기억하지 못하는 경우가 부지기수다.

정치인이라면 기억해두어야 한다.

'유권자의 이름을 기억하는 게 정치적 수완이다. 이름을 잊어버리는 건 인사불성 상태다.'

사람들의 이름을 기억하는 능력은 정치에서만 필요한 게 아니다. 비즈니스나 사교생활에서도 못지않게 중요하다.

나폴레옹 1세의 조카이자 프랑스의 황제였던 나폴레옹 3세는 많은 왕실 업무를 하고 있음에도 불구하고 만났던 사람들의 이름을 모두 기억하고 있다는 걸 자랑으로 삼았다.

어떻게 했느냐고? 간단하다. 이름을 분명히 듣지 못하면 "죄송하지만 이름을 제대로 듣지 못했군요."라고 말했다. 흔한 이름이 아닌 경우에는 "철자가 어떻게 되나요?"라고 물었다.

그리고 대화를 나누는 동안에 상대의 이름을 여러 번 읊조려보는 수고를 했고, 마음속으로 그 사람의 특징이나 얼굴 표정, 전체적인 외모와 이름을 연관을 지어보려고 노력했다.

상대가 중요한 사람인 경우에는 보다 많이 애를 썼다. 나폴레옹 3세는 혼자 있을 때 종이에 그 이름을 적어놓고 집중해서 쳐다보면서 마음속에 확실히 각인되도록 노력했다. 그러고 나서는 종이를 찢어버렸다. 이런 식으로 이름을 귀뿐만 아니라 눈으로도 기억해두었다.

모두 시간이 필요한 일이지만 에머슨의 말을 기억하자.

"예의범절은 작은 희생으로 만들어진다."

사람들의 이름을 기억하고 그 이름을 불러주는 일은 왕이나 기업의 임원진들만이 할 수 있는 특별한 것은 아니다. 우리 모두 효과를 볼 수 있다. 인디애나 주 제너럴 모터스에서 일하는 켄 노팅험은 주로 회사 구내식당에서 점심을 먹는다. 그러다가 조리대 너머에서 일하는 여성이 늘 인상을 찡그리고 있다는 걸 눈여겨보게 되었다.

"거의 2시간 동안 샌드위치를 만들고 있던 그녀에게 저는 또 다른 샌드위치를 만들게 할 사람에 지나지 않았습니다. 샌드위치를 주문하고 나니 그녀는 햄을 조그만 저울에 올려 중량을 재고 양상추 한 장을 곁들이더니 감자튀김 몇 개와 함께 불쑥 내밀었습니다. 다음 날 저는 어제와 똑같이 줄을 서서 기다렸죠. 어제와 같은 그 여성이 오늘도 변함없이 얼굴을 찌푸리고 있었습니다. 하지만 이번에는 그녀의 명찰에 적힌 이름을 제가 눈여겨보았다는 점이 달랐습니다. 저는 미소를 지으며 말했습니다. '안녕하세요, 유니스.' 그리고 주문을 했죠. 유니스는 저울에 개량하는 것 따위는 잊어버렸는지 햄을 잔뜩 쌓아올리고, 양상추 세 장을 곁들이고, 감자튀김은 접시에서 떨어질 정도로 수북이 담아주었습니다."

이름이 지닌 마법을 잘 알아야 한다. 그리고 이름이라는 아이템은 전적으로 내가 상대하는 사람의 소유로 다른 그 누구의 것도 아님을 확실히 이해하자. 이름은 개인을 구분지어 준다. 다른 사람들과 다른 그 사람만의 독특함을 만들어주는 것이다. 사람들의 이름을 활용하면 우리가 전달하는 정보나 청하는 요구가 특별히 중요한 것이 될 수 있다. 종업원에서 기업의 임원진에 이르기까지 이름은 사람들을 다루는 데 있어서 마법 같은 힘을 갖는다.

> **제3원칙**
>
> 사람들에게 자기 이름은 이 세상에서 가장 듣기 좋은 소리고 중요한 소리가 된다는 사실을 기억하라.

Chapter
4

훌륭한 이야기꾼이 되는
간단한 방법

언제인가 브릿지 카드 게임을 하는 파티에 참석한 적이 있었다. 하지만 나는 카드를 하지 않았다. 나 말고도 카드를 하지 않는 여성이 한 명더 있었다. 그녀는 로웰 토마스가 라디오 일을 하기 전에 내가 그의 매니저였다는 걸 알았다. 그리고 내가 로웰 토마스의 '사진이 있는 트레블 토크 쇼' 준비를 도우면서 유럽을 여행했다는 사실도 알고 있었다. 그 여자는 말했다.

"어머, 카네기 씨, 그때 가보셨던 아름다운 장소들이며 감상하셨던 근사한 경치에 대해서 이야기를 해주시면 정말 좋겠어요."

우리는 소파에 앉았다. 그녀는 남편과 함께 최근에 아프리카 여행을 다녀왔다고 말했다.

"아프리카요?"

나는 탄성을 질렀다.

"정말 재미있었겠군요! 늘 아프리카에 가보고 싶었거든요. 하지만 알제리에 24시간 정도 머물렀던 적을 제외하면 한 번도 가보지 못했습니다. 그 대단한 나라에 가보셨다고요? 정말 행운아시네요. 부럽습니다. 아프리카에 대해서 말씀해주세요."

그렇게 해서 여자는 40분간 이야기를 계속하게 되었다. 나에게 어디를 갔었는지 무엇을 보았는지에 대해 다시 묻지 않았다. 그녀는 내 여행담을 듣고 싶어 하지 않았다. 그녀에게 필요한 것은 오로지 흥미를 갖고 열심히 그녀의 이야기를 들어줄 사람이었다. 그래서 자존심을 세우고 자신이 가보았던 곳에 대한 이야기를 할 수 있었다.

그 여자가 특별한 경우였을까? 아니다. 많은 사람이 그 여성과 같다.

한번은 뉴욕 출판업자들이 주최한 디너파티에서 저명한 식물학자를 만난 적이 있었다. 식물학자를 처음 만나보았던 나는 그가 매우 흥미로웠다. 나는 말 그대로 의자 끄트머리에 걸터앉아 몸을 앞으로 쑥 내밀고 그가 이국적인 식물과 새로운 식물을 개발하기 위해 했던 실험, 실내 정원에 관한 이야기를 경청했다. 나도 조그만 실내 정원을 가꾸고 있었다. 그는 친절하게도 내가 골머리를 앓고 있던 문제를 어떻게 해결하면 좋을지에 대해서도 말해주었다.

당시 우리는 디너파티에 참석하고 있었지만, 나는 다른 사람은 일체 무시한 채 그 식물학자하고만 몇 시간 동안 이야기를 나누었다.

자정이 되었을 때 나는 모든 사람들에게 작별 인사를 고하고 자리를 떴다. 그러자 그 식물학자는 파티의 주최자에게 나에 대해 좋게 말을 했다. 나를 '대단히 흥미로운 사람'이라고 했다. 그 외 이렇다저렇다 몇 마디를 더 한 다음, 마지막에는 내가 '참으로 재미있는 이야기꾼'이라고 말했다.

재미있는 이야기꾼이라고? 무슨 소리! 난 몇 마디 하지도 않았다. 화제를 바꾸지 않는 한 이야기를 하고 싶어도 할 수가 없는 상황이었다. 나는 식물학에 관해서는 아는 게 없었다. 펭귄이 해부학에 관해 아는 것보다 더 아는 게 없었다. 하지만 확실히 한 일은 하나 있었다. 나는 열심히 들었다. 정말 관심이 있는 이야기였기 때문에 귀를 기울였다. 그런데 그걸 상대가 느꼈던 것이다. 자연히 그 식물학자는 기분이 좋았을 것이다. 그렇게 열심히 경청해주는 건 그야말로 최고의 찬사다. 잭 우드포드는《사랑하는 타인Strangers in Love》에서 다음과 같이 말했다.

'넋을 잃고 경청해주는 식으로 은연중에 하는 아첨이 통하지 않는 사람은 거의 없다.'

나는 넋을 잃고 경청하는 이상이었다. 나는 가슴에서 우러나오는 칭찬과 인정을 아낌없이 주었다. 그 식물학자에게 나는 매우 즐거웠고 배운 것이 많다고 말했다. 정말 그랬다. 그리고 나는 그처럼 박식해지고 싶다고 말했다. 정말 그런 마음이었다. 언젠가 그 식물학자와 함께 들판을 돌아다니면 정말 좋을 것 같다고도 말했다. 정말 그렇게 생각했다. 또다시 만나고 싶다고도 했다. 진심이었다. 그 식물학자는 나를 훌륭한 이야기꾼이라고 생각하고 있었지만, 실제 나는 잘 들어주고 말을 더 하도록 부추기기만 했다.

그렇다면 사업상의 회담에서 성공을 거둘 수 있는 대단한 비결은 과연 무엇일까? 하버드 총장직을 역임했던 찰스 엘리어트는 이렇게 말했다.

"사업상의 교류에서 성공할 수 있는 대단한 비결 따위는 없다. 말하는 사람에게 전적으로 집중하는 것이 매우 중요하다. 그것만큼 상대를 기쁘게 하는 일은 없다."

엘리어트 자신도 경청의 대가였다. 미국 제일의 문호로 꼽히는 헨리 제임스는 다음과 같이 기억하고 있었다.

"엘리어트 박사의 경청은 단순한 침묵이 아니라 일종의 활동이었습니다. 등을 반듯이 세우고 꼿꼿이 앉아 두 손을 깍지 끼어 무릎에 올려놓고 엄지손가락 두 개를 빨리 돌렸다가 천천히 돌리기만 할 뿐 그 외는 미동도 하지 않고 이야기 상대를 똑바로 바라보죠. 귀뿐만 아니라 눈으로도 듣고 있는 것처럼 보입니다. 마음을 다해서 귀를 기울이고 반드시 들어야만 하는 이야기라는 듯 주의를 집중하지요. 결국, 이야기가 끝날 때면 박사님께 이야기를 했던 사람은 원 없이 하고 싶은 말을 다 했다는 느낌을 받게 됩니다."

당연한 결과가 아닐까? 자명하지 않은가? 하버드에서 꼬박 4년을 공부하지 않아도 알 수 있는 일이다. 하지만 백화점 점주들이 값비싼 공간을 임대하고, 판매할 물건을 합리적인 가격으로 책정하고, 쇼윈도를 아름답게 꾸미며, 광고에 수천 달러를 쓰고도 제대로 들을 줄 모르는 판매원을 고용한다는 걸 우리는 알고 있다. 고객의 말을 가로막고 틀렸다고 지적해서 짜증이 나게 하는 그런 판매원들은 백화점에서 손님을 쫓아내고 만다.

시카고의 한 백화점에서 매년 몇 천 달러 치의 상품을 구입하던 단골 고객을 놓쳤던 일도 제대로 듣지 않는 판매원 때문이었다. 시카고에서 열린 우리 강좌를 들었던 헨리어트 더글라스 부인은 특별 세일가로 코트 하나를 구매한 적이 있었다. 코트를 사서 집에 와보니 안감이 찢어져 있었다. 다음 날 백화점에 다시 돌아가 판매원에게 교환을 요청했다. 판매원은 더글라스 부인의 항의를 들으려 하지도 않았다.

"특별 세일로 사셨잖아요."

판매원은 이렇게 말하고 벽에 걸린 표지판을 손으로 가리키며 큰소리로 말했다.

"저걸 읽어보세요. '세일 상품은 교환이나 반품이 불가능합니다.' 한번 샀으면 그냥 쓰셔야 해요. 안감은 직접 꿰매세요."

"하지만 이건 손상된 상품이에요."

더글라스 부인은 항의했다.

"그래도 마찬가지에요. 교환 불가 상품은 교환 불가라고요."

화가 난 더글라스 부인이 다시는 그 백화점에 오지 않겠다고 다짐을 하면서 밖으로 걸어 나오려 할 때였다. 백화점의 관리부장과 눈이 마주쳐 인사를 나누게 되었다. 관리부장은 몇 년째 백화점의 단골고객이었던 더글라스 부인을 잘 알고 있었다. 더글라스 부인은 무슨 일이 있었는지 말했다. 관리부장은 이야기를 처음부터 끝까지 주의 깊게 듣고 코트를 살펴본 다음에 말했다.

"특별 세일 상품을 '교환 불가'하다고 한 건 시즌 막바지에 상품을 처분하기 위해서입니다. 하지만 이 '교환 불가' 정책은 손상된 상품에는 적용되지 않습니다. 안감을 수선해드리거나 원하시면 환불해드리겠습니다."

완전히 다른 대우였다! 그 관리부장이 지나가다 고객의 말에 귀를 기울여주지 않았다면 백화점의 오랜 단골 고객을 영원히 잃게 될 뻔했던 것이다.

경청은 비즈니스에서 못지않게 개인적인 일상생활에서도 중요하다. 뉴욕의 크로톤 온 허드슨에 사는 밀리 에스포시토Millie Esposito는 자녀들이 하고 싶은 말이 있다고 하면 반드시 주의 깊게 들어주었다. 그러던 어느 날 저녁 부엌에서 아들 로버트와 함께 앉아서 로버트가 생각하고 있는 것에 대해 잠시 이야기를 나누고 난 뒤 로버트가 말했다.

"엄마, 저는 엄마가 저를 매우 많이 사랑하신다는 걸 알아요."

에스포시토 부인은 감동을 받아서 당연히 너를 매우 많이 사랑한다고 말하고 그렇지 않다고 생각한 적이 있느냐고 물었다.

로버트는 대답했다.

"아니오. 하지만 내가 하고 싶은 말이 있으면 언제든 하던 일을 멈추고 내 말에 귀를 기울여주기 때문에 엄마가 나를 정말로 사랑한다고 생각하게 됐어요."

걸핏하면 반대를 일삼는 사람이나 극단적인 혹평가도 상대의 마음을 느껴주며 끝까지 주의 깊게 귀를 기울여 들어주는 사람앞에서는 마음이 풀리고 온순해진다. 분노한 잔소리꾼이 코브라처럼 몸집을 키우고 독을 내뿜어대는 동안에도 들어주는 사람은 가만히 침묵하고 있다.

실례를 들어 말해보자. 뉴욕 전화국New York Telephone Company은 몇 년 전에 고객 지원 상담원에게도 욕지거리를 해대는 고약한 고객을 응대한 적이 있었다. 그 고객은 욕지거리를 해대고 미친듯이 지껄이고 전화기를 뽑아버리겠노라고 협박을 했다. 그는 전화 요금이 잘못 청구되었다고 주장하면서 그 돈을 낼 수 없다고 했다. 그리고 신문사에 편지를 썼다. 공공서비스규제위원회Public Service Commission에 수도 없이 항의를 해댔다. 그리고 전화국을 상대로 몇 번의 소송을 했다.

마침내 뉴욕 전화국에서 가장 유능한 '분쟁 조정자'가 이 분쟁꾼과 만나 이야기를 하기 위해 파견되었다. '분쟁 조정자'는 가만히 듣고 있으면서 그 성질 고약한 고객이 마음껏 하고 싶은 말을 늘어놓도록 해주었다. 분쟁 조정자는 열심히 들으면서 '그러시군요.'라고 말하면서 그의 고충과 어려움에 공감해주었다. 작가 초청 강연회에서 그 분쟁 조정자는 당시 경험을 이렇게 털어놓았다.

"그 고객은 계속 미친듯이 고함을 질렀고, 저는 거의 세 시간 동안 묵묵히 듣기만 하고 있었습니다. 그러고 난 다음에 다시 만나서 더 많은 시간 동안 그분 말을 들어드렸죠. 면담을 네 번 진행했는데, 네 번째 면담을 하기 직전에 저는 그분이 발기한 한 조직의 창립 위원이 되었지요. 이름하여 전화가입자 보호위원회Telephone Subscribers' Protective Association라는 곳이라고 했습니다. 저는 지금도 그 조직의 회원입니다. 제가 아는 한 이 세상에서 그 조직의 회원은 제가 유일하지 않나 싶네요. 면담 동안에는 열심히 들어드렸고, 그 고객이 말하고자 하는 바에 공감했습니다. 그 전에는 전화 상담사와 그런 식으로 이야기를 나눈 적이 없었다고 하더군요. 나중에는 친근한 분위기가 조성되었습니다. 그 고객을 만나 제가 해야 할 이야기는 첫 번째 면담에서는 말도 꺼내지 않았고, 두 번째, 세 번째 면담에서도 언급하지 않았습니다. 하지만 네 번째 면담에서 사건은 완전히 해결되었죠. 고객은 청구된 돈을 모두 지불했고, 그토록 오랫동안 전화국에 이의를 제기하고 분쟁을 벌였던 분이 자진해서 공공서비스규제위원회에 낸 이의 신청을 철회해주었습니다."

분명 그 고객은 자신을 신성한 싸움을 벌이는 투쟁가쯤으로 생각하면서 냉담한 판촉에 저항하며 자신의 권리를 지키고 있다고 생각했을 게 분명하다. 하지만 정말 그가 원했던 것은 인정받고 있다는 느낌이었다. 처음에 그는 불만을 이야기하고 항의하는 데서 인정받는 느낌을 얻었다. 하지만 회사의 상담원에게 인정받는다는 느낌을 얻자마자 그가 만들어낸 불만과 고충은 스르르 사라져버렸다.

몇 년 전 어느 날 아침, 분개한 손님 한 명이 줄리앙 디트머의 사무실로 돌진해 들어왔다. 줄리앙은 디트머 울렌 컴퍼니Detmer Woolen Company를 창업해서 양복점 모직물 유통의 최강 회사로 만든 사람이었다.

줄리앙이 직접 설명해준 바를 옮겨보자.

"그 남자는 우리 회사에 약간의 외상이 있었습니다. 그런데 그분은 아니라고 말했지요. 하지만 우리는 그의 말이 틀렸다는 걸 알고 있었습니다. 그래서 신용거래계에서 돈을 내라고 계속 말했습니다. 우리 회사의 신용계에서 여러 번 편지를 받은 그는 짐을 싸서 시카고로 직접 찾아와 제 사무실로 서둘러 들어왔습니다. 저희가 청구한 돈을 절대로 주지 않을 뿐만 아니라 이후로 디트머 울렌 컴퍼니에서 단 1달러짜리 상품을 사는 일도 하지 않을 거라고 알려왔죠. 저는 그가 하고 싶은 말을 다 하도록 가만히 듣고만 있었습니다. 말을 가로막고 나서고 싶은 마음도 있었지만, 그런 방법은 좋지 않다는 걸 깨달았지요. 그래서 실컷 말을 하도록 내버려 두었습니다. 마침내 그 사람이 노여움을 가라앉히고 진정하면서 남의 말을 들을 수 있는 상태가 되었습니다. 그때 저는 조용히 말했어요. '이렇게 시카고까지 찾아와서 이 문제에 대해 말씀해주셔서 정말 감사합니다. 이 은혜를 어떻게 갚아야 할지 모르겠군요. 저희 신용계 직원들이 고객님을 언짢게 해드렸다면, 다른 고객님들께도 똑같이 했을 겁니다. 그건 정말 안 될 일이지요. 정말이지 고객분들의 이런 말씀을 듣고 싶었습니다.' 그 손님은 제가 그런 말을 할 줄은 생각도 못하고 있었던 모양입니다. 조금 실망한 것처럼 보이기까지 했습니다. 시카고까지 와서 이런저런 이야기를 마구 해댔는데 제가 언쟁을 벌이지 않고 감사하다고 했던 겁니다. 저는 장부에서 그 손님의 외상 내역을 삭제할 테니 마음에 두지 마시라고 장담했습니다. 손님은 매우 신중해서 거래처를 하나만 관리하겠지만 우리 회사 직원들은 수천 개의 거래처를 관리하니 당연히 우리의 실수일 가능성이 더 높다고 말해주었습니다. 그리고 어떤 기분일지 잘 알고 있다고 말해주었습니다. 내가 그 입장이어도 똑같은 기분이 들 것이라고도 했습니다. 그리고 앞으로 우리 회사와 거래하지 않겠다고 하시니 다른 모직물 유통회사를 추천해주었습니다. 이전에 그 손님이 시카고에 올 일이 있으면 같이 점심을 먹곤 했습니다. 그래서 이번에도 같이 점심 식사를 하자고 청했습니다. 손님은 마지못해 그러마했습니다. 그리고 식사를 마치고 사무실에 돌아와서는 그 어떤 때보다 많은 양의 모직을 주문하는 것이었습니다. 그 손님은 화가 풀려서 집으로 돌아갔고, 우리가 했던 것처럼 공평한 눈으로 상황을 다시 확인했습니다. 청구서를 살펴보던 그 손님은 잘못 놓아둔 청구서 하나를 찾아냈고 사과의 편지를 인편에 보내왔습니다. 나중에는 아들의 가운데 이름을 디트머Detmer라고 짓기까지 했고, 죽기 전까지 22년의 세월을 우리 회사의 단골 고객이자 친구로 남았습니다."

몇 년 전의 일이다. 네덜란드에서 이민을 온 한 불쌍한 소년이 방과 후에 제과점 유리창을 닦아서 생활비를 조달하고 있었다. 너무나 가난했던 그 소년은 매일 바구니를 들고 거리에 나가 석탄 마차가 지나가다 시궁창에 흘린 석탄 부스러기를 주워 모으기도 했다. 에드워드 보크라는 그 소년이 학교에 다닌 기간은 단 6년뿐이었다. 하지만 그는 미국 언론 역사상 가장 성공한 잡지의 편집자가 되었다. 어떻게 그럴 수 있었을까? 말하자면 긴 이야기지만, 지금은 그 시작에 관해서만 간단히 언급하자. 그의 경력의 시작은 이 책에서 열심히 주장하는 원칙들에서 나왔다.

에드워드 보크는 열 살에 학교를 그만두고 웨스턴 유니언에서 사환으로 일하기 시작했다. 하지만 단 한순간도 배움에 대한 생각을 포기하지 않았다. 포기하기는커녕 독학을 시작했다. 교통비를 아끼고 점심을 걸러 가면서 돈을 모아 《미국 인물 백과사전》을 샀다. 그러고는 전대미문의 일을 했다. 유명한 사람들이 어떻게 살았는지 적혀 있는 글을 읽고는 그 사람들에게 유년 시절에 관한 질문을 하는 편지를 썼던 것이다. 에드워드 보크는 경청을 잘했다. 유명한 인물들에게 보다 자세한 이야기를 해달라고 청했던 것이다. 당시 미국의 20대 대통령 선거 후보로 나섰던 제임스 가필드 장군에게도 편지를 써서 어린 시절에 운하에서 배를 태워주는 일을 했다고 하는데 사실이냐고 물어보기도 했다. 가필드는 답장을 해주었다. 또 보크는 그랜트 장군에게 전투에 관한 이야기를 묻는 편지를 썼다. 그랜트 장군은 보크를 위해 지도를 그려주었고, 이 열네 살 난 소년을 저녁 식사에 초대해서 함께 이야기를 나누었다.

웨스턴 유니언의 심부름꾼이었던 이 소년은 머지않아 미국에서 가장 유명한 사람들 상당수와 편지 왕래를 하게 되었다. 그와 연락을 주고받은 사람은 랄프 월도 에머슨, 올리버 웬델 호메즈, 롱펠로우, 에이브러햄 링컨, 루이자 메이 알코트, 셔먼 장군, 저페슨 데이비스 등이 있었다. 보크는 이렇게 특별한 사람들과 편지를 주고받았을 뿐만 아니라 휴가를 얻어서 그중 대다수 사람들의 집에 환대받는 손님으로 찾아갔다. 그 경험은 보크에게 값을 매길 수 없을 정도로 소중한 자신감을 불어넣어 주었다. 이 유명한 사람들은 소년 에드워드 보크에게 비전과 야망을 갖게 해주어 살아갈 방향을 제시해주었다. 그런데 이 모든 것이 가능했던 것은 바로 우리가 여기서 논의했던 원칙을 적용했기 때문이라는 사실을 다시 한 번 되풀이해 말한다.

수백 명의 유명 인사를 인터뷰했던 언론인 아이작 마르코손은 많은 사람이 호감 가는 인상을 심어주지 못하는 이유는 제대로 듣지 않는 데 있다고 단언했다.

"다들 다음에 자신이 할 말에 대해서만 생각하느라 귀를 제대로 열어두지 못합니다. 유력한 인사들은 말을 잘하는 사람보다 잘 들어주는 사람을 선호한다고 말했습니다. 하지만 듣는 능력은 다른 훌륭한 자질과 마찬가지로 흔하지 않은 것 같습니다."

저명 인사들만 잘 들어주는 사람을 원하는 게 아니다. 일반인들 역시 마찬가지다. 〈리더스 다이제스트〉에 이런 글이 실린 적이 있었다.

'많은 사람은 자기 말을 들어줄 사람이 필요할 때 의사를 찾아간다.'

미국 남북전쟁이 최악의 상황이었을 때 링컨은 일리노이 주에 있는 스프링필드에 살고 있던 옛 친구에게 편지를 보내 워싱턴으로 와달라고 청했다. 링컨은 그와 상의하고 싶은 일이 있다고 했다.

그 예전 이웃사람은 백악관을 방문했고, 링컨은 노예 해방 성명서를 내는 문제의 타당성에 대해 몇 시간 동안 그에게 이야기를 했다. 링컨은 예상 가능한 모든 논쟁을 세밀히 점검했고, 노예를 해방시키지 않는다고 그를 규탄하는 신문기사와 탄원서를 읽고 그 다음에는 노예를 해방시킬까 봐 우려된다면서 그를 비난하는 다른 글들을 읽었다. 몇 시간 동안 이야기를 한 링컨은 예전의 이웃사촌과 악수하고 잘 가라고 인사한 다음에 자신의 말에 대해 어떻게 생각하느냐고 묻지도 않고 그를 다시 일리노이 주로 돌려보냈다. 링컨은 내내 혼잣말을 했던 것이다. 그렇게 함으로써 생각을 분명하게 정리할 수 있었다.

"그렇게 말을 하고 나서는 한결 편안해하는 것 같았습니다."

그 친구가 한 말이다.

링컨에게는 조언이 필요했던 것이 아니었다. 다만 다정하게 교감을 나눠주며 자기 말을 들어줄 수 있는 사람에게 자신의 심중을 털어놓고 싶었을 뿐이었다. 곤란한 지경에 빠지면 우리 모두도 이와 같은 것을 원한다. 그래서 짜증 난 고객이나, 불만스러운 직원이나, 상처받은 친구 모두는 자기 말을 들어줄 사람을 필요로 한다.

지그문트 프로이트를 만났던 사람은 그가 사람 말을 들어주는 태도를 다음과 같이 묘사했다.

"너무나 강력한 인상을 받아서 절대로 그분을 잊을 수가 없을 것 같습니다. 여태껏 만나보지 못한 특별한 인품을 지닌 분이었습니다. 그렇게 완벽하게 집중해서 주의를 기울이는 모습은 처음 보았으니까요. 영혼을 꿰뚫어보는 듯한 그 눈길도 처음 보는 것이었습니다. 시선은 다정하고 온화했으며 목소리는 나즈막하고 친절했습니다. 몸짓을 하는 일도 거의 없었습니다만 내가 하는 말을 충분히 알고 있다는 인상을 주며 경청하는 모습은 정말 특별했습니다. 내 말을 그렇게 들어주는 사람을 보는 게 어떤 의미인지는 상상하기 어려울 겁니다."

사람들이 같이 어울리기를 꺼려하고 등 뒤에서 비웃으며 경멸하는 일을 당하고 싶다면 이렇게 하라. 절대로 다른 사람의 이야기를 오래 들어주지 마라. 끊임없이 자기 이야기만 해대라. 다른 사람이 이야기 하는 중이더라도 할 말이 생기면 상대가 말을 끝내기를 기다리지 마라. 당장에 말문을 막고 끼어들어 떠들어라.

그런 사람을 알고 있다. 불행히도 나도 알고 있다. 놀랍게도 내가 아는 그 사람들 중에는 저명한 인사들이 상당수 포함되어 있다. 지겹고

성가신 사람들이다. 자신의 자존심에 중독되어 있고, 자신의 지위에 취해 있는 지긋지긋하게 지루한 사람들이다.

자기 이야기만 하는 사람들은 오로지 자기 생각만 한다. 그리고 오랫동안 컬럼비아 대학의 총장직을 역임해왔던 니콜라스 머리 버틀러 박사의 말에 따르면 '자기 생각만 하는 사람은 완전히 무식하고 교양이 없다'고 한다.

'학교 교육을 실제로 얼마나 많이 받았느냐는 상관이 없는 문제'라고도 한다. 그러니 훌륭한 이야기꾼이 되고 싶다면, 훌륭한 경청자가 되도록 하라. 재미있는 사람이 되고 싶다면 다른 사람의 이야기를 재미있게 들어주도록 하라. 다른 사람이 신이 나서 대답할 만한 질문을 하며, 상대방이 자신의 일이나 자신에 대해 이야기하도록 부추겨라.

우리가 말을 나누고 있는 사람들은 나의 문제나 나에 대한 관심보다는 자기 자신의 문제나 자신이 원하는 것 그리고 자기 자신에 대해 백배는 더 많은 관심을 갖고 있다는 사실을 기억하도록 하라. 내 치통은 수백만 명의 목숨을 앗아가는 중국의 기근보다 더 중요한 일이다. 내 목에 난 종기는 아프리카에 마흔 번의 지진이 일어난 것보다 더 큰 사건이다. 사람들과 대화를 나눌 때는 이런 사실을 기억하도록 하라.

제4원칙

훌륭한 경청자가 되도록 하라. 상대방이 자기 이야기를 하도록 부추기고 격려하도록 하라.

Chapter 5

사람들의 주의를 끌고
관심을 받는 방법

시어도어 루즈벨트를 직접 만나본 사람들은 누구나 그의 박학다식함에 놀란다. 카우보이가 찾아오거나 의용 기병대원, 뉴욕 경찰, 외교관이 와도 루즈벨트는 무엇을 말해야 할지 알고 있었다. 어떻게 그럴 수 있었을까? 간단하다. 루즈벨트는 다음 날 방문객을 맞이해야 하면 그 전날 늦게까지 앉아 그 방문객이 특별히 관심을 보일 만한 주제에 관한 책을 읽었다.

루즈벨트는 알고 있었다. 다른 지도자들도 알고 있었을 것이다. 사람의 마음을 사는 왕도는 그가 가장 중요하게 생각하는 것에 대해 이야기를 나누는 데 있다는 사실을 말이다.

예일 대학에서 영문학 교수를 하면서 에세이 집필 활동을 하고 있는 다정한 성격의 윌리엄 리온 펠프스는 이 사실을 어린 시절에 일찍이 터득하고 있었다. 윌리엄의 에세이집 《인간본성Human Nature》에 적혀 있는 글을 옮겨 보자.

'여덟 살 되던 해 어느 주말, 후서토닉 강가의 스트래트퍼드에 있는 리비 린슬리 숙모님 댁에 갔다. 저녁에 한 중년 남성이 찾아와 숙모님과 정중한 태도로 이야기를 나누고 나서 나에게 주의를 돌렸다. 그때 나는 보트에 빠져 있었다. 그 방문객은 내가 흥미를 가질 만한 방식으로 보트에 관한 이야기를 함께 나누어주었다. 그가 나간 뒤 나는 신이 난 목소리로 숙모에게 그분에 대해 이야기했다. "정말 멋진 분이세요!" 숙모는 그가 뉴욕의 변호사라고 말해주면서 보트 같은 것은 신경도 쓰지 않는 분이니 그런 이야기에 관심이 하나도 없을 거라고 말씀해주셨다. "그렇다면 저랑 계속 보트 이야기를 해주신 건 왜죠?" "그분이 점잖은 신사분이니 그랬지. 그분은 네가 보트에 관심이 많다는 걸 알고서 네가 재미있어할 만한 이야기를 해주신 거다. 너한테 맞장구를 쳐주신 거지."'

그리고 윌리엄 리온 펠프스는 이렇게 덧붙였다. "나는 그때 숙모가 해준 말을 절대로 잊지 못한다."

이 장을 집필하고 있는데 보이스카우트에서 활동하고 있는 에드워드 챌리프가 보낸 편지 한 통을 받았다. 그의 편지에는 다음과 같은 사연이 적혀 있었다.

'유럽에서 스카우트 잼버리 대회가 성대하게 열렸는데 도움이 필요했습니다. 미국의 대기업 대표들이 우리 스카우트 중 한 명의 경비를 대주었으면 했지요. 그 대표분을 만나러 가기 전에 우연히 그가 백만 달러짜리 수표를 발행했다가 취소를 했다는 이야기를 듣게 되었습니다. 함정을 만드느라 그렇게 했다는 것이었어요. 그래서 나는 그 대표의 사무실에 들어서자마자 제일 먼저 그 수표를 좀 볼 수 있느냐고 물었습니다. 백만 달러짜리 수표잖아요! 그런 액수의 수표를 발행한다는 것 자체가 생각도 하기 힘든 일이라고 말했지요. 그리고 그 수표를 직접 보고 집에 가서 진짜 백만 달러짜리 수표를 본 이야기를 아들에게 해주고 싶다고 말했습니다. 그는 기꺼이 수표를 보여주더군요. 저는 감탄하면서 수표를 쳐다보면서 어떻게 해서 이 수표를 발행하게 되었는지 이야기를 좀 들려주실 수 있느냐고 청했습니다.'

챌리프 씨가 보이스카우트나 유럽에서 열리는 잼버리 대회 또는 자신이 원하는 것에 대한 이야기로 말문을 열지 않았다는 것에 주목하기를 바란다. 그는 상대가 관심을 가질 만한 것에 관해서 이야기했다. 그 결과는 다음과 같았다.

'이윽고 내가 찾아갔던 사람은 이렇게 말했습니다. "아, 그건 그렇고 저를 무슨 일로 보자고 하셨던가요?" 그래서 나는 내 이야기를 했습니다. 놀랍게도 그 기업의 대표는 당장에 내가 부탁한 액수의 돈보다 훨씬 더 많은 액수의 돈을 내주었습니다.

나는 한 명의 단원만 유럽에 보내달라고 부탁했는데, 그는 나와 다섯 명의 단원이 갈 비용을 내주었고 1,000달러의 신용장을 주면서 유럽에 7주 동안 머물라고 말해주었습니다. 또한 그가 운영하는 회사의 유럽 지사장에게 나를 소개하는 편지를 적어주면서 지사에서 필요한 도움을 받으라고 말해주었습니다. 그리고 그 자신도 파리에 가니 만나서 파리 구경을 시켜주겠다고 했습니다.'

그 이후로 그 기업의 대표는 부모가 원하는 단원들에게는 직장을 알선해주면서 계속해서 스카우트 활동을 지원해주고 있다.

'그가 관심을 가질 만한 이야기가 무엇인지 몰라서 처음에 그가 열중해서 이야기를 하도록 만들지 못했다면, 그렇게 쉽게 그에게 다가가지 못했을 것입니다.'

그렇다면 이런 테크닉을 비즈니스에서도 사용해볼 수 있을까? 어떤 가치가 있을지 한번 살펴보도록 하자.

뉴욕의 제과 도매상인 뒤베르누아 앤 선스Duvernoy and Sons의 헨리 뒤베르누아의 이야기를 들어보자.

뒤베르누아 씨는 뉴욕의 한 호텔에 빵을 공급하려고 오랫동안 애를 쓰고 있었다. 4년 동안 매주 그 호텔의 지배인을 찾아갔고, 그 지배인이 참여하는 사교모임에도 갔다. 심지어 호텔에서 객실을 잡고 머무르며 거래를 터보려 했다. 하지만 모두 실패였다.

"인간관계에 관한 공부를 하게 되면서 제 전술을 바꿔야겠다고 생각하게 되었지요. 그 지배인이 관심을 가지고 있는 것이 무엇인지 알아내기로 했습니다. 그가 열중하고 있는 일이 무엇인지 알아보기로 한 거에요. 그러다가 그가 호텔 임원들의 사교모임인 호텔 그리터스 오브 아메리카Hotel Greeters of America에 속해 있다는 것을 알아냈습니다. 그냥 소속되어 있는 정도가 아니라 열심히 참여하는 바람에 그 조직의 대표 자리인 전국 단위의 회장직까지 맡고 있었습니다. 그 조직의 집회가 어디에서 열리든 열일을 제쳐놓고 참석하고 있었습니다. 그래서 다음에 그를 만났을 때 그리터스 모임에 대한 이야기를 꺼냈습니다. 대단한 반응을 보이더군요. 그 지배인은 그리터스에 관해 30분 동안 이야기를 했습니다. 활기에 넘치는 목소리에는 열정이 가득 담겨져 있었습니다. 그 사교모임이 그에게는 단순한 취미활동 이상의 것으로 인생을 통틀어 열정을 쏟아붓는 대상이었다는 걸 알 수 있었습니다. 그의 사무실을 떠날 때는 그가 나에게 그 조직의 회원권을 '판매'하기까지 했습니다. 그러는 동안 저는 빵에 대해서는 일체 언급하지 않았습니다. 하지만 며칠 후 그 호텔의 조리부에서 전화가 걸려오더니 샘플과 가격에 관한 자료를 가지고 와달라고 하더군요. '지배인님께 어떻게 하셨는지는 모르겠지만, 그쪽을 아주 마음에 드셔하던데요!' 조리부 직원이 인사말로 해준 말입니다. 생각해보세요! 장장 4년 동안이나 그 지배인에게 우리 제품을 선전하면서 어떻게든 거래를 트려고 했었는데 말입니다. 만약 제가 그의 관심사를 알아내어 그가 좋아하는 이야기를 하도록 만들지 못했다면, 지금도 그렇게 열심히 거래를 권유하고 있는 처지였을 겁니다."

메릴랜드의 헤어거즈타운에 사는 에드워드 해리먼은 군생활을 마치고 전역하면서 메릴랜드의 아름다운 컴벌랜드 계곡에서 정착해 살기로 결심했다. 하지만 불행히도 당시 그 지역에는 일자리가 거의 없었다. 조사를 해보니 그곳의 기업들 대다수는 유별난 독불장군 사업가 펑크하우저의 소유이거나 그의 통제력 하에 있었다. 자수성가한 거부인 그에 대해 해리먼은 호기심이 생겼다. 하지만 그 사업가는 구직자를 만나주는 법이 없다는 소문이 자자했다. 지금부터는 해리먼의 글로 직접 당시 이야기를 전하자.

'저는 많은 사람을 만나서 그의 주요 관심사는 권력과 돈을 향한 투지와 직결되어 있다는 걸 알아냈습니다. 그는 헌신적이고 단호한 비서들을 활용해서 저 같은 사람을 차단하고 있었습니다. 저는 그 비서의 관심사와 인생 목표를 알아본 다음에 아무런 예고도 없이 사무실로 찾아갔습니다. 그 비서는 장장 15년 동안 펑크하우저의 주변을 지키던 인공위성 같은 존재였습니다. 저는 그 비서에게 정치적인 면과 재정적인 면에서 펑크하우저에게 성공을 안겨줄 수 있는 제안이 있다고 말했습니다. 그녀는 열광하더군요. 저는 펑크하우저의 성공에 그녀가 기여한 건설적인 공로에 관해 격의없이 이야기를 주고받기도 했습니다. 대화가 끝날 무렵, 그 비서는 펑크하우저와의 만남을 주선해주었습니다. 펑크하우저의 웅장한 사무실에 들어서면서 저는 대놓고 일을 달라고 청하지 않기로 마음먹었습니다. 펑크하우저는 조각이 새겨져 있는 커다란 목재 책상 뒤편에 앉아서 저에게 천둥같은 소리로 "무슨 말을 어떻게 할 건가? 젊은이?"라고 말했습니다. 저는 대답했습니다.

"펑크하우저 씨, 저는 당신에게 돈을 벌어다 줄 수 있습니다."

펑크하우저는 당장 자리에서 일어나 덮개가 씌워져 있는 커다란 의자 하나를 나에게 권했습니다. 나는 내가 가진 아이디어를 하나씩 열거하고 그 아이디어를 실현하는 데 필요한 조건들을 이야기했습니다. 그 아이디어는 펑크하우저의 개인적인 성공에 기여할 수 있는 것일뿐만 아니라 사업적 성공에도 큰 몫을 할 수 있다는 사실이 드러났지요. 그리고 그 사람은 그 자리에서 나를 즉시 고용했습니다. 그 후 20년 동안 나는 그의 기업을 성장시켜왔고, 우리 둘 모두는 성공을 거두었습니다.'

상대방의 관심사에 입각해 이루어지는 대화는 쌍방에게 모두 이익이 된다. 노사소통 분야의 선두 주자인 하워드 헤르지그는 항상 이 원칙을 따른다고 한다. 그러면서 얻는 게 무엇이냐고 물으면 각각의 경우에 따라 얻는 게 달라지지만, 대부분 경우에 자신의 삶이 좀 더 폭넓어진다는 이점이 있다고 말한다.

다른 사람의 관심사에 대해서 대화를 나눠라.

Chapter
6

사람들이
나를 좋아하게 만드는 방법

뉴욕의 8번가 33번 도로에 있는 우체국에서 등기 편지를 붙이려고 줄을 서서 기다리던 중에 생긴 일이다. 나는 우체국 직원이 권태로운 듯 따분한 얼굴로 일하고 있다는 것을 알아차렸다. 편지 봉투의 무게를 재고, 우표를 건네준 다음에 거스름돈을 주고 영수증을 발행하는 단조롭기 짝이 없는 일을 몇 년이고 반복해왔으니 어찌 보면 당연한 일이었다. 그래서 나는 혼자서 중얼거렸다.

"저 직원이 나를 좋아하도록 만들어 봐야겠다."

그가 나를 좋아하게 만들기 위해서는 당연히 뭔가 좋은 이야기를 해야만 했다. 그것도 나에 대한 이야기가 아니라 그에 관한 이야기여야 했다. 나는 자문해보았다.

"저 직원에게 높이 평가해줄 만한 부분이 어디 있을까?"

답을 찾기 어려운 질문이었다. 특히 생전 처음 보는 사람이니 더 그랬다. 하지만 그때는 손쉽게 찾아냈다. 나는 큰 칭찬을 줄 수 있는 것을 당장에 찾아냈다.

그래서 그 직원이 내 편지 봉투의 무게를 재는 동안 열의에 찬 목소리로 말했다.

"저도 당신처럼 그렇게 머리숱이 많았으면 좋겠네요."

깜짝 놀라 고개를 든 그의 얼굴에는 환한 미소가 있었다.

"네, 전보다는 못한 건데요."

그는 겸손하게 말했다. 나는 지금도 여전히 훌륭하다고 거듭 말해주었다. 그는 굉장히 기뻐했다. 우리는 즐거운 대화를 몇 마디 더 주고받았다. 그의 마지막 말은 다음과 같았다.

"많은 사람이 제 머리를 보고 감탄하곤 합니다."

장담하는데 그 직원은 그날 점심 식사를 하러 밖으로 나갈 때 하늘을 나는 것 같았을 것이다. 또, 그날 밤에 집에 돌아가 아내에게도 내가 한 말을 이야기할 것이 분명하다. 그는 거울을 바라보면서 "정말 아름다운 머리카락이야."라고 말했을 것이다.

이 이야기를 강연 중에 했던 적이 있었다. 그러자 한 사람이 이런 질문을 해왔다.

"그렇게 해서 그에게 무얼 얻어내셨죠?"

내가 그에게서 무얼 얻어내려고 노력했다고? 내가 그에게서 무얼 얻어내려고 했다니!!!

만약 우리가 너무나 비열하게 이기적이어서 다른 사람에게, 약간의 행복과 약간의 진심 어린 인정을 전하는 것도 뭔가 대가로 받지 않으면 하지 않는 사람이라고 한다면, 그러니까 우리 영혼이 시고 떫은 돌능금 크기만도 못하다면, 응당 실패를 하게 될 것이다. 마땅한 일이다. 물론 나는 그 대화를 통해 얻은 게 있었다. 그건 그 일이 있은 후에도 오랫동안 내 기억 속에 맴돌아 즐거운 노래를 들려주는 느낌이다.

인간의 행위에는 매우 중요한 법칙이 하나 있다. 우리가 그 법칙에 순응하면 우리는 절대로 곤란한 일을 당하는 법이 없을 것이다. 하지만 이 법칙을 어기면 골치 아픈 일이 끊이지 않게 된다. 그 법칙은 바로 이것이다. 언제나 상대가 인정받고 있다는 느낌을 갖게 하라. 앞서 말했듯이 존 듀이는 인정받고자 하는 욕망은 인간 본성의 가장 깊숙한 충동이라고 말했다. 윌리엄 제임스는 "인간 본성에 있어서 가장 근본적인 원칙은 진가를 인정받고자 하는 갈망이다."라고 말했다. 앞서서 지적했던 바와 같이 우리와 동물을 구분지어 주는 것이 바로 이 욕망이다. 이 욕망이 있기에 인간의 문명이 시작된 것이다.

철학자들은 수천 년 동안 인간관계의 규칙에 관해 사색해왔다. 그렇게 도출해낸 주요 지침은 하나다. 새로울 것도 없는 지침이다. 역사가 시작된 이후로 쭉 존재했던 것이다. 조로아스터는 지금으로부터 2,500년 전에 페르시아에서 이것을 제자들에게 가르쳤다. 공자는 24세기 이전에 중국에서 이것에 관해 연설했다. 도교의 창시자인 노자도 중국의 한수이강 계곡에서 이것을 제자들에게 가르쳤다. 예수가 이 세상에 오기 500년 전에 석가모니는 이것을 갠지스 강가에서 설파했다. 21세기 이전에 예수는 유대의 바위 언덕 사이에서 이것을 가르쳤다. 예수는 이것을 축약해서 한 가지 사상으로 만들었다. 아마 세상에서 가장 유명한 법칙일 것이다.

'대접받고자 하는 대로 남을 대접하라.'

우리는 만나는 사람들에게 칭찬과 인정을 받고 싶어 한다. 자신의 진정한 가치를 인정해주기를 원한다. 나만의 작은 세상에서는 중요한 사람이라는 느낌을 받고 싶어 한다. 하지만 마음에도 없는 싸구려 아부를 듣고 싶어 하는 사람은 없다. 우리는 진심에서 우러나오는 진정한 인정을 원한다. 친구와 동료가 될 수 있는 사람을 원하는 것이다. 이것을 두고 찰스 슈왑은 "가슴에서 우러나오는 칭찬을 아낌없이 주어야 한다."라고 말했다. 우리 모두가 원하는 것이 바로 이것이다. 그러니 황금률을 지키자. 내가 대접받고자 하는 대로 다른 사람을 대접해주자. 그런데 어떻게? 언제? 어디서? 이 질문의 답은 바로 '언제, 어디서나'이다.

위스콘신 주의 오클레어에 사는 데이비드 스미스가 강좌에서 자선 공연의 매점을 맡게 되면서 곤란했던 상황을 어떻게 헤쳐나갔는지 들려준 이야기를 전해보자.

"콘서트를 하던 밤에 공원에 도착해보니 매점 옆에 안 좋은 기분으로 서 있는 두 명의 노부인이 있었습니다. 두 분 모두 이 프로젝트가 자신의 책임이라고 생각하고 있었던 모양입니다. 그곳에 서서 어찌해야 할지를 생각하고 있는데, 그 후원회의 회원 중 한 분이 나타나 나에게 현금 보관함을 건네면서 그 일을 맡아주어서 고맙다고 말했습니다. 그리고 두 명의 노부인이 도와줄 거라면서 로즈와 제인이라고 이름을 알려주었습니다. 그러고는 휭하니 가버렸습니다. 그리고 엄청난 침묵이 이어졌습니다. 그 현금 보관함이 (일종의) 권위의 상징이라는 걸 깨달은 나는 그 상자를 로즈에게 건네면서 돈을 제대로 못 셀 것 같다고 말하고 현금 보관함을 맡아주면 내 마음이 더 편안할 것 같다고 말했습니다. 그리고 나서 제인에게는 매점 판매를 도와주러 온 십대 아이들에게 소다수 기계를 작동하는 법을 가르쳐주었으면 좋겠다고 말했습니다. 그날 저녁 로즈는 행복한 얼굴로 돈을 세고, 제인은 십대 아이들을 관리하면서 즐겁게 보냈고, 저는 콘서트를 즐겼답니다."

프랑스의 외교관이나 정치집회의 지부 의장이 되지 않아도 우리는 '인정의 철학'을 활용할 수 있다. 일상 속에서도 그 마법은 효력을 발휘한다.

가령 식당에서 프렌치프라이를 주문했는데 여종업원이 매시포테이토를 가져다 주었다고 해보자. 그럴 때는 이렇게 말하는 것이다.

"귀찮게 해서 미안한데, 저는 프렌치프라이를 더 좋아하거든요."

그러면 여종업원은 "천만에요."라고 말하면서 기쁜 마음으로 요리를 바꾸어줄 것이다. 우리가 그녀에게 존경심을 보여주었기 때문이다.

'귀찮게 해서 미안한데요.', '좀 해주실 수 있을까요?', '괜찮으신가요?', '감사합니다.' 등 이런 간단한 표현들은 단조로운 일상생활의 윤활유와 같은 인사말인 동시에 올바른 예의범절을 증명해주는 각인 효과도 있다.

또다른 사례를 보자. 《그리스도교The Christian》, 《재판관The Deemster》, 《맨섬 사람들The Manxman》 같은 홀 케인의 소설은 20세기 초의 베스트셀러였다. 수백만 명이 그의 소설을 읽었다. 셀 수 없을 정도로 많은 사람이다. 그는 대장장이의 아들이었다. 학교 교육이라고는 8년 동안 받은 것이 전부였다. 하지만 그는 당대 최고의 문필가로 칭송받다가 생을 마감했다. 그의 이야기는 다음과 같다.

홀 케인은 소네트와 서정시를 무척 좋아했다. 그래서 단테 가브리엘 로세티의 모든 시를 탐독했다. 심지어 로세티의 예술적 업적을 칭송하는 강연 원고를 써서 로세티에게 직접 보내기까지 했다. 로세티는 기뻐했다. 아마도 혼잣말로 이렇게 중얼거렸을지도 모른다.

"내 능력을 이렇게 극구 칭송한 젊은이라면 대단히 명석하겠군."

그래서 로세티는 이 대장장이의 아들을 런던으로 불러서 자신의 비서로 일하게 했다. 그것은 홀 케인 인생 일대의 전환점이 되었다. 홀 케인은 새로운 일자리를 통해서 당시의 문인들을 만나게 되었다. 그들의 조언과 격려에 힘입은 홀 케인은 만방에 자신의 이름을 알려줄 새로운 일을 시작하게 되었다.

맨섬에 있는 그의 고향집, 그리바성은 전 세계 관광객이 찾아오는 명소가 되었다. 그는 수백만 달러의 부동산을 유산으로 남겼다. 만약 유명인에게 감탄했다고 칭송하는 글을 적지 않았다면, 홀 케인은 이름도 없는 가난한 사람으로 조용히 세상에서 사라졌을 수도 있는 일이다. 이런 것이 바로 진심에서 우러나오는 칭찬의 힘이다. 참으로 불가사의 할 정도로 놀라운 힘이다.

로세티는 자신을 매우 중요한 사람이라고 생각했다. 당연한 일이었다. 모든 사람이 그를 매우 중요한 사람으로 인정했다. 하지만 정작 그에게 그 사실을 일깨워준 사람은 적었던 모양이다. 그에게 인정받는다는 느낌을 준 다른 사람이 더 있었다면, 그의 인생도 달라졌을 것이다. 캘리포니아에서 진행되었던 우리 강좌에서 강사로 활약했던 로널드 롤랜드는 공예 과목을 가르치는 선생님이기도 했다. 그는 기초 공예 과목을 가르치면서 만났던 크리스라는 학생에 대한 이야기를 우리에게 적어 보내주었다.

'크리스는 자존감이 부족하며 조용하고 수줍음을 많이 타는 아이였습니다. 사람들의 눈에 띄지 않는 그런 아이죠. 저는 고급반도 가르치고 있었는데, 고급반에서 수업을 듣는 건 일정 정도의 수준이 되어야 받을 수 있는 특권이고 높은 신분의 상징이었습니다. 어느 수요일에 크리스가 책상에 앉아 열심히 작업을 하고 있었습니다. 크리스의 마음 속 깊은 곳에 감춰진 불꽃 같은 게 느껴졌습니다. 크리스에게 고급반에 들어가겠느냐고 물었지요. 그때 크리스의 얼굴에 떠오른 표정은 정말 말로 설명하기가 어렵습니다. 열네 살 난 소심한 남자아이가 눈물을 참으며 복잡한 감정에 사로잡혀 있었습니다. "롤랜드 선생님, 제가 그럴 실력이 되나요?", "그럼, 크리스, 실력이 되고말고." 그 말을 하고 황급히 자리에서 물러나야 했습니다. 두 눈에 눈물이 차올랐기 때문이지요. 그날 수업을 마치고 교실을 나서는 크리스는 2인치 정도 키가 훌쩍 자란 것처럼 보였습니다. 크리스는 그 밝고 푸른 눈동자로 나를 쳐다보면서 자신감 있는 어조로 말했습니다. "고맙습니다, 롤랜드 선생님." 크리스는 제게 절대로 잊을 수 없는 교훈을 주었습니다. 바로 인정받고자 하는 인간의 깊은 욕구입니다. 이 법칙을 절대로 잊지 않기 위해 저는 '너는 중요하고 대단한 사람이다.'라는 표지를 만들었습니다. 그리고 모두가 볼 수 있게 교실 앞에 걸어놓았습니다. 그 표지판을 볼 때마다 지금 대면하고 있는 학생들 하나하나가 모두 중요하고 대단한 사람이란 사실을 되새깁니다.'

툭 터놓고 말하면 우리가 만나는 거의 대부분 사람들은 어떤 면에서든 자신이 더 우월하다고 생각한다. 그러므로 그들의 마음에 다가가기 위한 확실한 방법은 상대방이 중요하고 대단한 사람이란 걸 인정한다는 생각을 은근하게 내비치는 것이다.

에머슨의 말을 기억하자.

"내가 만난 모든 사람은 나보다 우월한 면이 있다. 그런 의미에서 나는 모든 사람에게서 배운다."

하지만 애처로울 때도 있다. 근거 없는 성취감에 젖어 있는 사람들은 종종 정말 구역질나게 불쾌한 자만심으로 소동을 피우며 자존심을 세운다. 이를 두고 셰익스피어는 이렇게 말했다.

"거만한 자는 단명할 권위를 입고 하늘 앞에서 그런 기상천외한 속임수를 써서 천사들이 눈물 흘리게 한다."

강좌에 참여했던 사업가들이 이 원칙들을 적용해서 얻어낸 놀라운 성과에 대해 이야기해보자. 먼저 코네티컷 주에서 변호사로 일하는 사람의 사례를 보자(친척과 관련된 이야기라서 변호사는 익명으로 언급해달라고 부탁했다).

R씨는 우리 강좌를 수강하기 시작하고 아내와 함께 롱아일랜드에 살고 있는 처가 쪽 친척을 찾아가게 되었다. 아내는 R씨에게 나이 많은 숙모님과 이야기를 나누라고 하고서는 연배가 더 어린 친척들에게 부랴부랴 갔다. 조만간 인정의 법칙을 어떻게 적용했는가를 발표해야 했던 그는 그 나이 많은 숙모님과 이야기를 나누는 일이 상당히 가치 있는 경험이 될 거라 생각했다. 그래서 고개를 들어 집 안을 둘러보면서 진심으로 감탄할 만한 게 뭐가 있을까 살펴보았다.

"이 집은 1890년에 지어졌군요. 그렇죠?"

R씨는 물었다.

"맞아."

숙모님이 답했다.

"바로 그 해에 이 집이 지어졌지."

"제가 태어난 집이 생각나네요. 아름답고 잘 지어진 집이에요. 아시겠지만 지금은 이런 식으로 짓지 않죠."

"자네 말이 맞네."

숙모님은 동의했다.

"요즘 젊은이들은 아름다운 집 따위는 신경 쓰지도 않지. 조그만 아파트면 된다고 하고는 자동차를 타고 놀러 다니기나 하니까."

"이 집은 내가 꿈에 그리던 곳이라우."

숙모님의 목소리는 아련한 추억에 젖어 떨려오고 있었다.

"사랑으로 지은 집이지. 우리 남편이랑 내가 몇 년 동안이나 꿈꾸다가 지은 집이니까. 건축가를 쓰지도 않았어요. 모두 우리가 직접 설계한 거지."

숙모님은 R씨에게 집구경을 시켜주었다. R씨는 숙모님이 여행을 하면서 구해 온 평생을 소중하게 간직한 아름다운 보물들을 보고 진심으로 감탄했다. 페이즐리 직물로 만든 숄, 오래되니 영국제 찻잔 세트, 웨지우드 도자기, 프랑스산 침대와 의자, 이탈리아산 그림, 그리고 한때 프랑스의 어떤 성에 걸려 있던 실크 커튼까지 다 구경했다.

숙모님은 R씨에게 집을 샅샅이 살펴보게 한 다음에 차고로 가게 했다. 그곳에는 벽돌 위에 올려져 있는 팩커드Packard 차가 있었다. 민트색이었다.

"우리 남편이 죽기 직전에 나를 위해 샀던 차라오."

그리고 한 마디 짧게 덧붙였다.

"그이가 죽은 뒤로는 단 한 번도 타본 적이 없어. 자네는 좋은 걸 볼 줄 아는 사람이니 이 차를 갖게. 주겠네."

"무슨 말씀이세요, 숙모님. 그러시면 제가 난처해집니다. 물론 숙모님의 관대한 마음은 잘 알겠습니다. 하지만 받을 수는 없습니다. 저는 숙모님의 직계 친척도 아닙니다. 저는 새 차가 있습니다. 그리고 저 차를 받고 싶어 하는 친척 분들이 많이 계실 겁니다."

"친척!"

숙모님은 소리쳤다.

"물론 있지. 저 차를 가지려고 내가 죽기만 기다리고 있는 친척들 말일세. 하지만 그 친척들은 절대로 저 차를 갖지 못하게 될 거야."

"친척 분들께 주고 싶지 않으시면, 중고상에게 팔아서 처분하셔도 됩니다."

"팔다니!"

숙모님은 또다시 소리쳤다.

"내가 이 차를 팔 거라고 생각하나? 생판 모르는 사람이 저 차를 타고 거리를 지나는 꼴을 내가 볼 수 있을 것 같은가? 꿈에도 저 차를 팔 생각은 없네. 자네에게 주겠네. 자네는 아름다운 것을 볼 줄 아는 사람이야."

R씨는 계속 사양해보았지만, 숙모님의 마음을 상하지 않게 거절할 도리가 없었다. 페이즐리 숄과 프랑스산 고가구 그리고 추억과 함께 커다란 집에 혼자 살고 있던 그 노부인은 조금만 알아주어도 좋아할 정도로 사람들의 인정에 목말라 있었던 것이다. 그 노부인도 한때는 젊고 아름다웠으며 인기가 많았다. 사랑이 가득한 집을 지었으며, 온 유럽을 돌아다니며 예쁜 물건들을 수집해 집을 꾸몄던 것이다. 하지만 지금은 고립무원으로 지내는 늙은이가 되는 바람에 약간의 인간적인 따스함이나 진심 어린 인정과 칭찬이 간절했다. 하지만 그 누구도 그녀의 바람을 이루어주지 않았다. 그래서 그토록 바라던 작은 인정과 따스함을 발견한 노부인은 사막에서 샘물을 본 것 같았다. 노부인의 감사하는 마음은 소중히 여기던 팩커드 차량을 선물로 주는 것으

로도 다 표현할 수가 없을 정도였다.

또다른 사례를 보도록 하자. 도널드 맥마흔은 루이스 앤 발렌타인 Lewis and Valentine의 관리자이자, 뉴욕의 라이에서 일하는 조경사 겸 묘목업자였다. 이번 사례는 그의 이야기다.

"'데일 카네기 인간관계론-친구를 얻고 사람을 움직이는 방법' 강연을 들은 직후, 저는 한 유명한 법률가의 부지 조경 작업을 맡게 되었습니다. 땅주인이 찾아와 철쭉과 진달래를 집중적으로 심어주었으면 하는 곳이 어디인지에 관해 알려주었습니다. 저는 말했죠. '판사님, 좋은 취미를 가지셨네요. 키우시는 개들이 정말 아름답습니다. 메디슨 스퀘어 가든에서 해마다 열리는 애견쇼에서 우승을 여러 번 하셨겠어요.' 그 짧은 인정의 말은 큰 효과를 냈습니다. '네.' 판사가 대답했습니다. '개들과 지내는 건 늘 즐겁습니다. 우리 개집 좀 한번 보시겠습니까?' 그 판사는 나에게 한 시간 정도 개들과 개들의 수상 실적을 자랑했습니다. 개들의 족보까지 가지고 나와 그렇게 아름답고 영리한 이유가 혈통에 있다고 설명해주기까지 했습니다. 그리고 마지막에 고개를 돌려 나를 보며 물었습니다. '어린 자녀가 있나요?' '네, 있습니다.' 나는 대답했습니다. '아들아이가 한 명 있습니다.' '그렇다면 강아지를 좋아하지 않을까요?' 그 판사가 물었습니다. '아, 그렇죠. 너무 좋아 까무러칠 겁니다.' '됐군요. 아드님께 강아지 한 마리를 드리겠습니다.' 그 판사는 큰 소리로 진지하게 말했다. 그러고는 강아지를 어떻게 먹여야 하는지를 알려주기 시작했습니다. 그러다가 잠시 말을 멈추더니 이렇게 말했습니다. '이렇게 말해주기만 하면 잊어버릴 테니, 적어드리겠소.' 그리고 판사는 집 안으로 들어가더니 혈통과 먹이 주는 법에 대한 설명을 타자기로 쳐서 가지고 나오더니 수백 달러의 강아지 한 마리를 주었습니다. 그리고 그의 소중한 시간을 한 시간 15분 동안이나 저에게 주었지요. 제가 그의 취미와 이루어놓은 일들을 진심으로 칭찬하고 감탄했다는 이유 때문이었습니다."

코닥Kodak의 창업자인 조지 이스트먼은 활동사진을 가능하게 했던 투명필름을 창안해내어 일억 달러의 재산을 축적하고 지구상에서 가장 유명한 사업가가 되었다. 하지만 이런 대단한 업적에도 불구하고 그 역시도 우리처럼 약간의 인정을 갈망했다.

사례를 보자. 이스트먼이 이스트먼 음악학교와 킬번 홀Kilbourn Hall을 로체스터에 짓고 있던 당시의 일이다. 뉴욕의 슈페리어 시팅 컴퍼니 Superior Seating Company의 대표인 제임스 애덤슨은 그 건물에 들어갈 극장 의자를 공급하는 계약을 얻기를 원했다. 그래서 건축가에게 전화를 해서 로체스터에서 이스트먼을 만날 약속을 잡았다.

애덤슨이 도착하자 건축가가 말했다.

"의자의 공급 계약을 원하고 있는 건 알겠지만 조지 이스트먼의 시간을 5분 이상 빼앗으면 가망이 없다는 걸 알아두시라고 할 수밖에 없네요. 아주 엄격한 사람이고, 매우 바쁜 분이니까요. 그러니 빨리 용건을 말하고 나오세요."

애덤슨은 그렇게 하려고 만반의 준비를 했다. 그의 사무실로 안내를 받아 들어가보니 책상에서 허리를 숙이고 서류 더미를 바라보는 이스트먼을 볼 수 있었다. 곧 그는 고개를 들고 안경을 벗은 다음 건축가와 애덤슨 씨에게로 걸어오며 말했다.

"좋은 아침입니다. 무슨 일이시죠?"

건축가는 두 사람을 서로에게 소개시켜 주었다. 그런 다음에 애덤슨이 말했다.

"이스트먼 씨, 기다리는 동안 사무실을 좀 보았는데 정말 대단하군요. 이런 사무실에서라면 일하기가 싫지 않겠습니다. 저는 목조 인테리어 사업을 하고 있습니다. 그런데 이렇게 아름다운 사무실은 평생처음 보네요."

이스트먼이 대꾸했다.

"거의 잊고 지내던 걸 새삼 깨닫게 해주셨습니다. 정말 아름답지요. 그렇죠? 처음 지었을 때는 정말 이 아름다움을 만끽했습니다. 하지만여기에 오면 늘 머릿속에 수만 가지 생각이 떠올라서 몇 주 동안 이 방을 따로 보지 못하고 지내곤 합니다."

애덤슨은 앞으로 걸어가서 책상 상판을 한 손으로 쓰윽 문질러 보았다.

"이건 영국제 떡갈나무군요, 그렇죠? 이탈리아 떡갈나무와는 재질이 약간 다르죠."

"그렇습니다."

이스트먼이 대답했다.

"수입해온 영국산 떡갈나무입니다. 좋은 목재를 잘 알고 있는 전문가 친구가 저를 위해 골라준 거죠."

그러더니 이스트먼은 애덤슨에게 사무실을 구경시켜 주면서 실내 면적과 색상, 수공 조각에 대해 말하고, 그 외 자신이 기획과 집행을 도운다른 물품에 대해서도 이야기해주었다.

두 사람은 사무실을 돌아다니며 목공품을 감상하다가 창문 앞에 멈춰 섰다. 이스트먼은 인류 사회를 돕기 위해 세운 기관들을 조심스레손으로 가리켜 보였습니다. 로체스터 대학, 종합병원, 동종요법 병원, 프렌들리 홈 실버타운, 아동 병원이 보였다. 애덤슨은 재산을 사람들의 고통을 완화시켜주는 데 사용하는 이상적인 행보를 두고 마음으로

부터 칭송했다. 곧 이스트먼은 유리 진열장을 열어서 자신이 처음으로 가졌던 카메라를 꺼내었다. 한 영국인으로부터 구매한 발명품이었다.

애덤슨은 이스트먼에게 창업 당시의 어려움에 대해 상세하게 물어보았고, 이스트먼은 어린 시절의 가난에 대해 진솔하게 털어놓으면서 홀어머니가 하숙집을 운영하고 자신은 보험회사 사무실에서 사무원으로 일했던 사연을 이야기했다. 가난의 공포는 밤낮으로 이스트먼을 괴롭혔고, 이스트먼은 어머니가 일하지 않아도 될 정도의 돈을 벌겠다고 마음을 먹었다고 했다. 애덤슨은 더 많은 질문을 하면서 이스트먼의 이야기를 이끌어냈고, 감광판으로 실험을 했던 이야기를 신 나게 하는 이스트먼에게 집중하면서 그의 이야기를 경청했다. 이스트먼은 사무실에서 종일 일하고 때로는 밤을 새고 실험을 했던 이야기를 했다. 화학 실험이 작동되는 동안 쪽잠을 자면서 지냈기에 72시간 동안 옷을 갈아입지 않은 채 일하고 잠을 잤다고 말했다.

애덤슨은 이스트먼의 사무실에 안내를 받고 들어오면서 5분 이상을 넘지 말라고 경고받았지만, 이미 한 시간이 지났고 이어서 두 시간이 더 흘렀다. 그런데도 두 사람은 계속 이야기를 나누고 있었다.

이스트먼은 고개를 돌려 애덤슨을 보고 말했다.

"지난번에 일본에 갔을 때 의자를 몇 개 사왔는데 집에 있는 일광욕실에 놓았습니다. 그런데 햇빛에 색이 바래서 전날 시내에 가서 페인트를 가져다가 직접 칠을 했습니다. 제 솜씨를 좀 봐주시겠습니까? 자, 그럼 우리집으로 가서 점심식사를 하시면서 보여드리죠."

점심식사를 마치고 나자 이스트먼은 애덤슨에게 일본에서 사온 의자를 보여주었다. 겨우 몇 달러에 불과한 의자였지만, 수백만 달러 자산가인 이스트먼은 자신이 직접 페인트를 칠한 그 의자를 무척 자랑스럽게 생각하고 있었다. .

극장 의자 공급 계약은 9만 달러에 달했다. 그 계약은 제임스 애덤슨에게 수주되었을까? 아니면 다른 경쟁 회사로 갔을까? 그 이후, 이스트먼이 죽기까지 그와 제임스 애덤슨은 아주 가까운 친구로 지냈다.

프랑스의 루앙에서 식당을 운영하고 있는 클로드 마레는 이 원리를 이용해서 식당에서 꼭 필요한 직원을 잃게 될 위기를 극복했다. 그 직원은 5년간 식당에서 일하면서 마레와 21명의 직원들 사이의 연결 고리 역할을 해왔다. 그런 직원이 우편으로 사임하겠다는 뜻을 밝혀와서 마레는 충격을 받았다.

마레의 말을 옮겨보자.

"저는 매우 놀랐고 실망하기까지 했습니다. 늘 좋은 대우를 해주고 원하는 바를 최대한 들어주려고 노력했기 때문이었습니다. 그녀를 직원이자 친구라고 생각하고 있었기 때문에 너무나 당연한 존재로 생각하고 다른 직원보다 더 많은 것을 하라고 요구했는지도 몰랐습니다. 물론 아무런 설명도 듣지 않고 그 사직서를 수락할 수는 없었습니다. 저는 그 직원을 따로 불러내서 말했습니다. '폴레트, 자네 사직서를 수락할 수 없다는 걸 알아주게. 자네는 나나 우리 회사에 대단히 중요한 인물이네. 이 식당의 성공에 나만큼이나 중요한 사람이 자네야.' 저는 이 말을 전 직원들 앞에서 다시 한 번 하고 그녀를 우리집에 초대해서 우리 식구들 앞에서도 같은 말을 반복했습니다. 폴레트는 사직서를 철회했고, 저는 예전보다 더 그녀를 신뢰하고 있습니다. 저는 지금도 종종 우리 식당과 저에게 그녀가 얼마나 중요한 사람인지를 보여주고 그녀가 하고 있는 일에 대한 감사와 인정을 표현하면서 계속 강조하고 있습니다."

대영제국을 통치한 바 있는 최고의 통찰력을 가진 정치가이자 문인인 벤자민 디즈레일리는 이렇게 말했다.

"사람들에게 그들에 대한 이야기를 하라. 그러면 몇 시간이고 귀를 기울일 것이다."

제6원칙

진심으로 상대가 중요한 사람이라는 걸 느끼게 하고 인정하라.

❖ 간단 요약 ❖

호감을 사는 6가지 원칙

제1원칙 다른 사람에 대해 진심 어린 관심을 가져라.

제2원칙 미소 지어라.

제3원칙 사람들에게 자기 이름은 이 세상에서 가장 듣기 좋은 소리고 중요한 소리가 된다는 사실을 기억하라.

제4원칙 훌륭한 경청자가 되도록 하라. 상대방이 자기 이야기를 하도록 부추기고 격려하도록 하라.

제5원칙 다른 사람의 관심사에 대해서 대화를 나눠라.

제6원칙 진심으로 상대가 중요한 사람이라는 걸 느끼게 하고 인정하라.

3부

사람을
설득하는 방법

Dale Carnegie

Chapter 1

논쟁으로는
이길 수 없다

제1차 세계대전 종전 직후 어느 날 밤, 런던에 있던 나는 매우 귀중한 교훈을 배웠다. 당시 나는 로스 스미스 경을 위해 일했다. 전쟁 동안 팔레스타인 지역에서 활약한 격추왕이었던 로스 경은 종전 후에는 30일 동안에 지구 반 바퀴를 비행해서 세상을 놀라게 했다. 이전에는 한 번도 시도되지 못했던 놀라운 위업이었다. 그 일은 대단한 센세이션을 일으켰다. 호주 정부에서는 로스 경에게 5만 달러를 포상했고 대영제국에서는 그에게 기사 작위를 내렸다. 한동안 그는 영국 국기가 휘날리는 지역에서 가장 큰 화젯거리였다. 그러던 어느 날 밤, 로스 경을 위해 열리는 연회에 참석했다. 만찬 중에 내 옆에 앉았던 한 사람이 "우리가 어떻게든 목적을 이뤄보려 해도 최종적으로 결정하는 것은 신이다."라는 말을 인용하면서 재미있게 이야기를 했다.

이야기를 구수하게 잘하는 그 사람은 성경에서 인용한 문장이라고 말했다. 하지만 틀린 이야기였다. 나는 그 사실을 정확히 알고 있었다. 의문의 여지가 없이 확실했다. 나는 잘난 척도 좀 하고 인정을 받고 싶다는 생각으로 공연히 나서서 그의 말을 정정하는 역할을 자임했다. 하지만 그는 끝까지 자기 의견을 굽히지 않았다. "뭐요? 셰익스피어라고? 그럴 리가! 말도 안 되는 소리!" 성경의 인용문이라고 그는 확신했다.

그 이야기꾼은 내 오른쪽에 앉아 있었다. 그리고 나의 오랜 친구 프랭크 가몬드가 왼편에 앉아 있었다. 가몬드는 몇 년에 걸쳐 셰익스피어를 연구한 사람이었다. 그래서 나와 그 이야기꾼은 이 문제를 가몬드에게 맡기기로 했다. 가몬드는 우리 둘의 말을 듣더니 탁자 밑으로 내 발을 걸어차면서 말했다.

"데일, 자네가 틀렸네. 저 신사분의 말이 맞아. 그건 성경 인용문이야."

그날 밤 집으로 돌아가면서 나는 가몬드에게 말했다.

"프랭크, 자네는 그 말이 셰익스피어의 인용문이라는 걸 알고 있잖나."

"그렇지. 《햄릿》의 5막 2장에 나오는 말이네. 하지만 우리는 축하하는 자리에 초대받은 손님이었잖나. 데일, 사람들에게 그가 틀렸다는 걸 증명해보일 이유가 어디 있나? 그렇게 하면 그 사람이 자네를 좋아하겠나? 그 사람 체면 좀 살려주는 게 어떤가? 그가 자네 의견을 물어본 것도 아니었네. 그는 원하지 않았어. 뭐 하러 그와 논쟁을 하나? 사람들과 각을 세우는 건 언제나 피해야 하네."

친구의 이 말은 내게 절대로 잊지 못할 교훈을 가르쳐주었다. 나는 그 이야기꾼을 불편하게 했을 뿐만 아니라 내 친구까지 곤란한 지경에 처하게 했던 것이다. 내가 그렇게 따지기 좋아하지 않았더라면 얼마나 좋았을까!

나 같은 고질적인 논쟁꾼에게는 정말 필요한 교훈이었다. 어린 시절에 나는 은하수 아래 있는 모든 것을 두고 내 동생과 논쟁을 벌였다. 대학에 진학해서는 논리학과 논증을 공부했고, 토론대회에 나갔다. 말싸움이라면 으뜸간다는 미주리 출신이란 건 말할 것도 없다. 나는 거기서 태어났다. 나는 과시해야만 했다. 나중에 나는 뉴욕에서 논쟁과 토론을 가르쳤다. 고백하건데 한때 나는 논쟁과 관련한 책을 기획하기도 했다. 그때 이후로 수천 건의 논쟁이 미친 영향과 결과를 지켜보고 직접 경험하고 경청했다. 그 결과, 논쟁을 통해 가장 득을 보는 방법은 하늘 아래 단 하나뿐이라는 결론을 얻었다. 그것은 바로 논쟁을 피하는 것이다.

방울뱀을 피하듯이, 지진에서 도망치듯이, 논쟁을 피하라.

논쟁은 십중팔구 쌍방 모두 자기가 옳다는 확신만 더욱 강하게 한 채 끝나기 십상이다. 논쟁은 이길 수 없다. 논쟁에서 지면 지는 것이고, 이겨도 지는 것이니 이길 도리가 없다. 어째서냐고? 상대를 완전히 뻗어 눕히고 상대의 논리를 너덜너덜하게 만들어 상대의 정신 상태가 정상이 아니라는 걸 증명해냈다고 치자. 그런 다음에는 어쩌란 말인가? 기분이야 좋을 것이다. 하지만 상대는? 상대는 나로 인해 열등감을 느끼게 된다. 그의 자존심에 상처를 준 것이다. 상대는 나의 승리를 불쾌하게 여길 것이다. 무엇보다, 자신의 의사와는 반대로 설득당한 사람은 여전히 생각을 바꾸지 않는다.

수년 전, 패트릭 오헤어가 내 강좌에 참석한 적이 있었다. 그는 교육도 거의 받지 못했고, 싸움을 좋아했다! 한때 그는 고용 운전사로 일했고 새롭게 트럭 세일즈를 시작했으나 성공을 하지 못해서 나에게 찾아왔다. 하지만 문제는 고객이 자신이 팔려고 하는 트럭에 대해 좋지 않은 말을 하면 격노하면서 당장에 고객의 멱살잡이를 하는 등 끊임없이 싸움질을 하는 데 있었다. 당시 패트릭은 논쟁을 벌이면 대개 이겼다. 그 후 패트릭은 나에게 말했다.

"저는 이렇게 중얼거리며 사무실을 걸어 나오곤 했습니다. '저 녀석에게 할 말을 해줬어.' 정말 저는 그 사람에게 할 말을 하기는 했습니다만 아무것도 팔지 못했습니다."

가장 먼저 해결해야 할 문제는 패트릭에게 말하지 않는 법을 가르치는 일이었다. 나는 즉시 패트릭이 말을 참고 말싸움을 피하도록 훈련시켰다. 그러자 패트릭은 뉴욕의 화이트 모토 사에서 스타 세일즈맨으로 손꼽게 되었다. 어떻게 그렇게 되었을까? 그의 말을 직접 들어보자.

"지금은 구매자의 사무실에 걸어 들어갔을 때 고객이 '뭐? 화이트 트럭? 좋지 않아! 공짜로 준다고 해도 갖지 않을 거요. 나는 후즈잇 트럭을 살 거요.'라고 말하면, 저는 이렇게 말합니다. '후즈잇은 좋은 트럭입니다. 후즈잇 트럭을 사신다면 실수 없는 완벽한 선택이 되실 겁니다. 후즈잇 트럭 제조사는 훌륭하고 판매자들도 좋은 사람들이죠.'

그러면 고객은 더 이상 말을 하지 않습니다. 더 이상 논쟁의 여지가 없기 때문이죠. 후즈잇 트럭이 최고라고 말하면 정말 그렇다고 맞장구를 쳐줘서 말을 멈추게 하지요. 제가 순순히 동의하는 데 오후 내내 '그게 최고야.'라는 식으로 말을 할 수 없으니까요. 그러고 나면 후즈잇 트럭과 관련된 대화는 마무리되니 저는 화이트 트럭의 좋은 점에 대한 이야기를 시작할 수 있습니다. 한때는 고객의 그런 말을 들으면 얼굴이 붉으락푸르락 달아오르곤 했습니다. 당장에 후즈잇 트럭을 공격하는 논쟁을 시작했죠. 후즈잇 트럭에 대해 공박하면 할수록 제 잠재 고객은 후즈잇 트럭을 옹호하는 발언을 더 많이 하게 됩니다. 그러면 그럴수록 그 고객은 우리 경쟁사의 제품에 대해 열중하게 됩니다. 지금 되돌아보면 그렇게 해서 어떻게 뭔가를 팔 수 있었을까 싶습니다. 저는 몇 년의 세월을 싸움과 말다툼으로 허비했습니다. 이제는 입을 다물고 지냅니다. 그러면 애쓴 보람이 있지요."

박식하고 노회한 벤 플랭클린은 이렇게 말하곤 했다.

"반박하고 괴롭히고 논쟁을 벌이면, 언젠가는 승리를 거둘 수 있다. 하지만 그건 무의미한 승리다. 상대의 호의를 절대로 얻을 수 없기 때문이다."

그러니 생각해보라. 학문적이고 이론적인 승리를 얻을 것인가? 아니면 사람의 호의를 얻을 것인가? 두 가지를 모두 얻는 일은 거의 불가능하니 양자택일하라.

〈보스톤 트랜스 크립트Boston Transcript〉지에 실렸던 의미심장한 시 한 편이 있다.

> 윌리엄 제이의 시신이 여기 누웠다.
> 그는 늘 자기 길을 고집하다가 죽어갔다.
> 그 길을 거침없이 질주했으므로 그는 옳았다. 모두 옳았다.
> 하지만 죽어버린 지금은 옳건 그르건 모두 무의미한 일이다.

우리 말이 옳을 수 있다. 거침없이 논쟁을 벌였으니 전적으로 옳을 수 있다. 하지만 상대의 마음을 바꾼다는 측면에서 보면 우리 말이 옳건 그르건 모두 무익한 일이 된다.

세금 상담사인 프레드릭 파슨스는 정부의 세무소 직원과 한 시간 동안 논쟁을 벌이고 말다툼을 벌인 적이 있었다. 9,000달러의 돈이 달린 문제였다. 파슨스는 이 9,000달러가 실질적으로는 악성 부채이기 때문에 절대로 수금할 수 없는 돈이므로 과세해서는 안 된다고 주장했다.

"악성 부채라니, 바보 같은 소리 마시오!"

그 직원은 되받아쳤다.

"과세해야만 합니다."

파슨스가 우리 강좌에서 들려준 이야기는 다음과 같다.

"그 직원은 냉혈한에 거만하고 고집불통이기까지 했습니다. 논리나 사실 관계는 모두 소용이 없었습니다. 논쟁이 길어지면 길어질수록 그는 더욱 고집불통이 되어갔습니다. 그래서 저는 논쟁을 피하기로 마음먹고 화제를 바꾸어서 그를 추켜세워 주었습니다. '당신이 결정 내리셔야 하는 정말 중요하고 까다로운 문제들과 비교하면 이런 건 사소한 문제겠지요. 저는 혼자서 조세 관련 공부를 했습니다. 그래서 책에서 지식을 얻어야만 했지요. 당신은 일선에서의 경험을 통해 식견을 갖추고 계시지요. 저도 당신과 같은 일을 하면 좋겠다는 생각을 종종 합니다. 그렇게 되면 제가 많이 배울 수 있을 텐데요.' 그 말은 모두 진심이었습니다. 그 직원은 허리를 펴고 뒤로 기대어 앉더니 한참을 자신의 업무에 관한 이야기를 했습니다. 그리고 자신이 적발해낸 교묘한 사기에 대해서 이야기해주었습니다. 그의 어조는 점차 호의적으로 변하고 있었고, 곧 그는 자신의 자녀 이야기를 했습니다. 그리고 자리에서 일어서면서 제 문제에 대해 좀 더 검토해보고 며칠 이내에 결정을 내리겠노라고 말했습니다. 그로부터 사흘 후 그 직원은 제 사무실로 찾아와 문제가 된 소득 신고서는 제출된 그대로 처리하기로 했다고 알려주었습니다."

이 세무소 직원은 가장 흔하게 볼 수 있는 인간의 약점을 보여주는 사례다. 그는 인정받고 중요한 사람으로 대접받기를 원하고 있었던 것이다. 파슨스 씨가 논쟁을 벌이는 한 그 직원은 목소리 높여 자신의 권위를 내세워야 인정받는 거라고 생각한다. 하지만 그의 권위와 중요성을 인정해주자 곧 논쟁은 그쳤다. 자존심을 세워주자 그는 인정 넘치며 친절한 사람이 되어버렸다.

석가모니는 말했다.

"미움은 미움으로 풀 수 없다. 사랑으로 풀어야 한다."

오해는 논쟁으로 풀 수 없고, 기지와 외교적 수완, 화해 그리고 다른 사람의 관점에서 보려는 마음으로 풀 수 있다.

링컨이 동료와 심하게 논쟁을 벌인 일로 한 젊은 육군 장교를 질책한 적이 있었다. 링컨은 말했다.

"자신의 능력을 십분 활용하려는 사람은 남들과 싸우는 일에 시간을 낭비하지 않는 법이네. 더구나 자제력을 잃고 냉철함이 손상받는 등의 결과만 낳는 일을 감당할 여유가 없지. 양측이 다 옳다는 일이라면 다 양보하게. 권리를 주장하며 다투다가 개에게 물리느니 개에게 길을 양보해주는 편이 더 낫네. 그 개를 죽인다 한들 물린 상처가 낫는 건 아니니까."

뉴저지의 〈비트 앤드 피스Bits and Pieces〉지의 한 기사에서 논쟁에서 불화가 생기지 않게 하는 법을 제안한 적이 있다.

이견을 환영하라

'항상 의견일치를 보는 두 사람이 있다면 둘 중 하나는 필요가 없다.'

라는 구호를 기억하라. 미처 생각하지 못한 점을 발견하게 해준다는 의미에서 이견을 감사하게 생각하라. 심각한 실수를 하기 전에 잘못을 수정할 수 있는 기회가 될 수도 있다.

직관적인 첫인상을 신뢰하지 마라

의견이 갈리는 상황이 되면 사람들은 자연스레 비판에 신경질적인 반응을 보이며 자기방어를 하게 된다. 조심해라. 침착성을 유지하고 처음 튀어나오는 반응을 경계하도록 하자. 최선이 아닌 최악일 수 있다.

냉정을 유지하라

무엇 때문에 화를 내느냐에 따라 사람 됨됨이가 가늠된다는 사실을 기억하라.

먼저 상대의 말을 들어라

상대에게 말할 기회를 주어라. 하고 싶은 말을 모두 하도록 해주어라. 말을 막거나 자기변호를 하거나 논쟁하지 마라. 그렇게 하면 벽만 높아진다. 이해의 다리를 놓으려 노력하라. 오해의 벽을 높이 세우지 말자.

합의가 가능한 영역을 찾아라

상대의 말을 끝까지 들어주면서 내가 동의할 수 있는 지점과 영역이 무엇인지 먼저 생각해보도록 하라.

정직하라. 실수를 인정할 수 있는 지점을 찾아 솔직하게 말하라. 실수를 사과하라. 그러면 상대는 무장해제하고 방어벽을 낮춘다.

상대의 의견을 심사숙고하고 주의 깊게 연구하겠다고 약속하라

진심으로 그렇게 말하라. 상대의 말이 옳을 수도 있다. 이 단계에서 상대의 의견에 생각해보겠다고 동의하는 편이 섣불리 앞으로 나갔다가 '우리가 말하려고 했는데도 당신이 듣지 않았습니다.'라는 말을 듣는 것보다 훨씬 더 쉽다.

상대가 관심을 주었다는 점에 진심으로 감사하라

시간을 내서 내 의견에 반대를 하는 사람은 나만큼이나 관련 문제에 관심을 쏟고 있다는 뜻이다. 그들이야말로 나를 돕고자 하는 사람들이라고 보아라. 그러면 반대자를 나의 친구로 삼을 수도 있다.

쌍방이 문제에 관해 생각할 시간을 갖도록 하라

모든 사실 관계를 쏟아내었다면 잠시 후나 다음 날 즈음에 새로운 회의를 열자고 제안하라. 다음 회의를 준비하면서 자신에게 엄격하게 자문해보자. 상대방의 의견이 옳을 수도 있을까? 부분적으로 옳은 데가 있을까? 그들의 입장이나 주장에 진실이 담겨 있거나 취할 점이 있을 수 있을까? 내 태도는 문제를 완화하는데 도움이 되었나, 아니면 그냥 내 욕구불만을 해소하는 데 그쳤나? 내가 보인 반응으로 상대를 더 멀리 밀어냈나? 아니면 가까이로 끌어당겼나? 내 반응은 선한 사람들이 나에게 갖고 있는 평가를 높였나? 이길 것인가? 아니면 질 것인가? 이기게 되면 어떤 대가를 치르게 될까? 내가 이 문제에 대해 입을 다물면 불화가 가라앉을까? 이 어려운 상황이 나에게 기회가 될 수 있을까?

오페라 테너 가수인 잔 피어스는 약 50년간의 결혼 생활을 해오며 이렇게 말했다.

"내 아내와 저는 오래전에 서약을 했습니다. 그리고 아무리 서로에게 화가 나도 그 서약을 지켜왔습니다. 누군가 소리를 지르면 다른 사람은 들어주기로 한 겁니다. 두 사람이 같이 소리를 지르면 소통이 불가능하기 때문입니다. 그저 시끄럽기만 하고 분위기만 나빠질 뿐이지요."

제1원칙

논쟁을 가장 잘 이용하는 유일한 방법은 논쟁을 피하는 것이다.

Chapter 2

적을 만드는 방법과
적을 만들지 않는 방법

시어도어 루스벨트는 백악관에 있을 때 고백하기를 자신의 생각 중 75퍼센트만이라도 맞았다면 기대치를 다 이룬 것이었다고 했다. 20세기 최고의 인사로 꼽히는 사람의 최대 기대치가 이 정도라면 우리는 어떨까?

우리의 생각 중 55퍼센트만이라도 옳다고 확신할 수 있다면, 당장 월스트리트로 가서 하루에 백만 달러씩 벌어들일 수 있다. 그런데 55퍼센트도 옳다는 확신을 못하면서 다른 사람에게 틀렸다는 말을 할 수 있다고 생각하는 이유가 뭔가?

말 못지않게 얼굴표정이나 억양, 몸짓으로도 다른 사람에게 틀렸다는 말을 할 수 있다. 상대에게 당신이 틀렸다고 말한다고 해서 상대가 내 말에 동의할까? 천만에! 그런 일은 없다. 상대의 지성, 판단력, 자존감에 직격탄을 날렸기 때문이다. 상대는 그저 맞받아치고 싶어만 할 것이다. 이런 식으로는 상대의 마음을 바꿀 수 없다. 플라톤이나 칸트의 논리를 쏟아부어도 사람들은 마음을 바꾸지 않는다. 감정이 상했기 때문이다.

절대로 "당신에게 어쩌고저쩌고 하다는 것을 증명해보이겠습니다."라는 선전포고를 시작해서는 안 된다. 그건 틀린 방법이다. "나는 당신보다 더 똑똑합니다. 한두 가지를 알려줄 테니, 잘 듣고 마음을 바꾸도록 하십시오."라는 말이나 마찬가지다. 그건 도발이다. 도발은 대립을 일으키고, 상대에게 한판 붙어보자는 생각을 하게 만든다.

최상의 조건을 갖춰놓은 상황에서도 사람의 마음을 바꾸는 일은 어렵다. 그런데 왜 일을 더 어렵게 만드나? 왜 자진해서 불리한 입장에 서려 하나? 뭔가 증명하고 싶어도 다른 사람에게 알리지 마라. 교묘하고 영리하게 해서 다른 사람들이 눈치채지 못하게 하라. 알렉산더 포프는 이 문제를 간단명료하게 표현했다.

"사람들을 가르칠 때는 가르치는 줄 모르게 해야 한다.
모르는 걸 말해줄 때는 무심히 대수롭지 않은 것인 양 해야 한다."

300년 전에 갈릴레오는 이렇게 말했다.

"사람에게 무얼 가르치는 일은 불가능하다.
스스로 발견하도록 도와줄 수 있을 뿐이다."

체스터필드 경은 아들에게 이렇게 말했다.

"가능한 한 다른 사람보다 더 똑똑해져라.
하지만 사람들에게 그렇다고 말하지는 말아라."

소크라테스는 아테네에서 자신의 제자들에게 다음과 같은 말을 계속했다.

"내가 아는 사실은 내가 모른다는 사실 뿐이다."

소크라테스보다 더 현명해질 수 있을 거란 생각이 들지 않으니 나는 사람들에게 틀렸다고 말하기를 그만두었다. 그랬더니 애쓴 보람이 있었다. 틀린 말을 하는 것 같은 사람이 있으면 (아니, 틀린 게 분명한 말을 하는 사람이 있어도) 다음과 같은 식으로 말을 시작하는 편이 좋다.

"저, 잠시만요. 제 생각은 다른데요. 물론 제 생각이 틀릴 수도 있어요. 제가 자주 틀리니까요. 하지만 제가 틀린 거라면 정정하고 싶습니다. 그럼 사실 관계를 한번 검토해봅시다."

"물론 제 생각이 틀릴 수도 있어요. 제가 자주 틀리니까요."

이런 말에는 마법의 힘이 있다.

하늘 아래 또는 땅 위나 바다 속 그 어디에도 "제가 틀렸을 수도 있습니다. 사실 관계를 한번 검토해봅시다."라고 말하는데 싫다고 할 사람은 없다.

우리 강좌에 참석했던 사람 중에서 몬태나 주의 빌링스에서 닷지 Dodge 자동차 영업을 하는 해롤드 라인케는 손님을 상대하면서 이런

방식을 사용했다. 자동차 영업 일의 압박감이 상당하기 때문에 해롤
드는 종종 고객이 불만을 호소하면 냉정하고 냉담한 반응을 보이곤
했다. 그러면 이성을 잃고 일이라는 것도 잊어버린 채 악감정으로 말
다툼만 했다.

그는 우리 강좌에 참석해서 이렇게 말했다.

"이렇게 해서는 아무런 실익이 없겠다는 생각이 든 저는 새로운 방법
을 시도했습니다. 무조건 이렇게 말하는 겁니다. '저희 대리점에서 실
수가 잦아서 정말 면목이 없었던 적이 많습니다. 고객님의 경우에도 저
희 실수일 수 있습니다. 어디 한번 말씀해보시죠.' 이런 접근 방법은 상
대의 노여움을 잠재워주었습니다. 고객은 감정을 모두 발산하고 나서
마음을 진정하게 되었고, 그러면 일을 해결할 때 훨씬 합리적으로 나왔
습니다. 사실 몇몇 고객 분은 제가 이해심을 발휘해준 것에 대해 감사
하기까지 했습니다. 그중에서 두 분은 친구를 저희 대리점으로 데리고
와서 자동차를 팔아주시기도 했습니다. 경쟁이 치열한 자동차 시장에
서 이런 고객은 많을수록 좋습니다. 그래서 저는 고객의 의견을 존중한
다는 점을 보여주고 외교적 수완을 발휘하여 고객에게 공손하게 대하
면 경쟁자를 물리치는 데 도움이 될 것이라 생각합니다."

내 말이 틀렸을 수도 있다고 고백해도 걱정할 만한 일은 절대로 일어
나지 않는다. 오히려 모든 논쟁이 사라지고, 의견을 달리한 상대는 나
와 마찬가지로 공정하고 개방적인 자세와 넓은 아량을 갖게 된다. 자
신 역시도 틀릴 수 있다고 고백하고 싶어 한다.

어떤 사람의 말이 틀렸다는 걸 확실히 알아서 곧이곧대로 말해버리
면 어떤 일이 벌어질까? 실례를 들어보자.

뉴욕에서 일하는 한 젊은 변호사인 S는 미국 대법원에서 상당히 중요

한 사건의 변론을 맡게 되었다. 소송에는 거액의 돈과 중요한 법적 문제도 달려 있었다. 변론을 하는 동안 대법원 판사 중 한 명이 S에게 물었다.

"해사법(海事法) 상 공소시효가 6년이에요, 그렇죠?"

S씨는 말을 멈추고 그 판사를 잠시 쳐다본 후 퉁명스럽게 말했다.

"판사님, 해사법에는 공소시효가 없습니다."

S씨는 다음과 같이 당시의 경험을 이야기했다.

"순간 법정이 조용해졌습니다. 실내 온도가 갑자기 0도로 뚝 떨어져 버린 것 같았습니다. 제 말이 맞았죠. 판사님이 틀렸고요. 그래서 그렇다고 말했던 겁니다. 하지만 그 일로 판사는 제게 우호적이게 되었을까요? 아니었습니다. 당시 법은 제게 유리했고, 저는 그 어느 때보다 변론을 잘했습니다. 하지만 법정을 설득해내지 못했습니다. 매우 이름 있고 학식 높은 사람에게 틀렸다는 말을 불쑥 해버리는 큰 실수를 저질렀기 때문이었습니다."

사람들은 별로 논리적이지 않다. 대부분은 편견과 선입견을 가지고 있으며 자존심, 질투, 두려움, 의심, 시기, 선입관에 시달리고 있다. 대부분 사람들은 종교나 머리 모양, 좋아하는 영화배우, 이데올로기 등에 대한 자신의 생각을 바꾸려 하지 않는다. 그러니 다른 사람에게 틀렸다는 말을 자주 하는 사람이라면, 매일 아침 식사 전에 다음의 글을 읽도록 하라. 제임스 하비 로빈슨의 깨달음을 주는 책《정신의 형성 The Mind in the Making》의 일부다.

아무런 저항이나 심리적 부담 없이 마음을 바꾸게 되는 때도 있다. 하지만 틀렸다는 말을 들으면 그 비난에 분노하면서 완고해진다. 신념을 형성하는 과정에서는 믿을 수 없을 정도로 경솔한 우리지만 누군가 그 신념에 대한 내 애정을 빼앗아가겠다고 말하면 당장에 그 신념에 대한 잘못된 열정을 불사르게 된다. 그 생각 자체가 우리에게 매우 소중해서라기보다는 우리의 자존심에 위협이 되기 때문이다. '나의'라는 표현 하나가 인간사에서는 가장 중요하다. 그러니 그 점을 생각하는 것이 지혜의 시작이라 할 것이다. '나의' 저녁 식사거나 '나의' 개, '나의' 집, '나의' 아버지, '나의' 조국, '나의' 종교도 같은 위력을 가지고 있다. 우리는 차고 있는 시계의 시간이 틀렸다거나 자동차가 낡았다는 비난에만 분개하는 것이 아니라 화성의 운화를 어떻게 볼 것인가 또는 '에픽테투스Epictetus'를 어떻게 발음하느냐, 진통제인 살리신의 의학적 효능, 사르곤 1세 시대의 연도 같은 것이 틀렸다고 지적받고 정정해주는 일에도 화를 낸다. 우리는 사실이라고 생각하고 있었던 것들을 계속 믿고자 하는 경향이 있다. 우리가 생각하고 있던 것에 대해 의심받으면 흥분하면서 무슨 핑계를 찾아서라도 자기 생각을 고수하려 한다. 그래서 흔히 말하는 이성적인 논증이란 것 대부분은 기존에 믿고 있던 것을 계속 유지하기 위한 논쟁에 지나지 않는다.

저명한 심리학자 칼 로저스는 《진정한 사람 되기On Becoming a Person》에서 이렇게 기술하고 있다.

'다른 사람을 이해하려 시도하는 게 매우 중요하다는 사실을 알게 되었다. 이런 말이 이상하게 들릴지도 모르겠다. 다른 사람을 이해하려는 시도가 정말 필요할까? 나는 그럴 필요가 있다고 생각한다. 다른 사람들의 말을 들을 때 대개는 그 말을 이해하기보다는 대뜸 판단하려 하는 게 인지상정이다. 누군가 감정을 토로하거나 자신의 신념이나 태도에 대해 이야기하면, 우리는 대뜸 '그건 맞네.'라고 하거나 '그건 바보짓이네.' 또는 '말도 안 되는 소리인데.', '그건 합리적이지 못하군.',

'잘못된 이야기야.', '좋지 않군.'이라는 식으로 생각한다. 상대가 무슨 의도로 한 말인지 정확하게 이해하려는 법이 좀처럼 없다.'

한번은 실내 인테리어 장식가를 고용해서 집에 커튼을 달았던 적이 있었다. 그런데 청구서를 받은 나는 당황하고 말았다. 그로부터 며칠 후, 친구 한 명이 집에 잠시 들렀다가 커튼을 유심히 보았다. 가격을 들은 친구는 의기양양한 기색으로 크게 말했다.

"뭐? 그건 심하다. 아무래도 그 사람이 바가지를 씌운 것 같은데?"

맞는 말이었을까? 그렇다. 그 친구는 맞는 말을 했다. 하지만 자신의 판단과 직결된 문제에서 진실을 듣고자 하는 사람은 거의 없다. 그래서 인간인 나는 자기변호를 시작했다. 일단 최상의 품질이 결국에는 가장 저렴한 물건이 된다는 점을 지적했다. 그리고 저렴한 가격으로는 이 정도 품질에 예술적인 면까지 갖춘 물건을 구할 수 없다는 등의 말을 했다.

다음 날 다른 친구 한 명이 우리집에 들렀다. 그 친구는 연신 커튼이 좋다고 감탄하며 칭찬했다. 그리고 자신도 이런 고급 물건을 집에 놓을 여유가 있었으면 좋겠다고 말했다. 그러자 나는 이전과 전혀 다른 반응을 보이게 되었다.

"음, 그게, 솔직히 말하면 나한테도 부담되는 가격이었어. 너무 비쌌어. 저걸 주문했던 걸 후회하고 있어."

우리는 잘못하거나 틀렸을 때, 자신에게는 잘 인정하는 편이다. 그리고 다정하고 요령 있게 대해주면 다른 사람에게도 순순히 잘못을 인정하기도 한다. 심지어 그렇게 인정하는 자신의 솔직함과 관대함을 자랑스럽게 여기기도 한다. 하지만 누군가 유쾌하지 못한 사실을 억지로 내 목구멍에 집어넣으려 하면 그렇게 하지 않는다.

미국 남북전쟁 당시 가장 유명했던 편집자인 호레이스 그릴리는 링컨의 정책을 맹렬하게 반대했다. 그는 논박과 비웃음, 모욕을 내용으로 하는 캠페인을 벌이면 링컨이 자신의 의견에 동의하게 될 거라 생각했다. 그리고 몇 달, 몇 년에 걸쳐서 그 신랄한 캠페인을 벌였다. 부스가 링컨을 총으로 쏘았던 날 밤에도 호레이스는 링컨 대통령을 혹독하고 신랄하게 비꼬며 인신공격에 버금가는 글을 쓰고 있었다.

신랄하게 비꼬고 공격하는 것으로 링컨이 그릴리의 의견에 동의하게 되었을까? 천만에 말씀이다. 조소와 모욕으로는 할 수 없는 일이다.

사람들을 다루고 자신을 관리하고 인품을 닦는 데 도움이 되는 최고의 조언을 원한다면, 벤자민 프랭클린의 자서전을 읽어보도록 하라. 미국 문학의 고전으로 꼽히는 그 책에는 매우 매력적인 한 인간의 삶이 담겨져 있다. 벤자민 프랭클린은 걸핏하면 논쟁을 일으켰던 자신의 고약한 버릇을 극복하고 미국 역사상 가장 유능하고 온화하며 외교적 수완이 좋은 사람이 된 방법을 책에 적어놓았다.

벤자민 프랭클린이 매사 서툴렀던 젊은 시절의 일이다. 하루는 오랫동안 알고 지내던 퀘이커 교도 친구 한 명이 그를 따로 불러내서 신랄하게 진실을 지적하며 몰아붙였던 적이 있었다.

"벤, 자네는 정말 어쩔 수 없는 친구야. 자네와 생각이 다른 사람에 대해서는 모조리 혹평만 하고 있지. 그러니 사람들이 화를 내고 불쾌해하고, 결국 아무도 자네를 좋아하지 않게 되었어. 자네 친구들은 자네와 같이 있지 않을 때가 더 좋다고 해. 자네는 너무나 아는 게 많으니 아무도 자네에게 이렇다저렇다 말을 못하지. 사실 아무도 자네에게 말할 생각을 안 하고 있어. 그렇게 해봐야 결국 불편해지기만 하고 일만 힘들어지니까. 계속 이런 식이면 자네는 지금 알고 있다는 그 알량한 지식 이상의 것을 배울 수 없게 될 걸세."

이렇게 감정을 상하게 하는 친구의 책망을 프랭클린이 받아들인 태도야말로 그의 훌륭한 점이라 하겠다. 그는 현명하고 그릇이 큰 사람이어서 친구의 말이 진실이라는 사실을 깨달을 수 있었다. 그대로 가다가는 인생에 실패하고 사람들과의 관계에서도 끔찍한 결과를 보게 될 것을 알았던 것이다. 그래서 당장에 180도 달라지기로 한다. 당장 자신의 오만하고 독선적인 면을 바꾸기 시작했다.

프랭클린은 이렇게 말했다.

"나는 다른 사람의 의견을 대놓고 반대하는 일과 나의 주장을 독단적으로 말하는 것을 그만두기로 했습니다. 또 '확실히', '의심의 여지없이' 등과 같은 고정된 의견을 나타내는 표현이나 말의 사용도 금하기로 했습니다. 대신에 나는 '제 생각에는', '제가 이해하기로는', '제 느낌에는' 등의 표현이나 '지금 당장에, 제가 보기에는'과 같은 말을 사용했습니다. 누군가 잘못된 생각을 주장할 때면 나는 단박에 반론을 하고 그의 주장의 부조리함을 즉시 증명해보이면서 쾌감을 얻고자 하는 마음을 억눌렀습니다. 그리고 다른 경우나 다른 상황에서라면 그의 말이 맞을지도 모르지만 지금 당장에는 조금 다르게 생각이 되는 것 같다는 식으로 말하기 시작했습니다. 이런 식으로 행동을 바꾸자 곧 그 효과를 볼 수 있었습니다. 사람들과의 대화가 훨씬 더 즐거워졌습니다. 최대한 겸손하고 신중하게 의견을 표명하자 사람들은 기꺼이 내 의견을 받아들이고 반대 의견은 덜 말하게 되었습니다. 또, 내가 틀렸을 때도 굴욕을 덜 당하게 되었고, 상대가 틀렸을 때 잘못한 일을 빨리 포기하고 나의 의견에 동참하도록 설득하는 일은 더 쉬워졌습니다. 처음에는 자연스러운 성향을 억지로 눌러서 이런 행동방식을 택해야 했지만, 나중에는 쉽사리 이런 식으로 행동하게 되었고 거의 습관이 되어버렸습니다. 그래서 지난 50년 동안 나의 입에서 독단적인 표현이 흘러나오는 걸 들어본 사람은 아무도 없었습니다. 이런 습관을 들인 덕에 새로운 법령을 제안하거나 법령 개정안을 내면 많은 시민들이 내 말에 귀를 기울여주는 것이란 생각을 합니다. 또 공공협의회에서 참석하면 영향력을 발휘하는 것도 그 덕인 것 같습니다. 나는 말솜씨도 없고, 강연도 시원찮게 하는 데다 정확한 단어 선택도 잘 못하고 표현력도 서투르지만 대체적으로 의견을 잘 관철시키고 있기 때문입니다."

벤자민 프랭클린이 사용한 방법을 사업에 적용하려면 어떻게 해야 할까? 두 가지 사례를 들어 설명하겠다.

노스캐롤라이나 주의 킹스 마운튼에 살고 있는 캐서린 앨레드는 실을 가공하는 공장에서 생산설비 기술자를 관리하는 일을 하고 있었다. 그녀는 우리 강좌에 참석하기 전과 후로 나누어 민감한 문제를 어떻게 다루었는지를 말해주었다.

"제가 담당하던 업무에는 기계 기사들의 작업 기준과 인센티브 시스템을 설정하고 관리하는 것이 있었습니다. 기사들이 더 많은 실을 생산하게 해서 돈을 더 벌 수 있게 해주는 일이었지요. 우리가 사용하고 있던 관리 시스템은 두어 가지 종류의 실을 방직할 때는 효과가 좋았습니다. 하지만 최근에 물품을 늘리고 12가지 이상의 실을 관리하면서 처리량도 늘었습니다. 현재의 시스템으로는 기사들의 실적에 맞는 공평한 보수 지급을 하기 어려웠지요. 생산량을 늘린 것에 대한 인센티브 지급도 어려웠습니다. 저는 시간과 상관없이 기계를 돌려서 생산한 실의 종류에 따라 기사에게 보수를 지급하는 새로운 시스템을 개발했습니다. 이 새로운 시스템이 완성된 후 저는 회의실에 들어가 경영자 측에 이 시스템의 적합성에 대해 증명할 생각을 하고 있었습니다. 기존 시스템의 문제점과 불공평한 부분을 자세히 지적하고 경영자 측에서 의문을 가질 만한 것에 답을 모두 찾아냈음을 말했습니다. 하지만 조금도 과장하지 않고 나는 완전히 실패하고 말았습니다! 새로운 시스템에 대한 내 생각을 말하느라 바빠서 경영자 측에게 기존 시스템의 문제점을 인정할 여지를 주지 않았던 것이었습니다. 그 문제는 그대로 묻히고 말았습니다. 이 강좌를 몇 차례 수강한 후에 저는 그때 어떤 실수를 했는지를 아주 잘 깨닫게 되었습니다. 저는 다시 회의를 소집하고 이번에는 경영자 측에서 생각하는 문제점을 질문했습니다. 그리고 각각의 문제에 대해 의논을 하고 나서 최선의 방법이 무엇이라고 생각하는지 물어보았습니다. 적당한 시기에 저자세로 조심스레 제안을 하면서 경영자 측에서 나의 시스템을 개발하도록 만들었습니다. 회의가 끝날 무렵 실질적인 측면에서 제 시스템은 다 소개된 거나 다름없었습니다. 경영자 측에서는 열광적으로 그 안을 수용했습니다. 저는 이제 사람들에게 틀렸다는 말을 대놓고 하면 얼마나 큰 손해를 보는지 알게 되었습니다. 그런 방식은 아무런 도움이 되지 않는다고 확신하게 되었습니다. 그런 식으로는 상대의 체면만 상하게 하고 정작 자신은 어떤 토론에서도 환영받지 못하는 신세가 될 뿐입니다."

이번에는 다른 사례를 보자. 그런데 여기서 인용하는 이런 사례들은 다른 수천 명의 경험을 대표하는 것이라는 점을 기억해주길 바란다. 크롤리는 뉴욕의 목재 회사에서 영업을 하는 사람이다. 크롤리는 완고한 목재 검사관들의 잘못을 수년 동안 지적해왔다. 그리고 늘 논쟁에서 이기기도 했다. 하지만 아무런 소용이 없었다.

"그 목재 검사관들은 야구 심판들 같아요. 일단 결정을 내리면 절대로 번복하는 법이 없었죠."

크롤리는 말했다.

크롤리는 논쟁에서 이겨도 회사는 수천 달러를 잃고 있다는 사실을 깨달았다. 그래서 우리 강좌를 듣는 동안 전술을 바꾸어서 논쟁을 벌이지 않기로 했다. 그 결과는? 우리 강좌에 참석해서 들려준 크롤리의 이야기를 옮겨보자.

"어느 날 아침, 사무실 전화가 울렸습니다. 수화기 너머에서 웬 흥분한 남자가 짜증스러운 목소리로 말하기를 우리가 그의 공장에 배편으로 보낸 목재 한 트럭분이 모두 불만족스럽다고 알려왔습니다. 그의 회사에서는 목재를 부리는 것을 멈춘 상태라면서 우리보고 당장 자신들의 공장 마당에 있는 목재를 치우도록 조치를 취해달라고 요청해 왔습니다. 트럭에 실린 목재 중 4분의 1을 부려서 검사를 했는데 목재 검사관이 그중 55퍼센트가 표준 이하 등급이라고 말했다고 했습니다. 그런 상황이니 그쪽에서 목재를 쓰지 않겠다고 하는 건 당연했습니다. 저는 당장 그 공장으로 출발하면서 이 상황을 처리할 수 있는 최선의 방법을 찾고 있었습니다. 평소에 이런 상황이었다면 등급 규칙을 인용해 말하고, 목재 검사관으로서 일했던 내 경험과 지식을 총동원해서 다른 검사관에게 그 목재는 사실 표준 이상의 등급이란 걸 납득시키고, 그 검사관이 등급 규칙을 잘못 해석했다는 걸 깨닫게 해주었을 겁니다. 하지만 그때는 여기서 훈련받았던 원칙들을 적용해보기로 생각했습니다. 공장에 도착해보니, 구매 담당자와 목재 검사관이 험악한 분위기를 연출하고 있었습니다. 한바탕 말다툼이 붙을 태세였죠. 우리는 목재를 부리고 있는 트럭이 있는 곳으로 걸어갔습니다. 저는 어떻게 된 일인지 알 수 있게 목재를 계속 부려달라고 요청을 했습니다.

검사관에게 이전에 하던 대로 불합격품을 펼쳐놓고 좋은 목재들은 다른 쪽에 쌓아놓아 달라고 요청했습니다. 한참 동안 그 검사관이 일하는 것을 지켜보던 저는 그가 등급 규칙을 잘못 이해한 채로 지나치게 엄격하게 검사를 하고 있다는 사실을 알아냈습니다. 그 목재는 백송이었습니다. 그 검사관은 단단한 경목에는 정통한 사람이었지만 백송에 대한 검사를 할 역량이 부족하고 경험도 없었습니다. 백송이라면 제가 아주 잘 알고 있었습니다. 하지만 그 검사관이 목재의 등급을 매기는 방법에 반기를 들어야 했을까요? 절대로 안 되죠. 저는 계속 검사관이 일하는 것을 지켜보다가 서서히 목재가 만족스럽지 못한 이유를 물어보기 시작했습니다. 저는 단 한 순간도 그 검사관이 틀렸다는 내색을 하지 않았습니다. 그저 다음에 그 회사에서 원하는 목재를 공급하기 위해 필요해서 하는 질문이라는 점을 강조했습니다. 매우 호의적이고 협조적인 태도로 질문을 하면서 기준에 적합하지 않은 목재를 가려내는 일이야말로 정당하다고 계속 말했던 것이 효과를 발휘해서 검사관의 태도가 누그러지기 시작했습니다. 검사관과 저 사이에 있던 팽팽한 긴장감은 서서히 풀려서 완전히 녹아 없어졌습니다. 이따금씩 신중하게 내 입장을 전했더니 검사관은 퇴짜를 놓았던 목재 중에는 실제 자신들이 구매했던 등급이 맞다는 생각을 하는 것 같았습니다. 그리고 자신들이 필요한 목재는 더 값비싼 것이라는 사실도 깨달은 것 같았습니다. 하지만 나는 절대로 그것을 문제 삼지 않으려 주의를 기울였습니다. 서서히 검사관의 태도가 달라지기 시작했습니다. 그리고 마침내 자신은 백송을 다뤄본 경험이 별로 없다고 솔직하게 말하고 목재를 내려놓을 때마다 저에게 질문을 하기 시작했습니다. 저는 그 목재가 표준 등급 이상인 이유를 설명했지만 그 공장에서 원하는 목재가 아니라면 받아들이지 않아도 된다는 점을 누차 강조했습니다. 마침내 검사관은 목재를 불합격 처리하면서 죄책감을 가지게 되었습니다. 그리고 애당초 필요한 등급의 목재를 구체적으로 설명하지 않은 자신들의 실수를 깨달았습니다. 결국, 제가 떠난 뒤 그 검사관은 목재를 다시 검사하고 모두 사기로 했습니다. 그래서 저희는 목재 대금을 수표로 받았습니다. 상대에게 틀렸다고 지적하지 않으려고 마음을 먹고 약간의 작전을 세운 걸로 그때 우리 회사는 상당한 액수의 현금을 벌 수 있었습니다. 하지만 이 일로 단골에게 호의를 산 일은 돈의 가치를 뛰어넘는 것이었습니다."

마틴 루터 킹은 평화주의자이면서 어떻게 공군인 대니얼 '채피(사나이)' 제임스 장군을 존경할 수 있느냐는 질문을 받은 적이 있었다. 대니얼은 당시 미국 최고위층 흑인 장교였다. 킹 박사는 다음과 같이 대답했다.

"나는 사람들을 판단할 때 나의 규범이 아닌 그 사람의 규범에서 봅니다."

이와 비슷하게 로버트 리 장군은 남부 연방의 대통령인 제퍼슨 데이비스에게 자신의 휘하에 있는 한 장교에 대해 격찬을 했던 적이 있었다. 당시에 동석하고 있던 다른 장교는 깜짝 놀라며 말했다.

"장군님, 지금 그렇게 칭찬하시는 장교가 틈만 나면 장군님을 헐뜯고 비방하면서 장군님을 철천지원수로 생각하는 사람이란 걸 모르십니까?"

"알고 있네."

리 장군은 말했다.

"하지만 대통령은 그에 대한 내 생각을 물어보았지, 나에 대한 그 장교의 생각을 물어보지 않았다네."

예수님이 태어나기 2,200년 전에 이집트의 아크토이 왕은 아들에게 통찰력 넘치는 조언을 준 바 있다. 그 조언은 오늘날에도 여전히 유효하다.

"외교적 수완을 발휘하라. 그러면 목적을 달성할 수 있을 것이다."

다시 말하자면 고객이나 배우자, 그리고 나에게 반대하는 사람과 말다툼을 벌이지 말라는 것이다. 사람들에게 틀렸다고 말하지 말고, 악감정을 사지 말자. 약간의 외교적 수완을 발휘하자.

> **제2원칙**
>
> 상대의 의견을 존중한다는 걸 보여줘라. 그리고 "당신이 틀렸소."라는 말은 절대로 하지 마라.

Chapter 3

틀렸다면 솔직하게
인정하라

우리집에서 1분 정도 걸어가면 야생 그대로의 원시림이 뻗어 있는 곳이 있다. 봄이면 그곳에 블랙베리 덤불이 하얗게 거품처럼 피어난 다. 다람쥐가 보금자리를 짓고 새끼를 키우고 쥐꼬리망초는 말의 머리 높이만큼 크게 자란다. 자연 그대로의 모습을 간직한 이 숲의 이름은 포레스트 파크Forest Park다. 크리스토퍼 콜럼버스가 미국 대륙을 처음으로 발견했을 당시의 모습에서 크게 달라지지 않은 것 같은 곳이다. 나는 종종 그 공원을 우리집에서 기르는 보스턴 불독, 렉스와 함께 산책하곤 한다. 렉스는 다정하고 천진한 작은 사냥개였고, 공원에서 다른 사람을 만나는 일이 거의 없었기 때문에 나는 가죽 끈이나 재갈을 사용하지 않고 데리고 다녔다.

그러다가 하루는 공원에서 말을 탄 경찰과 마주쳤다. 경찰은 자신의 권위를 드러내고 싶어 좀이 쑤시는 모양이었다.

"목줄을 하지 않고 공원에서 개를 마음껏 돌아다니게 하다니 무슨 생각으로 이러신 겁니까?"

경찰은 나를 질책했다.

"이런 게 불법이란 걸 알고 계시죠?"

"예, 알고 있습니다."

나는 힘없이 대답했다.

"하지만 여기서 해가 될 일이 있을 거란 생각을 하지 못했습니다."

"생각을 못하셨다고요! 생각을 못했다! 법은 댁이 무슨 생각을 하는지 조금도 개의치 않습니다. 그 개는 다람쥐를 죽일 수도 있고, 어린아이를 물 수도 있습니다. 이번에는 그냥 훈방 조치하겠습니다만, 다시 여기서 저 개가 목줄 없이 돌아다니는 걸 보게 되면 그때는 판사님 앞에서 사정 이야기를 하게 될 겁니다."

나는 순순히 법을 준수하겠다고 약속했다.

그리고 그렇게 했다. 몇 번은. 하지만 렉스는 목줄을 좋아하지 않고 그건 나도 마찬가지였다. 그래서 우리는 요행수를 바래 보기로 했다. 한동안은 모든 것이 좋았다. 그러다가 우리는 뜻밖의 장해에 부딪혔다. 어느 날 오후 렉스와 나는 언덕의 꼭대기를 달려가다가 그곳에서 느닷없이, 놀랍게도, 말 위에 걸터앉아 있는 법의 수호자를 보게 되었다. 렉스는 앞으로 불쑥 튀어나와 그 경찰관이 있는 곳을 향해 달려갔다.

골치 아픈 상황이었다. 어쩔 수 없는 지경이었다. 그래서 나는 경찰관이 말을 시작하기를 기다리지 않고 경찰관을 앞질러 먼저 말했다.

"경관님, 현행범으로 들켜버렸네요. 제가 잘못했습니다. 알리바이를 댈 수도 없고, 변명의 여지도 없습니다. 지난주에 목줄 없이 이 개를 이곳에 데리고 오면 벌금을 부과하겠다고 경고하셨죠."

"뭐, 그렇게 작은 개니 아무도 없을 때는 이런 곳에서 마음껏 달리게 해보고 싶은 유혹에 빠질 수도 있지요."

경찰관이 부드러운 어조로 대꾸했다.

"네, 정말 유혹이 있습니다. 하지만 그래도 불법은 불법이죠."

나는 대답했다.

"뭐, 그렇게 작은 개가 다른 사람에게 해를 입힐 일은 없을 것 같군요."

경찰관은 내 의견에 동의하지 않았다.

"그렇죠. 하지만 다람쥐는 죽일 수도 있습니다."

내가 말했다.

"음, 이제는 이 일을 아주 심각하게 받아들이고 계시는 것 같군요."

이어서 경찰관이 말했다.

"이렇게 하시지요. 제가 볼 수 없는 저 언덕 너머에서만 개를 마음대로 뛰어다니게 하십시오. 그러면 저희는 다 잊어버리기로 하겠습니다."

그 경찰관은 인간이었기에 존중받는다는 느낌을 원하고 있었다. 그래서 내가 스스로 비난하기 시작하자 그의 자부심을 키울 수 있는 유일한 방법은 자비를 베푸는 도량이 큰 모습을 보여주는 것뿐이었다.

하지만 내가 변명을 하려 했다면 어땠을까? 혹시 경찰관과 말다툼을 해본 적이 있다면, 그 결과는 다들 짐작할 수 있을 것이다.

하지만 그 경찰관과 논쟁을 벌이는 대신 나는 그의 말이 전적으로 맞고 내가 전적으로 틀렸다고 인정했다. 그것도 빨리, 솔직하게, 아주 열심히 잘못을 인정했다. 그 사건은 결국 그 경찰관은 내 편을 들고, 나는 경찰관 편을 드는 것으로 마무리되었다. 체스터필드 경도 그 말 위에 탄 경찰관만큼 관대하기가 어려웠을 것이다. 일주일 전만 해도 나에게 법대로 하겠다고 협박했던 경찰관이지만 말이다.

이왕에 비난받을 거라면, 상대를 이겨 버리고 내가 비난하는 편이 더 낫지 않겠느냐고? 글쎄, 다른 사람의 입에서 나오는 비난을 듣느니 자아비판에 귀를 기울이는 편이 훨씬 더 쉽지 않겠는가?

상대가 말하려고 하거나 말하고 싶어 할 것 같은 온갖 경멸과 비난을 선수 쳐서 자신에게 모두 쏟아부어라. 십중팔구 상대는 관대하게 용서해주는 태도를 취하면서 그 말 탄 경관이 나와 렉스를 위해 해주었듯이 실수를 최소화해줄 것이다.

상업미술을 하는 페르디난드 워렌은 이 기술을 이용해서 화 잘내고 잔소리 많은 구매자의 선의를 얻어낸 적이 있었다.

"상업 광고나 출판 목적의 그림은 아주 정확하고 꼼꼼하게 작업하는 게 중요합니다. 미술감독 중에는 자신들이 주장한 것을 즉시 집행해달라고 하는 사람이 있습니다. 이런 경우에는 사소한 실수가 생기기 쉽습니다. 내가 아는 미술 감독 중에 소소한 것에 트집 잡기를 좋아하는 사람이 있습니다. 그의 사무실에 갔다가 나올 때면 넌더리를 내게 되지요. 그의 비판 때문이 아니라 공격하는 방식 때문입니다. 최근에 급하게 작업을 해서 이 디렉터에게 가져다주어야 할 일이 있었습니다. 그는 전화를 걸어와 당장 자기 사무실로 오라고 하더군요. 뭔가가 잘못되었다는 겁니다. 사무실에 도착해보니 역시나 예상하고 염려했던 상황이 이어졌습니다. 그는 비난을 퍼부을 기회를 잡아 고소해하면서 적대적인 태도를 보였습니다. 그는 내가 일을 처리한 방식을 두고 미주알고주알 열을 내며 따졌습니다. 드디어 제가 공부해왔던 자기 비난의 방법을 적용할 기회가 온 것이지요. 그래서 저는 말했습니다. '아무개 씨, 지금 하시는 말씀이 다 맞다면 제게 잘못이 있는 것이고, 그런 큰 실수를 했다면 더 이상 변명의 여지도 없을 것 같습니다. 그렇게 오랫동안 작업을 해왔는데 알아서 하지 못했네요. 정말 부끄럽습니다.' 그러자 즉시 상대는 제 변호를 해주기 시작했습니다. '그래요, 맞는 말 하셨어요. 하지만 뭐 이게 그렇게 심각한 일은 아니니까요. 그저…….' 저는 그의 말을 가로막고 이렇게 말했습니다. '어떤 실수라도 처리하는 데 비용이 발생하고 귀찮은 일이 되지요.' 그 미술 감독은 제 말을 막고 뭐라 말하려 했지만, 그렇게 하도록 내버려 두지 않았습니다. 저는 매우 유쾌한 시간을 보내고 있었습니다. 생애 처음으로 저 자신에게 책임을 물어 책망하고 있었는데, 정말 좋았습니다. 저는 계속 말을 이어갔습니다. '좀 더 주의했어야 했는데 그렇게 하지 못했습니다. 저한테 일감도 많이 주셨는데 최상의 작품을 당연히 기대하셨겠죠. 이 그림은 당장 다시 작업하겠습니다.' '아니! 아니에요!' 미술 감독은 반대했습니다. '그렇게까지 수고하실 필요는 없을 것 같습니다.' 그는 제 작품이 좋다고 말하면서 약간만 수정해주면 된다고 했습니다. 그런 정도의 사소한 실수로는 자기 회사에서 처리 비용이 발생하지도 않는다고 했습니다. 결국, 별로 걱정하지 않아도 되는 사소한 문제였던 것입니다. 열심히 자책을 했더니 상대는 싸울 생각을 못하더군요. 결국 그 미술 감독은 저에게 점심식사를 대접해주기까지 했습니다. 그리고 헤어지기 전에 그림 값을 지불하고 또 다른 일감을 주었습니다."

실수를 인정하는 용기를 내면 어느 정도의 만족감도 경험할 수가 있다. 죄책감이나 자기변호를 하고 싶다는 생각을 없애줄 뿐만 아니라 실수로 인해 발생한 문제를 해결하는 데도 도움이 된다.

뉴멕시코의 알부케르케에 사는 부르스 하비는 병가를 낸 직원에게 봉급 전액을 지불하도록 잘못 지시를 내렸다. 자신의 실수를 알아차리고 해당 직원에게 관련 사항을 알리고 실수를 정정하기 위해 다음 달 봉급에서 과잉지급된 부분을 차감하고 지급하겠다고 설명했다. 그 직원은 그렇게 되면 심각한 재정 문제가 생길 수 있다고 호소했다. 그 돈을 시간을 두고 천천히 되갚으면 안 되겠느냐고 간청했다. 하비는 그렇게 하기 위해서는 상사의 허가를 받아야 한다고 설명했다. 하비는 다음과 같이 말했다.

"그런데 이런 종류의 일에 상사들은 늘 폭발합니다. 이 상황을 더 좋게 해결하기 위한 방법이 무엇이 있을까 고심하던 중에 저는 모든 것이 제 잘못이니 상사에게 솔직하게 고백하는 편이 좋겠다는 생각을 했습니다. 그래서 상사의 사무실로 걸어 들어가 제가 실수를 했다고 말했습니다. 그리고 사건의 전말을 모두 보고했습니다. 상사는 인사부의 잘못이라고 불같이 화를 냈습니다. 저는 제 잘못이라고 되풀이해 말했습니다. 그랬더니 이번에는 회계부에서 주의 깊게 계산하지 못했다며 화를 냈습니다. 저는 다시 한 번 제 잘못이라고 설명했습니다. 그러자 상사는 저와 사무실을 같이 쓰는 다른 두 사람을 탓했습니다. 하지만 그때마다 제 잘못이라고 반복해 말했습니다. 마침내 상사는 제 얼굴을 쳐다보며 말했습니다. '좋아, 자네 잘못이군. 그럼 당장 바로잡도록 하게.' 실수는 정정되었고 아무도 곤란해지는 사람은 없었습니다. 저는 그렇게 긴장되는 상황을 잘 감당하고 핑계를 찾지 않는 용기를 가졌다는 사실에 기분이 좋았습니다. 제 상사는 그 일이 있은 후, 저를 더욱 배려해주었습니다."

자신의 잘못을 두고 변명을 하는 건 바보나 할 일이다. 사실 바보들은 대개 그렇게 한다. 하지만 실수를 인정하면 한 수 위의 사람이 된 것 같고 고결한 사람이 된 것 같아 기분이 좋아진다. 로버트 리에 대해 역사에 기록된 것 중 가장 아름다운 일은 그가 게티스버그에서 부하인 조지 피케트 장군이 작전에서 실패한 일을 자신의 잘못으로 돌리고 자책했다는 사실이다.

피케트 장군의 작전은 서구 전쟁사에서 유례를 찾아보기 힘들 만큼 가장 화려하고 겉보기에 근사한 공격이었다. 피케트 장군 본인도 그림처럼 아름다운 모습을 하고 있었다. 장군의 적갈색 머리는 어찌나 긴지 어깨에 거의 닿을 듯 했다. 이탈리아 전선의 나폴레옹처럼 그는 전장에서 매일 열렬한 연애편지를 쓰는 멋진 사람이었다. 그 비극적인 7월의 어느 날 오후, 피케트 장군은 말에 올라 북부 연합군을 향해 의기양양하게 진격할 때도 그의 충성스러운 부대는 환호성을 질렀다. 장군은 군모를 오른쪽 귓가로 비스듬히 눌러 썼다. 부하들은 환호성을 울리며 그를 뒤따랐다. 군사들은 어깨를 나란히 하고 앞 다투어 진격했고, 군기는 펄럭이고 총검은 태양 빛에 번쩍였다. 장관이었다. 북부 연합군도 그 장면을 보고 감탄을 하는 지경이었다.

피케트 장군의 군대는 순조롭게 진격해나갔다. 과수원과 옥수수밭을 지나고 초원을 가로지른 다음 계곡을 건넜다. 그러는 내내 적군의 대포가 군대의 행렬을 갈랐지만 단호한 진격을 막아낼 수는 없었다.

그러다가 느닷없이 북군의 보병이 묘지 능선의 돌담 뒤에서 모습을 드러냈다. 잠복해 있던 적군은 돌진하는 피케트 장군의 군사들에게 일제히 사격을 해댔다. 야산 등성이는 화염에 휩싸이며 아수라장이 되어 불을 내뿜는 화산처럼 보였다. 몇 분이 지나기도 전에 피케트 부대의 여단장 중 한 명을 제외한 전원이 진압당했고, 5,000명의 군사 중 대부분이 전장에서 죽어갔다. 진퇴유곡의 입장에 빠진 루이스 아미스테드 장군은 남은 부대원을 이끌고 진격해서 돌담을 뛰어넘어 검 끝에 모자를 걸고 흔들면서 소리쳤다.

"저들에게 총검의 위력을 보여주자!"

부하들은 그렇게 했다. 돌담 위로 뛰어올라 적을 총검으로 찌르고 두꺼운 머스킷 총으로 적의 두개골을 으깨어 버렸다. 그리고 남군의 깃발을 능선에 꽂았다. 하지만 군기가 펄럭이는 것도 잠시뿐이었다. 그 짧디짧은 순간은 아메리카 남부 연합군의 절정으로 역사에 기록되었다.

피케트 장군의 작전은 영웅적이며 화려했지만 그럼에도 불구하고 종말의 시작을 알리고 있었다. 리 장군은 실패했다. 그는 북군의 방어선을 뚫지 못했다. 그도 그 사실을 알고 있었다.

남군의 운은 다 했던 것이다.

리 장군은 너무나 큰 충격을 받았고, 큰 실의에 잠겨서 사퇴서를 내고 당시 남부 연합의 대통령인 제퍼슨 데이비슨에게 '보다 젊고 능력 있는' 장교를 임명할 것을 요청했다. 리 장군은 원한다면 피케트 장군 돌격 작전의 비참한 실패를 다른 사람의 탓으로 돌릴 수도 있었다. 수십여 개의 변명거리가 있었다. 그의 부하 장교들이 명령을 제대로 수행하지 않기도 했다. 기병대는 제때 도착해서 보병의 공격을 뒷받침해 주지도 못했다. 이것저것 온통 잘못된 일투성이였다.

하지만 리 장군은 당당하고 기품이 있는 사람이어서 다른 이를 비난하거나 탓할 수 없었다. 피케트 장군의 피로 얼룩진 패전 부대는 사력을 다해 남부군 전선으로 귀환했고, 리 장군은 친히 말을 타고 배웅을 나가 솔직한 자책으로 그들을 맞이했다.

"이 모든 것이 내 잘못이다."

장군은 고백했다.

"이 패전은 전적으로 내 몫이다."

역사상 이렇게 패전을 인정하는 용기와 자질을 갖춘 장군은 드물었다.

홍콩에서 우리 강좌를 맡아 진행하고 있는 마이클 청은 중국 문화권에서 흔히 발생하는 문제에 이 원칙을 이용하면 과거의 전통을 유지하는 것보다 더 많은 이득을 볼 수 있다는 사실을 깨달았던 사연을 이야기해주었다. 그의 강좌에 참석한 사람 중에는 몇 년 동안 아들과 소원하게 지내온 중년의 남자가 있었다. 그는 아편중독이었는데 현재는 완전히 벗어났다고 했다. 중국 전통에 의하면 나이가 있는 사람이 먼저 나서는 법은 없었다. 아버지는 화해를 청하는 일이 전적으로 아들의 몫이라고만 생각하고 있었다. 강좌 초반에 그는 손주를 한 번도 만나보지 못했다는 이야기와 함께 아들과 다시 만나고 싶은 마음이 간절하다고 털어놓았다. 같이 강좌를 듣는 사람들 모두 중국인이었기 때문에 아들을 만나고 싶어 하는 그의 마음과 전통적으로 지켜온 관습 사이에서 갈등하는 그의 어려움을 다 이해해주었다. 아버지는 젊은 사람들이 나이 든 사람을 존경해야 하니 아들을 보고 싶은 마음을 참는 것이 옳다고 생각하고 그저 아들이 오기만 기다리고 있었다.

강좌가 끝나갈 무렵 그 아버지는 다시 사람들 앞에서 이야기를 했다.

"저는 이 문제에 대해 곰곰이 생각을 해봤습니다. 데일 카네기는 '틀렸다면 재빨리 그리고 철저하게 그 사실을 인정하라.'고 말했습니다. 재빨리 인정하기는 이미 시간이 지나서 어렵겠지만, 철저하게 인정하는 일은 할 수가 있을 것 같습니다. 제가 아들을 부당하게 대하고 있었던 겁니다. 아들이 저를 보러 오고 싶어 하지 않고, 인생에서 지워버리고자 했던 건 당연한 일입니다. 나이 어린 사람에게 용서를 구하면 체면이 깎이겠지만, 제가 잘못한 일이니 그 사실을 인정하고 고백할 책임도 제게 있습니다."

강좌에 참석한 사람들은 박수를 쳐주고 그의 생각을 적극 지지해주었다. 다음 번 강좌에서 그는 아들의 집으로 찾아가 용서를 구하고 화해를 해서 이제 아들과 며느리, 손주를 만나게 되었고 새로운 관계를 시작하게 되었다는 이야기를 들려주었다.

미국을 흔들어놓은 독창적인 작가인 엘버트 허버드는 통렬한 문장 하나로 사람들을 격분하게 하는 재주가 있었다. 하지만 허버드는 적대적이었던 사람을 친구로 만드는 사람 다루는 재주도 있었다.

가령 짜증이 난 독자가 그의 글에서 이런저런 점에 동의하지 못하겠다는 편지를 보내서 허버드에게 안 좋은 소리를 하면 그는 이런 답장을 보내곤 했다.

'다시 잘 생각해보니 저도 제 글에 다 동의할 수 없네요. 어제 제가 썼던 모든 게 오늘 보니 매력적이지 않습니다. 그 주제와 관련해서 어떤 생각을 갖고 계신지 알려주셔서 감사합니다. 다음에 저희 집 근처에 오실 일이 생기면 꼭 한 번 찾아와주셔서 함께 이 주제를 두고 끝까지 파헤쳐 봐 주시면 좋겠습니다. 여기 수마일 떨어진 곳에서 악수를 청하며 기다리고 있겠습니다.

안녕히 계십시오.'

이렇게 나오는 사람에게 뭐라 말할 수 있겠는가?

아무리 맞는 말을 하고 있다고 해도 우리가 생각하는 대로 사람을 이끌려면 요령 있고 다정하게 해야만 한다. 또, 틀렸을 때는 (그런데 솔직하게 생각해보면 이런 경우가 놀랍도록 더 많다.) 우리의 실수를 재빨리, 그리고 철저하게 인정하라. 그렇게 하면 놀라운 결과를 맞이하게 될 뿐만 아니라 믿어지지 않겠지만 자신을 변호하려 애쓰는 것보다 훨씬 더 재미있는 상황을 보게 될 것이다.

오래된 격언 하나를 떠올려 보자.

'싸우는 것으로는 절대로 많은 것을 얻을 수 없다. 하지만 양보하면 생각보다 더 많은 것을 얻게 된다.'

제3원칙

틀렸다면 재빨리 그리고 철저하게 인정하라.

Chapter 4

꿀 한 방울로
더 많은 파리를 잡는다

부아가 치밀어 올라서 싫은 소리를 한두 마디 하게 되면 감정은 좀 풀릴지 모른다. 하지만 상대는 어떨까? 그도 성질을 낸 내가 느낀 쾌감을 느낄까? 불친절하고 공격적인 태도를 보이면 상대가 내 생각에 동의할까?

"두 주먹을 꽉 쥐고 나에게 온다면, 나 역시 댁 못지않게 빨리 두 주먹을 움켜쥐게 되리라고 장담한다. 하지만 '여기 좀 앉아서 함께 이야기를 좀 해봅시다. 우리 의견이 서로 다르다면 왜 다른지 이유를 이해해보고, 문제가 되는 게 무엇인지 알아봅시다.'라고 말하면서 다가온다면 우리는 곧 서로의 의견이 그리 많이 다르지 않고, 이견보다는 동의할 수 있는 점이 상당히 많다는 사실을 발견하게 될 겁니다. 인내심과 솔직함, 그리고 함께하겠다는 생각만 있다면 우리는 함께할 수 있습니다."

우드로우 윌슨의 말이다.

우드로우 윌슨의 말에 담긴 진실을 그 누구보다 잘 이해한 사람은 존 록펠러 주니어였다. 1951년 당시 록펠러는 콜로라도 주에서 가장 심하게 욕을 먹는 사람이 되어 있었다. 미국 산업 역사상 가장 심각한 노동 쟁의가 2년째 이어지고 있어서 온 주를 발칵 뒤집어놓고 있었다. 호전적인 광부들은 격노하여 콜로라도 석유와 철강 회사에 높은 임금을 요구하고 있었다. 록펠러는 그 회사의 소유권을 보유하고 있었다. 결국, 기업의 건물이 파괴되어 정부에 군대를 요청했다. 유혈사태가 벌어졌고, 파업을 하던 노동자들은 총에 맞아 벌집이 되었다.

그렇게 증오가 극에 달해 요동치던 시기에 록펠러는 자신의 방식대로 노동자들을 설득하려 했다. 그리고 그렇게 해냈다. 어떻게 그럴 수 있었느냐고? 그 이야기를 해보자.

몇 주에 걸쳐 파업을 이끈 노동자 대표들과 우호적인 관계를 만든 후 록펠러는 그들을 모아놓고 일장 연설을 했다. 명연설이었다. 그리고 그 연설은 놀라운 결과를 낳았다. 록펠러를 삼켜버릴 듯한 기세로 타오르던 증오의 불길을 당장에 잠재웠던 것이다. 심지어 록펠러를 존경하는 사람들도 생겨났다. 노동자들이 어찌나 우호적으로 변했는지 그렇게 강력하게 원하던 임금 인상에 대해서 더 이상 아무 말도 하지 않고 파업을 그만두고 일터로 돌아가 버렸다.

그 명연설의 시작 부분을 다음 문단에서 소개하겠다. 매우 친근하고 다정한 글이라는 사실에 주목해주길 바란다. 며칠 전까지만 해도 사과나무 꼭대기에 록펠러의 목을 매달아버리겠노라고 벼르던 사람들을 앞에 두고 했던 연설이란 점을 떠올려 보자. 하지만 그의 연설은 그지없이 다정하고 관대해서 마치 의료 선교사들을 앞에 두고 하는 연설 같았다.

'이곳에 서 있게 된 것을 자랑스럽게 여긴다'거나, '집에 찾아갔다'거나 자녀와 아내를 만났던 일 그리고 '낯선 이방인이 아니라는 말'과 '상호간의 우정이나 공통 관심사'라는 표현 그리고 '친구'로서 이렇게 다시 만나게 되어 뿌듯하다는 등의 표현이 넘쳐나는 연설을 했다. 록펠러가 그 자리에 있게 된 것은 전적으로 노동자들의 '관대함의 덕'이라고 말했다.

그의 연설문의 시작은 다음과 같았다.

'오늘은 제 인생에서 길이 남을 기념일입니다. 이 훌륭한 회사의 직원을 대표하시는 분들과 임원, 관리인들을 한자리에서 만나는 행운을 처음으로 누린 날이니까요. 이곳에 서 있게 되어 정말 자랑스럽다는 사실과 이 모임을 앞으로 사는 내내 기억할 것이란 점을 장담합니다. 이 모임이 오래 전에 열렸다면 저는 여러분에게 낯선 이방인으로 여기서서 안면이 있는 분도 거의 없는 상태로 있었을 겁니다. 하지만 지난 주에 남부 석탄 지대를 방문해 멀리 계신 몇 분을 제외하고는 대부분의 대표 분들과 직접 이야기를 나눌 기회를 가졌습니다. 댁에도 방문해서 아내와 자녀분들을 직접 만나기도 했으니 이제 우리는 낯선 사람이 아닌 친구로 여기에서 만나게 된 겁니다. 우리의 공통 관심사에 대해 의논할 기회를 가지게 된 것을 정말 기쁘게 생각하는 것은 상호간의 우정을 바탕으로 하고 있기 때문입니다. 회사의 임원진들과 직원 대표 분들의 회의에 제가 참석하게 된 것은 모두 여러분의 관대함 덕입니다. 저는 임원진도, 또 이곳의 직원도 되는 행운을 누리지 못한 사람이기 때문입니다. 그렇지만 저는 어떤 면에서 여러분과 매우 긴밀하게 연관되어 있다고 생각합니다. 제가 주주와 중역을 대표하고 있기 때문입니다.'

적을 친구로 만드는 고도의 기술을 보여주는 최고의 사례라 할 수 있다.

록펠러가 다른 방법을 사용했다면 어땠을까? 광부들과 언쟁을 벌이고 그들의 면전에 대고 혹독하게 사실관계를 쏘아붙였다면? 은근히 광부들이 틀렸다는 암시를 했다면? 모든 논리를 동원해 광부들이 틀렸다는 사실을 증명했다면? 그렇게 했다면 어떻게 되었을까? 광부들은 더 크게 분노하고 더 큰 증오심이 생겨서 파업은 더욱 격한 양상을 띠게 되었을 것이다.

"나와 생각을 달리하면서 좋지 않은 감정을 품고 있는 사람이 있다면 전 세계의 모든 논리로도 그를 내 생각에 동조하게 만들 수 없다. 나무라는 부모님이나 위압적인 상사와 남편 그리고 잔소리하는 부인들은 사람들이 생각을 바꾸고 싶어 하지 않는다는 사실을 깨달아야 한다. 사람들을 억지로 우리 의견에 동의하게 할 수 없다. 하지만 다정하고 친절하게 대하는 걸로 상대가 다정하고 친절하게 나오도록 유도할 수는 있다."

링컨은 100년 전에 이렇게 말했다. 여기 그의 말을 더 들어보자.

"'쓸개즙 한 드럼보다 꿀 한 방울로 더 많은 파리를 잡을 수 있다'는 오래된 금언은 진리다. 그러니 사람의 마음을 얻고 싶다면, 먼저 그에게 내가 진실한 친구라는 사실을 확인시켜 줘야 한다. 그것이 바로 상대의 마음을 잡을 수 있는 꿀 한 방울이다. 뭐니뭐니해도 그 꿀 한 방울이야말로 상대의 이성에 호소하는 왕도다."

사업을 하는 사람들은 파업을 하는 노동자들에게 친절히 대하는 편이 좋다는 걸 알고 있다. 화이트 모터 회사의 공장에서 2,500명의 근로자가 임금 인상안과 노동조합 가입에 관한 협정을 두고 파업을 했던 적이 있었다. 당시 회사 대표였던 로버트 블랙은 이성을 잃지 않고 파업을 벌이는 사람들을 협박하거나 비난하지 않았으며, 공산주의나 횡포 운운하지도 않았다. 오히려 파업을 하는 사람들을 칭찬했다. 그는 틀레버랜드 신문사에 광고를 실어서 '공구를 평화롭게 내려놓은 그들'을 칭송했다. 시위 참가자들이 지루해하는 걸 보고는 야구 방망이와 글로브를 마련해서 공터에서 야구를 하도록 초대했다. 볼링을 좋아하는 사람들에게는 볼링장을 대여해주기도 했다.

블랙이 보인 이런 호의는 당연한 결과를 낳았다. 바로 상대의 호의였다. 그래서 파업을 하던 사람들은 빗자루와 삽, 수레를 빌려서 공장 주변에 있는 담배꽁초, 종이, 성냥을 줍기 시작했다. 상상해보라! 임금 인상과 조합의 인정을 요구하며 파업을 하던 사람들이 공장 주변 청소를 했던 것이다. 바람 잘날 없었던 미국의 그 오랜 노동 투쟁사에서 유례를 찾아볼 수 없는 사건이었다. 파업은 일주일을 넘기지 않고 적절한 타협점을 찾았고, 노사 양측에는 어떤 악감정이나 적의가 남지 않았다.

신의 외모와 여호와의 언변을 가졌다는 대니얼 웹스터는 변론에서 가장 성공률이 높은 변호사였다. 하지만 그가 구사하는 가장 강력한 논박의 서두는 늘 친절하고 호의적이었다.

"배심원 분들께서 생각해봐주실 일이지만,", "생각해볼 만한 문제인지는 모르겠습니다만,", "여러분이 이런 사실 관계를 절대로 놓치시지 않으리라 생각합니다만,", "인간의 본성에 대해 잘 알고 계시니 이 사실 관계의 중요성을 쉽게 아시리라 생각합니다만," 등 위협하거나 압박하지 않는 방법이다. 의견을 달리 하는 사람을 억지로 몰아붙이려는 시도를 하지 않는다. 웹스터는 부드러운 말투로 조용하고 상냥하게 나가는 방법을 사용했고, 그 덕에 유명해질 수 있었다.

배심원에게 연설을 하거나 파업하는 노동자와 협상을 벌일 일이 없는 사람도 있다. 하지만 집세를 깎는 일은 생길 수 있지 않은가? 그럴 때도 다정하고 호의적으로 대하는 방식이 도움이 될까? 어디 한 번 알아보자.

엔지니어로 일하는 스트로브는 집세를 깎고 싶었다. 하지만 그의 집주인은 완고한 사람이었다. 스트로브는 우리 강좌에 참여한 사람들 앞에서 이렇게 말했다.

"저는 집주인에게 계약이 만료되는 대로 집을 내놓겠다고 알리는 편지를 썼습니다. 사실은 이사를 가고 싶었던 게 아니었습니다. 집세를 깎을 수 있으면 계속 그 집에서 살고 싶었습니다. 하지만 희망이 없어 보였습니다. 다른 세입자가 가격 흥정을 했다가 실패한 적이 있다고 했습니다. 모두들 말하기를 집주인과는 흥정을 하기가 매우 어렵다고 했습니다. 하지만 저는 혼잣말로 이렇게 중얼거렸습니다. '사람을 대하는 방법에 대한 강좌를 듣고 있잖아. 그 방법을 한번 써 보고 어떻게 되는지 두고 보자.' 집주인과 그의 비서는 편지를 받자마자 저를 보러 왔습니다. 저는 문가에 나가 친절하고 다정한 인사를 건네면서 집주인 일행을 맞이했습니다. 그리고 호의를 보이며 적극적으로 나섰습니다. 하지만 집세가 너무 비싸다는 말로 이야기를 시작하지는 않았습니다. 집주인이 빌려준 아파트를 얼마나 좋아하는지부터 이야기했죠. 정말이지 저는 '가슴에서 우러나오는 칭찬을 아낌없이' 했습니다. 그리고 건물을 운영하는 방법에 대해서도 칭찬을 하고 나서 일 년을 더 있고 싶지만, 경제적 여유가 없어서 그럴 수 없다고 말했습니다. 집주인은 세입자에게 그런 평판을 들은 적이 없었던 게 분명해보였습니다. 그는 어찌할 바를 모르는 것 같았습니다. 그러더니 자신이 고민하고 있는 문제를 이야기하기 시작했습니다. 바로 세입자들이 불평을 한다는 것이었죠. 한 명은 그에게 14통의 편지를 쓰면서 아주 모욕적인 내용까지 적어보냈다고 했습니다. 또 다른 세입자는 위층의 세입자가 계속 코를 골게 놔두면 당장 계약을 파기하겠다고 협박을 해오기도 했다고 말했습니다. '그런데 댁처럼 만족해하는 세입자가 있다니 정말 안심이 되네요.' 집주인은 이렇게 말하고 집세를 깎아달라고 청하지도 않았는데 자진해서 약간 집세를 내려주었습니다. 저는 더 깎아야 했습니다. 그래서 지불할 수 있는 수준의 액수를 제시했더니 집주인은 두말없이 승낙해주었습니다. 집주인은 자리를 떠나다가 고개를 돌려 내게 물었습니다. '집안 장식을 좀 더 꾸며드릴까요?' 제가 다른 세입자들이 사용했던 방법으로 집세를 깎으려 했다면 분명 실패하고 말았을 거라 생각합니다. 목적을 이룰 수 있었던 건 친절하고 호의적인 감사의 말과 태도 때문이었습니다."

펜실베이니아 주의 피츠버그에 사는 딘 우드코크는 지방 전기 회사에서 부장직을 맡고 있었다. 그의 부하 직원들은 전봇대 꼭대기에 있는 장비를 수선해야 했다. 이전에는 다른 부서에서 맡았던 일인데 최근에 우드코크의 부서로 이관되어 온 업무였다. 부하 직원들 모두 이런 종류의 일을 할 수 있는 훈련을 받았지만, 실제로 업무를 담당하는 건 이번이 처음이었다. 회사의 모두는 그 부서에서 일을 어떻게 처리할지 흥미롭게 주목하고 있었다. 우드코크와 그의 휘하에 있는 과장급 직원 몇몇 그리고 다른 부서의 직원 몇이 같이 작업 과정을 보러 나갔다. 수많은 차와 트럭이 그곳에 있었다. 많은 사람이 빙 둘러서서 전봇대 위에 올라간 두 명의 사람을 지켜보고 있었다.

주변을 둘러본 우드코크는 한 남자가 카메라를 들고 차에서 내려 다가오는 것을 보았다. 차에서 내린 남자는 사진을 찍기 시작했다. 공공시설을 관리하는 사람들은 극도로 언론을 경계했다. 우드코크는 갑자기 이 장면이 카메라를 든 사람에게 어떻게 보일지 깨달았다. 단 두 명의 사람에게 작업 지시를 하기 위해 수십 명의 사람이 과잉반응을 보이는 장면으로 보이기에 충분했다. 우드코크는 성큼성큼 걸어 사진기자에게 다가갔다.

"저희 작업에 관심이 있으신 것 같군요."

"예, 그리고 저희 어머니가 더 관심 있어 하실 것 같습니다. 이 회사의 주식을 갖고 계시거든요. 이번 일로 어머니가 사태 파악을 정확히 하시게 될 것 같습니다. 어머니가 현명하지 못한 투자를 하셨다고 생각하실 것 같군요. 저는 몇 년 동안 어머님께 댁의 회사 같은 곳에는 낭비되는 인력이 많다고 지적해왔거든요. 이걸로 증명이 될 것 같습니다. 신문사에서도 이 사진을 아주 좋아할 것 같고요."

"정말 그렇게 보이겠네요, 그렇죠? 저도 같은 입장이 되면 그렇게 생각했을 것 같습니다. 하지만 이번 경우는 좀 다릅니다."

우드코크는 이런 종류의 작업을 자신의 부서에서 처음 맡아 진행하는 것이라 경영진 전부가 흥미를 갖고 있다는 점을 설명했다. 그는 평상시라면 두 명이서 작업을 다 해결한다고 분명히 말해주었다. 사진을 찍던 사람은 카메라를 치우고 우드코크의 손을 잡고 악수를 한 다음에 시간을 내서 상황을 설명해주어 감사하다는 말을 했다.

우드코크의 친절한 접근 방식 덕에 그의 회사는 안 좋은 여론에 시달리며 당혹스러워하지 않게 되었다.

뉴햄프셔 주의 리틀턴에서 살고 있는 제럴드 윈이라는 사람이 우리 강좌에 참석했던 적이 있었다. 그는 친절한 접근 방법으로 손해배상 청구에서 매우 만족스러운 협상을 할 수 있었던 일을 이야기해주었다.

　"이른 봄, 겨울의 추위에서 땅이 다 풀리기도 전이었는데, 예년에 없던 폭우가 내렸습니다. 보통은 빗물이 근처 도랑과 도로 옆에 있는 빗물 배수관으로 빠져 나가는데 이번에는 물길이 이상해져서 제가 새로 집을 지은 건축 용지 쪽으로 흘러들어왔습니다. 물이 빠지지 않자 집 주춧돌 근처의 수압이 올라갔습니다. 빗물은 콘크리트 지하실 아래로 흘러들어 가득 차올랐습니다. 보일러와 온수 가열 장치는 모두 엉망이 되었습니다. 이 손해를 수리하기 위한 비용은 2,000달러 이상이었습니다. 저는 이런 종류의 손해를 배상해줄 보험도 들지 않았습니다. 그렇지만 저는 택지의 소유주가 집 근처에 배수관을 설치하는 걸 등한시했다는 사실을 곧 발견했습니다. 배수관만 있었다면 이런 문제는 없었을 터였습니다. 저는 택지 소유주를 만나기로 했습니다. 그의 사무실까지 40km의 거리를 운전하면서 저는 모든 상황을 검토해보고 이 강좌에서 배웠던 원칙들을 기억해보았습니다. 그리고 화를 내봐야 좋을 일이 하나도 없을 거라고 생각했습니다. 도착해서는 시종일관 차분한 태도를 유지하면서 최근에 서인도로 휴가를 갔지 않느냐고 물어보는 것으로 이야기를 시작했습니다. 그리고 적절한 틈을 봐서 수해로 생긴 '작은' 문제에 대해 언급했습니다. 택지 주인은 곧 문제를 해결하는 데 자기가 맡아야 할 몫을 거들겠다고 했습니다. 그로부터 며칠 후, 그는 전화를 걸어 손해를 입은 부분의 비용을 지불하고 다음에 똑같은 일이 발생하지 않도록 배수관도 설치하겠다고 말했습니다. 택지 소유자의 잘못이 분명한 일이었지만, 제가 호의적인 태도로 다가가지 않았다면 그가 전적으로 책임지게 하는 게 상당히 어려웠을 게 분명합니다."

미주리 주의 북서 지방에서 맨발로 숲을 가로질러 시골학교에 다니던 어린 시절에 나는 태양과 바람의 우화를 읽었다. 태양과 바람은 누가 더 힘이 센가를 두고 말다툼을 벌였다. 바람은 말했다.

"내 실력을 보여주지. 저기 코트를 입고 있는 노인이 보이지? 난 너보다 더 빨리 저 사람의 코트를 벗길 수 있어."

그래서 태양은 구름 뒤로 숨고 바람이 불었다. 바람은 토네이도 수준까지 세게 불었지만 바람이 세질수록 노인은 코트를 더 꼭 움켜잡고 있었다.

마침내 바람이 잦아들고 포기를 선언했다. 그러자 태양은 구름 뒤에서 나와 상냥하게 웃으며 노인을 비추어주었다. 곧 노인은 미간을 찡그리며 코트를 벗었다. 태양은 바람에게 다정함과 호의는 언제나 분노와 완력보다 힘이 세다고 일러주었다.

꿀 한 방울이 쓸개즙 한 드럼보다 더 많은 파리를 잡게 해준다는 사실을 깨달은 사람들은 매일 다정함과 호의를 보여준다. 메릴랜드 주의 루터빌에 사는 게일 코너는 구입한 지 4개월밖에 되지 않은 새 차를 자동차 대리점의 서비스 센터로 세 번째 가져가게 된 상황에서 이 말이 참임을 증명해보였다. 그는 우리 강좌에 참석해서 이렇게 말했다.

"서비스 센터 책임자에게 소리를 지르거나 따진다 해도 내 문제의 만족스러운 해결책을 찾을 수 없을 게 분명했습니다. 저는 전시실로 걸어가서 대리점장인 화이트 씨를 만나고 싶다고 청했습니다. 잠시 기다리자 화이트 씨의 사무실로 안내를 받을 수 있었습니다. 저는 제 소개를 하고 친구가 이곳에서 자동차를 사고 나서 추천을 해줘서 이 대리점에서 차를 샀다는 이야기를 설명하기 시작했습니다. 친구가 아주 좋은 가격에 자동차를 구입했고 서비스도 훌륭하다고 이야기를 들었다고 했습니다. 점장은 만족스러운 미소를 지으며 제 이야기를 경청했습니다. 그때 현재 서비스 센터에서 겪고 있는 제 문제를 꺼냈습니다. 그리고 마지막에 한 마디를 덧붙였습니다. '이 대리점의 명성에 누가 될 만한 상황에 대해 아셔야만 할 것 같아서 말씀드립니다.' 점장은 이렇게 찾아와서 알려주어 감사하다고 말하고 내 문제에 대해서 잘 조치하겠다고 다짐해주었습니다. 그는 직접 내 차의 서비스 문제를 챙겼을 뿐만 아니라 제 차가 수리되는 동안 사용하라고 자신의 차를 내주기까지 했습니다."

태양은 바람보다 더 빨리 우리의 코트를 벗겨낸다. 다정함과 우호적인 접근 방법 그리고 감사하는 마음이 호통을 치며 소란을 피우는 것보다 더 쉽사리 사람들의 마음을 바꾼다.

링컨의 말을 기억하라.

"쓸개즙 한 드럼보다 꿀 한 방울이 더 많은 파리를 잡게 해준다."

제4원칙

우호적인 태도로 이야기를 시작하라.

Chapter
5

소크라테스의
비밀

사람들과 이야기를 나눌 때는 생각이 다른 점부터 논의하기 시작해서는 안 된다. 동의하는 부분을 강조하는 것으로 말문을 열고 계속해서 의견이 같은 부분이 있다는 것을 강조하라. 양측이 모두 같은 것을 원하고 있고, 차이는 방법에 있을 뿐 목적에 있지 않다는 점을 가능한한 계속 강조하라.

상대가 처음에 "네, 그렇죠."라고 말하게 해야 한다. 가능한 한 상대가 "아니오."라는 말은 하지 못하도록 하라. 오버스트리트 교수에 의하면, "아니오."라는 반응은 극복하기 가장 어려운 악조건이라고 한다. "아니오."라고 말을 하면 자신의 모든 자존심을 걸고 그 의견을 고수하려 한다. 나중에는 "아니오."라고 말한 것이 경솔했다는 생각이 들어도

소중한 자존심이 걸린 문제가 되어버려 어쩔 수가 없게 된다! 한 번 말을 뱉었으니 계속해서 같은 입장을 고수해야 한다는 생각을 한다. 그러므로 긍정적인 방향으로 말문을 열도록 하는 일은 매우 중요하다.

능숙한 연설가는 처음에 수많은 "네."라는 대답을 유도한다. 청중들의 심리가 긍정적인 방향으로 변화하도록 분위기를 조성하는 것이다. 당구공이 움직이는 것과 마찬가지다. 한 방향으로 공을 몰아가다가 다른 방향으로 움직이게 하려면 힘을 더 써야 한다. 반대 방향으로 굴러가게 하려면 힘이 훨씬 더 든다.

여기서 생각해볼 수 있는 사람들의 심리적 패턴은 아주 간단하다. 사람들이 "아니오."라고 진심으로 말하면, 그건 단 한 마디 말 이상의 행동이 된다. 모든 신체 기관 즉 선상조직, 근육조직, 신경조직이 모두 부정적인 양상으로 변해간다. 당장에 눈에 보일 정도로 육체적으로 움츠러들거나 곧 뒤로 물러날 채비를 하는 걸 알 수 있다. 한 마디로 신경 근육 체계가 온통 불허방침을 내세우며 방어 태세에 나선다는 말이다. 하지만 이와 반대로 "네."라는 말을 하면 뒤로 물러나는 듯한 행동은 없다. 신체 기관은 적극적으로 움직인다. 활동적이며 개방적이며 수용적인 태도를 보인다. 그래서 처음에 "네."라는 말을 많이 유도하면 할수록 우리의 최종 목표에 주의를 모으는 일이 성공할 수 있다.

"네."라는 반응을 얻는 건 아주 간단하다. 그런데도 이 간단한 방법을 모두 등한시하고 있다! 심지어 사람들은 대화를 시작하면서 상대의 반감을 사는 것으로 자신이 인정받고 있다고 생각하는 것처럼 보이기도 한다.

수업 처음에 학생들에게 "아니오."라고 말하게 하거나 손님, 자녀, 남편, 아내와 이야기를 하면서 "아니오."라고 말하게 해보아라. 이 날

이 선, 부정적 태도를 긍정적인 것으로 변화시키려면 천사의 지혜와 인내심이 필요하다.

'네, 네.' 기술을 사용하여 하마터면 놓칠 뻔한 잠재 고객을 확보한 사람의 이야기를 들어보자. 뉴욕 시티 그리니치 세이빙즈 은행Greenwich Savings bank에서 창구 직원으로 일하는 제임스 에버슨의 이야기다.

"저희 은행에 계좌를 개설하러 온 손님이 있었습니다. 늘 사용하는 서식을 드리고 빈칸을 채워달라고 부탁했죠. 그런데 서식에서 요구하는 몇 가지에는 기꺼이 답을 적었지만 다른 것들에는 극구 답을 하지 않겠다고 했습니다. 인간관계에 대한 공부를 시작하기 전의 저라면 이 잠재 고객에게 은행에서 원하는 정보를 주지 않으면 계좌 개설을 해드릴 수 없다고 단호하게 말했을 겁니다. 지난 시절에 그런 짓을 수도 없이 저질렀던 것이 지금은 참 부끄럽습니다. 당연히 그런 식의 최후통첩은 고객의 기분을 상하게 했죠. 하지만 저는 누가 실권을 가지고 있는지를 보여주려고 했었습니다. 은행의 규칙과 규정을 무시해서는 안 된다는 걸 알려주려 했었죠. 하지만 이런 태도로는 자기 발로 찾아와 단골 고객이 되겠다는 사람에게 환영받고 있고 존중받고 있다는 느낌을 줄 수 없는 일이었습니다. 그날 아침에는 생활의 지혜를 사용하기로 했습니다. 저는 은행이 원하는 것에 대해서는 아무런 말도 하지 않고 고객이 원하는 것에 대해서만 이야기를 하려고 마음먹었습니다. 무엇보다 그 고객의 입에서 처음부터 "네, 네."라는 말이 나오게 하자고 결심했습니다. 그래서 저는 고객의 말을 수긍해주었습니다. 그가 제공하기를 거부한 정보들이 꼭 필요한 것은 아닌 것 같다고 말해주었습니다. 그리고 이렇게 말했습니다. '하지만 고객님의 사후에 저희 은행에 돈이 맡겨져 있는 경우를 생각해보십시오. 법적으로 상속 자격이 있는 상속인에게 은행이 이 돈을 이체해드려야 하지 않겠습니까?' '네, 물론 그렇지요.' 고객이 이렇게 답하자 저는 이어 말했습니다. '그렇다면 사망 시를 대비해서 고객 분의 상속자 이름을 저희에게 알려주시는 게 좋지 않을까요? 그렇게 되면 고객님이 원하는 대로 착오 없이 지체하지 않고 일이 진행될 수 있을 거예요.' 다시 그 고객은 말했습니다. '네, 그렇군요.' 그 젊은 사람의 태도는 누그러졌고, 은행에서 해당 정보를 요구하는 게 은행의 편의를 위해서가 아니라 고객을 위해서라는 사실을 이해하자 태도를 달리하게 되었습니다. 그 고객은 은행을 떠나기 전에 자신에 대한 모든 정보를 빠짐없이 제공해주었을 뿐만 아니라 제가 권한 신탁 계좌를 개설하고 자신의 어머니를 수혜자로 지정했습니다. 물론, 어머니에 관한 모든 정보도 기꺼이 제공해주었지요. 처음부터 고객에게 "네, 네."라는 긍정의 답을 유도해내자 고객은 당면한 문제가 무엇이었는지 잊어버리고 제가 제안한 모든 일에 만족하기에 이르렀던 겁니다."

웨스팅하우스 일렉트릭 사에서 판매 대리인으로 일하고 있는 조셉 앨리슨이 들려준 이야기도 있다.

"제가 담당한 지역에는 오랫동안 저희 회사 제품을 판매해보려고 공을 들여온 잠재 고객이 한 명 있습니다. 제 전임자는 그 사람을 십년 동안이나 찾아갔지만, 아무것도 팔지 못했었어요. 저도 그 지역을 담당하면서 3년 동안 꾸준히 방문했지만, 아무런 수확도 거두지 못했습니다. 하지만 13년 동안의 방문과 설득 끝에 드디어 몇 대의 모터를 팔수 있었습니다. 이 모터들의 성능이 괜찮다면 이어서 몇 백 대의 모터를 더 주문받을 수도 있을 거라는 게 제 예상이었습니다. 성능이 좋았느냐고요? 당연히 그럴 겁니다. 제품에는 자신이 있었으니까요. 그래서 3주 후에 저는 의기충천해서 판매처를 방문했습니다. 수석 엔지니어가 저를 맞이하면서 놀라운 말을 했습니다. "앨리슨, 다른 모터는 자네에게 주문하지 못하겠네." "왜요?" 저는 놀라서 물었습니다. "어째서죠?" "자네 회사의 모터는 너무 뜨거워. 손을 댈 수가 없을 정도네." 저는 거기에서 논박을 해봐야 아무 실익이 없다는 사실을 잘 알고 있었습니다. 그런 방법은 오랫동안 시도해봤으니까요. 그래서 저는 "네, 네." 반응을 유도하기로 마음먹었습니다. "그렇군요. 스미스 씨. 스미스 씨의 말에 100퍼센트 동의합니다. 모터가 작동하면서 너무 뜨거워진다면 더 이상 구매를 하지 마셔야지요. 갖고 계신 모터들은 미국 전기공업협회에서 정한 기준보다 더 뜨거워지지는 않겠지요?" 그는 동의했습니다. 저는 첫 번째 "네."를 얻어낸 것이죠. "미국 전기공업협회 규정에 의하면 실내 공기보다 섭씨 22도 이상 올라가지 않는 것이 적절한 모터라고 하지 않나요?", "그렇지." 그가 대답했습니다. "바로 그래. 그런데 자네 회사의 모터는 그보다 훨씬 더 뜨거웠다네." 저는 아무런 반박도 하지 않고 그저 이렇게 물었습니다. "공장 실내 온도가 어떻게 되지요?" "아. 그게 아마 섭씨 24도 정도 될 걸세." "그렇다면 실내 온도 24도에 22도를 더하면 온도가 46도에 달하게 되는 거네요. 44도의 뜨거운 물이 나오는 물 꼭지 아래 있는 물건을 손으로 잡으면 화상을 입지 않을까요?" 다시 한 번 수석 엔지니어는 내 말에 동의했습니다. "그렇지." "그렇다면 저 모터에는 손을 갖다 대지 않는 편이 좋지 않을까요?" 제가 제안했습니다. "그래, 자네 말이 맞네." 수석 엔지니어는 인정했습니다. 그리고 우리는 한참 동안 이런저런 이야기를 나누었습니다. 그리고 잠시 후 수석 엔지니어는 비서를 호출해서 다음 달에 3만 5,000달러 상당의 거래를 준비하도록 시켰습니다. 몇 년 동안 수천 달러의 거래를 놓치며 고생을 한 끝에 마침내 저는 논쟁이 아무런 득도 되지 않는다는 사실을 깨달았던 겁니다. 상대의 관점에서 상황을 보고 상대에게 "네, 네."라는 반응을 이끌어내는 편이 훨씬 더 흥미롭고 훨씬 더 도움이 된다는 것을 마침내 알게 되었던 거죠."

캘리포니아 주 오클랜드에서 열린 우리의 강좌를 후원했던 에디 스노우는 한 상점의 주인이 자신에게서 "네, 네." 반응을 이끌어내어 단골 고객을 만들었던 이야기를 말해주었다. 에디는 활 사냥에 흥미를 갖게 되어서 근처에서 활을 파는 한 가게에서 필요한 장비와 물품을 구매하느라 상당한 돈을 썼다. 그의 형이 집을 찾아왔을 때 에디는 그 가게에서 형을 위한 활을 하나 대여하고 싶었다. 점원은 자신들은 활을 대여하지 않는다고 말했다. 그래서 에디는 또 다른 활을 파는 가게로 전화를 걸었다. 에디는 그때 상황을 다음과 같이 설명해주었다.

"아주 사근사근한 신사 한 명이 전화를 받았습니다. 대여를 해줄 수 있느냐는 제 질문에 그는 다른 가게와는 사뭇 다른 반응을 보였습니다. 그는 매우 유감스럽지만 가게에 여유가 없어서 대여를 하지 못한다고 말했습니다. 그리고 나에게 전에 대여를 한 적이 있느냐고 물었습니다. 저는 '네, 몇 년 전에 했습니다.'라고 대답했습니다. 그는 당시 대여료가 25달러에서 30달러 정도 했지 않느냐고 물었습니다. 저는 다시 '네.'라고 대답했습니다. 그러자 그는 제가 돈을 절약하는 걸 중요하게 생각하는 사람이냐고 묻더군요. 당연히 저는 '네.'라고 답했습니다. 그러자 그는 모든 필요한 장비를 다 갖춘 활 세트가 34달러 95센트에 세일 판매되고 있다고 말해주었습니다. 대여를 하는 비용에 4달러 95센트만 더하면 활 세트를 하나 장만할 수 있었던 겁니다. 전화 너머 가게 주인은 바로 그런 이유로 활 대여를 계속하지 못하게 되었다고 설명했습니다. 그게 합리적이라고 생각을 했느냐고요? 나의 '네' 대답은 어느새 활 세트를 구매하게 만들었고, 가게에 들려 구매한 활 세트를 찾으면서 몇 가지 물건을 더 사게 되었습니다. 그리고 그 후로 그 가게의 단골이 되었지요."

'아테네의 등에처럼 귀찮은 사람a gadfly of athens'이라는 별명을 지닌 소크라테스는 가장 위대한 철학자의 한 사람으로 손꼽히고 있다.

그는 어떤 방법을 사용했던 것일까? 사람들에게 대뜸 틀렸다고 지적했을까? 그는 자신과 의견을 달리하는 사람이 동의할 만한 것을 질문하기 시작한다. 그렇게 하나씩 상대가 인정하게 하면서 "네."라는 말을 수도 없이 하게 만들었다. 그렇게 계속 질문을 하다가 결국에 상대는 자신도 모르는 사이에 몇 분 전까지만 해도 격렬하게 부인했던 결론을 수용하게 된 자신을 발견하게 되었다.

다음에 누군가에게 틀렸다는 지적을 하고 싶은 마음이 들거든 소크라테스를 떠올리면서 다정하게 질문을 던지도록 하라. "네, 네." 반응을 이끌어낼 수 있는 그런 질문을 하자.

중국에는 동양의 오랜 지혜를 간직한 금언 하나가 있다.

'조심스럽게 걸어가는 사람이 멀리 간다.'

인간의 본성을 오랫동안 연구해왔던 중국 문화권에는 상당한 통찰력이 축적되어 있다.

'사뿐사뿐 부드럽게 걸어가는 사람이 멀리 간다.'

제5원칙

상대가 즉시 "네, 네."라고 말하게 하라.

Chapter 6

불평·불만을 처리해주는 안전밸브

사람들을 자기 생각에 동의하게 하려고 노력하다 보면 대부분은 지나치게 많이 말하게 된다. 하지만 그럴 때는 그냥 다른 사람이 말하게 해라. 사람들은 누구보다 자신의 일과 문제에 대해 잘 알고 있다. 그러니 질문을 하라. 그리고 그들이 직접 말하게 하라.

그렇지만 말하는 내용에 동의할 수 없으면 끼어들고 싶은 마음이 생길 수 있다. 하지만 그렇게 해서는 안 된다. 위험한 일이다. 사람들은 할 말이 잔뜩 있을 때는 절대로 다른 사람에게 주의를 기울이지 않는다. 그러니 끈기 있게, 열린 마음으로 상대의 이야기를 경청하라. 그리고 진지하게 대하라. 사람들이 생각하는 바를 모두 표현할 수 있도록 도와주어라.

이런 방법이 사업에서 도움이 될까? 한번 알아보자. 여기 '어쩔 수 없이' 이 방법을 사용하게 되었던 판매 대리인의 이야기가 있다.

미국 대형 자동차 제조사 중 하나로 꼽히는 곳에서 일 년 동안 자동차 시트용 직물의 조건을 협상하고 있었다. 세 개의 주요 제조사는 샘플 직물을 만들어보냈다. 이 직물은 자동차 회사의 임원진이 검사했고, 각 공급업체의 대표에게는 별도의 날을 정해 계약을 위한 최종 진술의 기회를 주겠노라는 통지를 보냈다.

제조사 중 한 곳의 대표인 R씨는 심한 후두염에 걸린 채로 미팅을 하기 위해 왔다. 다음은 R씨가 강좌에서 이야기한 내용이다.

"회의장에 자동차 임원을 만나러 갈 차례가 되었지만, 목소리가 나오지 않았습니다. 속삭이기도 힘든 지경이었지요. 안내를 받아 사무실로 들어가보니 섬유공학 기술자, 구매 담당자, 영업부장 그리고 회사의 회장이 직접 나와 있었습니다. 저는 일어서서 말을 해보려 필사의 노력을 해보았지만 꺽꺽거리기만 했습니다. 모두들 테이블에 둘러앉아 있어서 저는 종이에 이렇게 적었습니다. '여러분, 목소리가 나오지 않아서 말을 할 수가 없습니다.' 그러자 회장님이 말했습니다. '제가 대신 말하지요.' 그리고 회장님은 정말 그렇게 했습니다. 우리 회사의 샘플을 보여주고 장점을 칭찬해주었습니다. 저희 회사 제품의 장점에 대해 활발한 논의가 이루어졌습니다. 그리고 그 회사의 회장님은 저를 대신하고 있었기에 논의 내내 제가 할 말을 대신해주었습니다. 내가 한 것이라고는 미소를 짓고 고개를 끄덕이고 몸짓을 조금 해보인 게 다였습니다. 이 별난 회의를 치루고 난 저는 계약 성사라는 선물을 받았습니다. 그건 50만 야드 이상의 시트용 직물을 주문받아 총 160만 달러의 판매를 올렸다는 의미였습니다. 그렇게 큰 규모의 주문은 처음

받아보는 것이었습니다. 그날 목소리가 제대로 나왔다면 계약을 맺지 못했을 수도 있다고 생각합니다. 왜냐하면 저는 그날 일에 대해 완전히 잘못 알고 있었기 때문입니다. 저는 우연히 다른 사람에게 말을 시키는 것이 얼마나 큰 보상이 될 수 있는지를 알게 되었습니다."

다른 사람이 말하도록 하는 방법은 사업뿐만 아니라 가족 간의 관계에도 도움이 된다. 바바라 윌슨은 딸 로리와 관계가 급속히 안 좋아지는 중이었다. 로리는 상냥하고 조용한 아이였지만 십대가 되면서 비협조적이고 때로는 호전적으로 변해 있었다. 윌슨 부인은 딸아이에게 잔소리를 하고, 협박을 해보기도 했다. 또, 벌을 주기도 했지만 모두 소용이 없었다.

윌슨 부인은 우리 강좌에서 다음과 같이 말했다.

"어느 날 그냥 포기하기로 마음먹었습니다. 로리는 제 말을 거스르고, 자기가 맡은 집안일을 놔둔 채 친구한테 놀러 가버리고 없었지요. 딸아이가 돌아왔을 때 저는 수만 번도 더 소리를 지르고 싶었습니다. 하지만 그렇게 할 기력이 없었습니다. 저는 그냥 딸아이를 쳐다보면서 서글픈 목소리로 말했죠. '왜 그러는 거니, 로리, 왜?' 로리는 제 상태를 알아보고 조용히 물었습니다. '정말 알고 싶으세요?' 저는 고개를 끄덕였고 로리는 처음에는 주저하더니 잠시 후 술술 이야기를 쏟아냈습니다. 전에는 한 번도 딸아이의 말에 귀를 기울였던 적이 없었습니다. 늘 이거 해라, 저거 해라, 지시하기만 했어요. 아이는 자신의 생각과 감정을 이야기하고 싶어 했는데, 저는 늘 명령조의 말로 가로막기만 했었죠. 저는 딸아이에게 필요했던 게 두목 행세를 하는 엄마가 아니라, 믿을 만한 상담 상대였다는 사실을 서서히 깨달았습니다. 아이는 성장에 대한 혼란스러움을 털어놓을 친구가 필요했던 겁니다. 아이의 말을 들어주었어야 했던 저는 오히려 떠들고만 있었던 겁니다. 딸아이의 말을 들으려 하지도 않았던 겁니다. 그때부터 저는 아이가 하고 싶은 말을 다 하도록 했습니다. 아이는 생각을 모두 저에게 털어놓았고 우리 모녀 관계는 한없이 좋아졌지요. 딸아이는 다시 협조적인 모습을 되찾았습니다."

뉴욕 신문의 경제면에 특별한 능력과 경험을 가진 인재를 찾는다는 광고가 크게 난 적이 있었다. 찰스 큐벨리스는 광고에 적힌 사서함 번호로 회신을 보냈다. 며칠 후 그는 면접을 보러 오라는 편지를 받았다. 회사를 찾아가기 전에 찰스는 월가를 찾아가서 회사를 설립한 사람에 관한 정보를 최대한 수집했다. 면접을 보는 동안 찰스는 이런 말을 했다.

"대단한 기록을 세운 이런 회사와 연결되었다는 것만으로도 영광입니다. 28년 전에 맨손으로 속기 타이피스트 한 명과 사무실 하나로 시작하셨다는데 정말이십니까?"

성공한 사람들은 거의 모두 초기에 겪었던 고생담을 추억하는 일을 좋아한다. 이 회사를 설립한 이도 예외는 아니었다. 그는 한참 동안 자신이 현찰 450달러와 독창적인 아이디어 하나만으로 창업을 했던 이야기를 했다. 비웃음과 조롱을 견뎌내고 안 된다고 만류하는 사람들과 싸우면서 하루에 15~16시간씩 일하고 휴일이며 일요일도 없이 지낸 이야기를 들려주었다. 그리고 그 모든 역경을 극복하고 결국 성공한 이야기며, 월 스트리트에서 가장 큰 영향력을 발휘하는 임원진이 그에게 와서 정보와 조언을 달라고 한다는 이야기도 했다. 그는 그런 기록들을 자랑스러워했다. 충분히 그럴 만한 일이었다. 회사 창업자는 그 모든 이야기를 즐겁게 하고 마지막으로 큐벨리스 씨에게 경력에 관한 짧은 질문을 했다. 그리고 부회장 중 한 명을 불러서 이렇게 말했다.

"이분이 바로 우리가 찾던 인재인 것 같군."

큐벨리스 씨는 장차 자신의 고용주가 될 수도 있는 사람이 이룬 업적에 대해 알아보는 수고를 했다. 그리고 상대와 상대가 겪고 있는 문제에 대한 관심을 표명했다. 또 상대에게 이야기를 하게 했다. 그러면서 좋은 인상을 심어주었던 것이다.

캘리포니아 주의 새크라멘토에 사는 로이 브래들리는 반대되는 문제를 가지고 있었다. 그는 영업에 능력이 있는 인재 한 명이 자신의 회사에 취직하겠다는 소식을 들었다. 그는 당시 일을 이렇게 설명했다.

"작은 중개 업체에 불과한 우리 회사에서는 부수적인 복지 혜택을 전혀 제공하지 못하고 있었습니다. 병원 입원비나 의료 보험, 수당을 지급하지 못했지요. 판매 대리인들은 모두 프리랜서 중개인이었습니다. 우리는 심지어 잠재 고객을 불러 모으지도 못하고 있었습니다. 거대한 경쟁사들이 하는 것처럼 광고를 낼 수도 없었으니까요. 리차드 프라이어는 저희가 원하던 영업 사원으로서 모든 경력과 능력을 갖춘 사람이었습니다. 그는 먼저 나의 비서와 면접을 하면서 이 일과 관련된 온갖 부정적인 이야기를 들었습니다. 내 사무실로 들어오는 그는 다소 낙담한 표정을 하고 있었습니다. 나는 우리 회사와 연관되어 있는 단 하나의 복지 혜택을 말해주었습니다. 그것은 프리랜서로 계약을 맺기 때문에 사실상 자기 고용의 형태로 일하게 된다는 것이었습니다. 그는 나에게 이점에 대한 생각을 말하면서 면접을 하러 와서 가졌던 부정적인 생각을 하나씩 꺼내놓았습니다. 몇 번이나 그는 자신의 머릿속에 떠오른 생각을 혼잣말처럼 말하는 것 같았습니다. 그때마다 나는 그의 생각에 몇 마디 덧붙이고 싶었지만 참았습니다. 하지만 면접이 끝날 무렵에 그가 확신을 가지게 되었다는 것을 감지할 수 있었습니다. 그는 자기 스스로 우리 회사에서 일하기로 결심했던 것입니다. 경청하는 태도로 그 친구가 이야기를 하도록 내버려 두었기 때문에 그는 마음속으로 저울질을 충분히 해보고 긍정적인 결론을 내렸던 것입니다. 그가 스스로 도전을 결정했던 것입니다. 우리는 그를 고용했고 그는 우리 회사에서 가장 우수한 실적을 보유한 판매 대리인이 되었습니다."

친한 친구들조차도 우리 자랑을 들어주는 것보다 자기들의 일에 대해 말하는 것을 훨씬 더 좋아하는 법이다. 프랑스의 철학자 라 로슈푸코는 이런 말을 했다.

"적을 만들고자 하면 친구를 능가하는 기량을 선보여라. 하지만 친구를 원한다면 친구가 나보다 뛰어난 기량을 발휘하도록 하라."

이 말이 왜 진리일까? 친구가 우리보다 뛰어난 기량을 발휘하면 인정받는 중요한 존재가 되었다는 느낌을 갖게 되기 때문이다. 하지만 우리가 더 뛰어나게 되면 친구들은 (모든 친구가 그런 것은 아니지만) 열등감을 느끼고 샘을 낼 것이다.

뉴욕에 있는 미드타운 직업 소개소Mid-town Personnel Agency에서 가장 인기가 있는 취업 알선업자는 헨리에타였다. 하지만 처음부터 그랬던 것은 아니었다. 직업소개소에서 일을 시작하고 처음 몇 달 동안 헨리에타는 동료 중에서 친구를 한 명도 사귀지 못하고 있었다. 어째서 그랬을까? 매일 자신이 직업을 소개한 사람들에 대한 자랑을 늘어놓고 자신이 새로 개설한 통장 이야기 등 자기가 한 일에 대해 떠벌리기만 했기 때문이었다.

헨리에타가 우리에게 들려주었던 이야기를 옮겨 보자.

"저는 일을 아주 잘했고, 그 사실이 자랑스러웠어요. 하지만 동료들은 제 성공을 공유하기보다는 화를 내는 것 같았어요. 저는 사람들에게 호감을 사고 싶었습니다. 회사 동료들과 친하게 지내고 싶었어요. 그런데 이 강좌에서 몇 가지 제안을 듣고, 당장 덜 말하고 동료의 말에는 더 귀를 기울이기로 마음먹었습니다. 동료들도 저마다 자랑할 일이 있었고, 내 자랑을 들어주는 것보다 자기 일을 말하는 걸 더 신나했습니다. 지금은 동료들과 잡담할 시간이 생기면 재미있는 일이 뭐가 있느냐고 물어보고, 제 일은 동료들이 물어올 때만 이야기하고 있습니다."

제6원칙

상대가 더 많이 이야기하도록 하라.

Chapter
7

협조를 얻는
방법

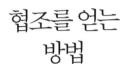

은접시에 받쳐서 가져다준 아이디어보다 스스로 찾아낸 생각에 더
큰 신뢰가 가지 않는가? 그렇다면 다른 사람에게 자기 의견을 밀어붙
이는 건 잘못된 판단이라 볼 수 있지 않을까? 제안을 하고 상대가 결론
을 생각하도록 하는 편이 더 현명한 게 아닐까?

필라델피아에 사는 아돌프 셀츠는 자동차 전시장에서 영업부장 일을
하면서 우리 강좌에 참여하고 있었다. 그러던 어느 날 지리멸렬한 상
태로 낙담해 있는 자동차 판매원들에게 열정을 불어넣어줘야 할 필요
가 있다는 사실을 깨달았다. 아돌프는 영업부 회의를 소집하고 자신에
게 원하는 바를 정확히 말하도록 했다. 판매원들이 이야기를 하면 아
돌프는 그 내용을 칠판에 적었다. 그리고 말했다.

"여러분이 나에게 기대하는 이 모든 것들을 꼭 실현하도록 하겠습니다. 이제는 제가 여러분에게 기대할 수 있는 것들이 무엇이 있는지 말씀해주십시오."

판매원들은 지체 없이 술술 대답했다. 충성도, 정직, 자발성, 낙관주의, 팀워크, 하루 8시간 동안 열정적으로 근무할 것, 회의를 할 때마다 용기를 내고 새로운 영감을 받을 것, 한 판매원은 하루 14시간 근무를 자원하기까지 했다. 그리고 아돌프의 대리점은 엄청난 판매 실적을 올릴 수 있었다.

"당시는 저와 일종의 도덕적 거래를 한 셈이 되었습니다. 제가 맡은 일에 충실하면, 판매원들도 자신들의 임무에 충실하기로 한 거죠. 그들이 바라는 것과 희망사항에 대해 논의했던 일은 마침 필요했던 활력소가 되었던 겁니다."

잔소리를 듣거나 이래라저래라 지시를 듣는 걸 좋아하는 사람은 없다. 자청해서 받아들이거나 자신의 생각으로 행동하는 편을 훨씬 더 선호한다. 또 우리가 바라는 것, 원하는 것, 생각하는 것에 대해 의견을 듣는 걸 좋아한다.

유진 웨슨의 사례를 보자. 그는 이 진리를 알기 전에 수천 달러의 가치가 되는 수수료를 놓치고 있었다. 웨슨은 스타일리스트와 섬유 제조업자들을 위해 스튜디오에서 만든 디자인 스케치를 판매하고 있었다. 웨슨은 일주일에 한 번씩 뉴욕 최고의 스타일리스트를 찾아가곤 했다. 3년 동안 매주 한 번도 빠짐이 없었다.

"찾아가면 늘 만나주기는 했습니다. 하지만 절대로 구매를 하지는 않았죠. 늘 저희 스케치를 주의 깊게 살펴보고 이렇게 말하기만 했습니다. '아니, 웨슨. 오늘은 우리 의견이 일치하지 않는 것 같군요.'"

무려 150번의 실패 끝에 웨슨은 쳇바퀴 돌 듯 반복되는 상황을 깨닫고 일주일에 하루 저녁 시간을 내어 인간 행동에 영향을 미치는 법에 대한 공부를 해보기로 결심했다. 새로운 아이디어를 찾고 열의도 다시 북돋우는 데 도움이 될 것 같았다. 그리고 이번 장에서 다루고 있는 방법을 사용해보기로 했다. 대여섯 장 화가들의 미완성 스케치를 들고 그는 서둘러 그 구매자의 사무실로 갔다.

"괜찮으시면 저를 조금 도와주셨으면 합니다. 여기 미완성 스케치가 있습니다. 고객님의 마음에 들려면 어떤 식으로 마무리를 해야 할지 말씀해주시면 안 될까요?"

스타일리스트는 한동안 아무 말 없이 스케치를 보다가 마침내 입을 열었다.

"며칠 저한테 맡겼다가 다시 와주세요, 웨슨 씨."

웨슨은 삼일 후 다시 찾아가서 그의 제안을 듣고 다시 스튜디오로 스케치를 가져가서 구매자가 생각한 대로 마무리를 지었다. 그 결과는? 모두 채택되었다.

그 스타일리스트는 그 이후 수십여 장의 다른 스케치를 웨슨에게 더 주문했다. 모두 스타일리스트의 아이디어를 바탕으로 그려진 것들이었다.

"제가 몇 년 동안 그 스타일리스트에게 스케치를 팔지 못했던 이유를 이제는 알겠습니다."

웨슨은 말했다.

"제 생각에 그 사람에게 필요할 것 같은 것을 사라고 재촉하기만 했던 겁니다. 그러다가 접근 방법을 완전히 바꾸었죠. 그의 아이디어를 달라고 한 것입니다. 이런 방법으로 그는 자신이 디자인을 만들고 있다는 느낌을 갖게 되었죠. 실제로 그가 만든 것이기도 했습니다. 제가 그에게 판매한 게 아니고, 그가 구매한 거지요."

다른 사람들에게 자신의 생각대로 일을 하고 있다는 느낌을 주는 게 효과를 보는 건 비단 비즈니스나 정치에서만은 아니다. 가정생활에서도 통하는 방법이다. 오클라호마 주의 털사에 사는 폴 데이비스는 이 방법을 어떻게 적용했는지 들려준 바 있다.

"우리 가족과 저는 최고의 관광을 재미있게 즐기고 왔답니다. 저는 게티즈버그 남북전쟁의 전장 같은 역사적 장소를 방문해보고 싶다는 꿈을 오랫동안 갖고 있었죠. 필라델피아의 독립기념관과 수도, 밸리 포지, 제임스 타운, 그리고 윌리엄스버그에 재건된 식민지 시절 마을 등이 제가 가고 싶은 장소들이었습니다. 지난 3월에 아내 낸시는 여름 휴가로 서부 지역을 여행하면서 뉴멕시코, 아리조나, 캘리포니아, 네바다의 명소를 찾아가보자고 말했습니다. 아내는 몇 년 동안 이 여행을 가려고 벼르고 있었죠. 하지만 제가 생각하던 여행과 아내가 생각하는 여행을 모두 갈 여유는 없었습니다. 딸 앤은 중학교에서 미국 역사 강좌를 수강한 터라 미국의 성장 기초가 된 역사적 사건에 관심이 많았습니다. 저는 학교에서 배웠던 장소를 휴가 여행으로 가보면 어떻겠느냐고 딸아이에게 물었습니다. 딸아이는 좋다고 대답했어요. 그로부터 이틀 후, 우리 식구는 저녁식사를 위해 한상에 둘러앉았습니다. 아내 낸시는 우리가 모두 동의한다면 여름 휴가를 동부 지역으로 갔으면 좋겠다고 말했습니다. 앤에게 좋은 여행이 될 것이고 우리 모두도 신 나게 즐길 수 있을 거라고 말했습니다. 우리 모두는 동의했어요."

한 엑스레이 기기 제조업자도 똑같은 방식으로 사람들의 심리를 이용해 엑스레이 기기를 브루클린 최고의 병원에 판매했다. 그 병원은 신관을 건축하면서 미국 최고의 방사선과 설비를 갖추려 하고 있었다. 방사선과를 담당하고 있던 L박사는 저마다 자기 회사의 제품이 최고라고 선전해대는 영업 대리인들이 너무 많아 어찌할 바를 모르고 있었다.

그러나 한 제조업자는 보다 교묘한 방법을 사용했다. 그는 다른 사람보다 인간의 본성을 다루는 것과 관련해 많이 알고 있었다. 그는 이런 편지 한 통을 썼다.

'저희 공장에서는 최근에 새로운 엑스레이 기기 개발을 마쳤습니다. 최초로 생산된 기기가 막 저희 사무실에 도착해 있습니다. 하지만 아직 완벽하지 않을 수 있습니다. 저희는 이 기기의 성능을 정확히 파악하고 더욱 향상시키고자 합니다. 그러니 혹시 시간을 내서 기기를 살펴봐주시고 저희에게 여러분이 사용하시기에 더 편리하게 만들 수 있는 방법을 알려주시면 진심으로 감사하겠습니다. 여러 가지 일로 바쁘실 테니, 저희 회사에서 차를 보내도록 하겠습니다. 가능하신 시간을 알려주시기만 하면 됩니다.'

L박사는 그 사건을 우리 강좌에서 설명하면서 이렇게 말했다.

"그 편지를 받고 깜짝 놀랐습니다. 놀랍기도 하고 기분이 우쭐해지기도 하더군요. 엑스레이 기기 제조업자가 조언을 청해온 적은 한 번도 없었습니다. 그 일로 저는 중요한 사람으로 인정받고 있다는 느낌을 받았습니다. 그 주 저녁마다 일이 있어서 바빴지만 저는 하루 저녁 약속을 취소하고 그 장비를 보러 갔습니다. 장비를 꼼꼼히 살펴보면 살펴볼수록 제 마음에 들더군요. 그 기기를 저에게 팔 생각을 하는 사람은 없었습니다. 그 기기를 병원을 위해 구매하는 건 제 생각인 것 같았죠. 저는 그 기기의 우수한 성능에 반해서 병원에 설치해달라고 주문했습니다."

랠프 왈도 에머슨은 자신의 수필집 《자기 신뢰Self-Reliance》에서 이런 말을 했다.

'천재의 작품을 보면 우리가 퇴짜 놓았던 생각이 담겨져 있음을 알게 된다. 우리가 인정하지 않았던 그 생각들이 전혀 다른 위풍당당함을 갖추고 돌아온 것이다.'

에드워드 하우스 대령은 우드로우 윌슨 내각 시절에 국내외적으로 막강한 영향력을 행사했다. 윌슨 대통령은 자신의 내각 구성원보다 하우스 대령에게 더 의지해 은밀히 상담을 하고 조언을 청해 들었다.

하우스 대령이 대통령에게 영향력을 발휘할 수 있었던 방법은 무엇이었을까? 언젠가 하우스 대령이 직접 와서 그에 대한 이야기를 하우덴 스미스에게 털어놓았던 적이 있었다. 스미스는 하우스 대령의 말을 〈세터데이 이브닝 포스트Saturday Evening Post〉지의 기사에서 인용했다.

'대통령의 마음을 바꾸어놓는 가장 좋은 방법은 대통령이 직접 그 생각을 숙고해보도록 하는 것이었습니다. 대통령이 관심을 가지고 스스로 그 문제에 대해 생각하게 하려면 무심한 듯 생각을 던져주면 되었습니다. 처음에 이 사실을 알게 된 건 우연한 사고 덕이었습니다. 백악관에 대통령을 만나러 가서 대통령이 좋지 않게 생각하는 정책 하나를 거듭 권했던 적이 있습니다. 그렇게 며칠이 지난 후, 저녁 식사를 하는데, 놀랍게도 대통령이 제가 한 제안을 마치 자신의 생각인 양 자랑삼아 말하는 걸 듣게 되었습니다. 하우스가 대통령의 말을 막고 "그건 당신 생각이 아니고 제 생각이지 않습니까?"라고 말했을까? 아니, 천만에 말씀이다. 하우스는 그렇게 하지 않았다. 하우스는 매우 노련한 사람이었다. 그는 아이디어의 제공자를 밝히는 일에는 관심이 없었다. 성과를 거두는 일이 더 중요했다. 그래서 윌슨이 그 아이디어를 자신의 것으로 생각하게 내버려두었다. 하우스는 더 나아가 그 아이디어의 제공자가 대통령이라고 공식적으로 승인해주기까지 했다.'

우리가 만나는 모든 사람들이 우드로우 윌슨과 같은 사람임을 잊지 말자. 그리고 하우스 대령의 방법을 활용하도록 하자.

캐나다의 아름다운 뉴 브른스위크New Brunswick 지역에 사는 한 남자 도 이 방법으로 나를 단골 고객으로 만들어 버렸다. 당시 나는 뉴 브른 스위크에서 낚시와 카누를 즐기려고 계획하고 있었다. 그래서 관광청 에 관련 정보를 보내달라는 편지를 썼다. 그런데 내 이름과 주소가 우 편물 수취인 명부에 공개된 모양인지, 곧 야영지와 관광 안내업자들에 게서 수십 통의 편지와 안내 책자, 품질 보증서가 와서 난처하게 되었 다. 나는 당혹스러웠다. 무엇을 선택해야 할지 알 수가 없었다. 그런데 한 야영지 주인이 현명한 방식을 사용했다. 그는 자신의 야영지에 숙 박했었던 뉴욕 사람들의 이름과 전화번호를 보내더니 그들에게 전화 를 걸어 야영지 서비스가 어떤지 알아보라고 했다.

놀랍게도 그중에는 내가 아는 사람이 있었다. 나는 그에게 전화를 걸 어 그 야영지에서 지냈던 경험에 대해 물어보았다. 그러고 난 후에, 그 야영지에 연락을 넣어 내가 도착할 날짜를 알려주었다.

다른 사람들은 나에게 자신들의 서비스를 팔려고 애를 썼지만, 단 한 사람은 내가 스스로 선택해서 구매하게 만들었다. 그리고 그 방식은 성공을 거두었다.

25세기 전 중국의 현인 노자가 남긴 말은 이 책을 읽는 현대의 독자 들에게도 유용하다.

"강과 바다가 산에서 흘러내리는 백 개의 개울에게서 존경을 받는 이유는 낮은 데 있기 때문이다. 강과 바다는 그렇게 해서 모든 물줄기를 다스릴 수 있는 것이다. 그러니 사람들 위에 군림하고자 하는 현자는 사람들 아래 있어라. 다른 사람들보다 앞서고자 한다면, 사람들 뒤에 서도록 하라. 그렇게 하면 사람들 위에 있어도 사람들이 무겁다고 하지 않을 것이고, 사람들 앞에 서도 해가 된다 하지 않을 것이다."

제7원칙

상대로 하여금 자신의 아이디어라고 생각하게 하라.

Chapter
8

기적을 일으키는
공식

완전히 틀린 말을 하는 사람이 있을 수도 있다. 하지만 정작 본인들은 그렇게 생각하지 않는다. 그러니 비난하지 마라. 바보나 하는 짓이다. 사람들을 이해하려고 하라. 현명하고 인내심 많고 특별한 사람들은 다들 그렇게 하려고 노력한다.

사람들의 행동과 생각에는 다 나름의 이유가 있다. 그 숨겨진 이유를 찾아내면 그의 행동을 이해할 수 있게 되고, 그 사람의 성격까지도 파악할 수가 있다.

반드시 상대의 입장에 서보도록 하라.

"내가 저 사람이라면 어떻게 생각하고 어떻게 반응할까?"라고 자문해보면 시간도 절약하고 짜증스러운 일도 줄일 수 있다. 원인에 관심을 가지면 좋은 결과를 맞게 될 가능성이 높기 때문이다.

그리고 덤으로 인간관계의 기술도 많이 신장시킬 수 있다.

케네스 구드는 자신의 저서 《사람을 다루는 연금술사How to Turn People Into Gold》에서 이렇게 말했다.

'잠시만 시간을 갖고 멈춰서 생각해보면, 우리는 자기 일에는 지대한 관심을 쏟으면서 그와 대조적으로 다른 일은 가볍게 생각한다는 사실을 깨달을 수 있다. 그리고 이 세상 모든 사람이 그와 똑같이 생각하고 있다는 사실도 알게 된다. 그러면 우리는 링컨과 루즈벨트처럼 대인관계의 기본이 되는 진리를 터득한 셈이다. 다시 말하면 사람을 다루는 일에 성공하려면 상대의 관점에 대해 공감하고 이해하는 능력을 갖춰야 한다.'

뉴욕의 헴스테드에 사는 샘 더글라스는 아내가 잔디밭을 가꾸느라 너무 많은 시간을 허비한다고 잔소리처럼 말하곤 했다. 일주일에 두 번씩 잔디를 깎고 비료를 주고 잡초를 뽑는 등 잔디밭을 열심히 가꾸고 있었지만 4년 전에 이사왔을 때와 비교해 별반 나아지는 것 같지 않았기 때문이다. 아내는 당연히 남편의 그런 말이 듣기 싫었다. 그래서 남편이 잔소리를 할 때마다 저녁 시간은 엉망이 되곤 했다.

더글라스 씨는 우리 강좌를 수강하고 나서 자신이 그동안 얼마나 바보였는지를 깨달았다. 아내가 그 일을 재미있어 하고 있을 거란 생각은 해보지 못했던 것이다. 아내의 부지런함을 칭찬하는 한마디면 아내는 정말 좋아할 터였다.

어느 날 저녁 식사를 마친 후 더글라스 씨의 아내는 잡초를 뽑아야 하니 남편도 같이 하자고 말했다. 더글라스 씨는 처음에는 싫다고 했다가 곰곰이 생각을 해보고는 아내의 뒤를 따라나가 잡초 뽑는 일을 도와주었다. 아내는 기쁜 내색을 숨기지 못했고, 두 부부는 1시간 동안 열심히 일하면서 즐거운 대화를 나누었다.

그 후로 더글라스 씨는 아내가 정원 손질을 하는 일을 도와주고 잔디밭이 참 보기 좋다고 칭찬도 했다. 콘크리트 같은 흙이 있는 마당에서 정말 대단한 일을 해냈다고 말해주기도 했다. 그 결과, 부부는 더 행복하게 지내게 되었다. 더글라스 씨가 잡초 문제만이라도 아내의 입장에서 보는 법을 배웠기 때문이었다.

제럴드 니런버그 박사는 자신의 저서 《소통하는 기술Getting Through to People》에서 이렇게 말했다.

'협조적인 대화를 하려면 상대의 생각이나 감정을 내 생각이나 감정만큼 중요하게 생각하고 있다는 점을 보여주어야 한다. 상대에게 대화를 나눠야 할 목적이나 방향성을 제시하는 것으로 대화를 시작하고 상대가 듣고 싶어할 만한 것을 중심으로 이야기하고, 상대의 관점을 적극 수용하면, 이야기를 듣는 사람이 마음을 열고 내 생각을 받아들이게 하는 데 도움이 된다."

나는 늘 우리집 근처에 있는 공원에서 말을 타거나 산책하기를 즐긴다. 고대 골 지역에 살던 드루이드 족Druids처럼 나는 떡갈나무를 숭배하다시피 좋아한다. 그래서 부주의한 화재로 매년 수많은 묘목과 관목이 쓰러져 죽어가는 것이 속상했다. 화재의 원인은 흡연자의 부주의보다 공원에 놀러 온 청소년들이 원주민과 같은 생활을 해본다며 나무 아래서 달걀이나 소시지 요리를 해먹다가 생기는 일이 더 많았다. 이렇게 아이들이 피운 불이 심하게 번져서 소방차가 출동해 막아야만 하는 경우도 많았다.

공원 가장자리에는 '불을 피우는 사람은 벌금형이나 구류형에 처한다.'는 팻말이 있었다. 하지만 팻말은 인적이 드문 곳에 세워져 있어서 정작 화재를 일으킬 만한 사람들이 읽는 일은 거의 없다. 말을 탄 경찰관이 공원을 순찰하게 되어 있었지만, 그는 자신의 업무를 그리 진지하게 수행하지 않고 있어서 매년 화재는 계속 발생했다. 한번은 내가 경찰관에게 달려가 공원에서 불이 나서 번지고 있다고 말하고 어서 소방서에 알리라고 했던 적도 있었다. 하지만 그 경찰관은 자기 관할 구역이 아니라서 알 바 아니라고 냉담하게 말했다. 나는 너무나 낙심했다. 그래서 그 후부터는 말을 타고 나가면 공공장소를 보호하는 위원 같은 일을 자청해서 하게 되었다. 하지만 처음에는 상대의 관점에서 보지 못해서 유감스러운 일만 겪게 되었다. 나무 아래 불이 피어오르는 걸 보면 나는 기분이 상했다. 그리고 옳은 일을 해야 한다는 생각에 서둘러 말을 타고 아이들에게 다가가서 불을 피우면 감옥에 갈 수도 있다고 경고하고 한껏 권위를 드러내며 당장 불을 끄라고 말했다. 불을 끄지 않으면 체포당하도록 하겠다고 협박도 했다. 나는 아이들의 입장에서 생각하지 못하고 그저 내 감정만 쏟아내고 있었다.

그 결과는? 아이들은 순순히 말대로 했다. 뚱한 얼굴로 싫은 기색을 내면서도 내 말에 따랐다. 하지만 내가 말에 올라타 산등성이를 넘어가면 아이들은 다시 불을 피우고 공원을 다 태워버릴 기세로 놀았을 것이다.

시간이 지나면서 나는 인간의 본성에 대해 조금 더 알게 되었고, 약간의 요령도 얻으면서 다른 사람의 관점에서 생각하는 버릇도 갖게 되었다. 그래서 불을 피우는 아이들에게 말을 타고 다가가서 명령을 내리는 대신에 이렇게 했다.

"얘들아, 재미있니? 오늘 저녁은 뭘 요리할 거니? 나도 어릴 적에는 불을 피우는 걸 좋아했단다. 지금도 좋아해. 하지만 여기 공원에서는 위험할 수 있다는 걸 알아두렴. 너희가 나쁜 생각으로 하는 일이 아니라는 건 알아. 하지만 조심하지 않는 아이들도 있단다. 그런 아이들이 여기 와서 너희가 불을 피우는 걸 보고 자기들도 불을 피웠다가 잘 끄지도 않고 집으로 가버리면 마른 잎사귀에 불이 번져서 공원의 나무들이 죽는단다. 우리가 더 조심하지 않으면 이 공원에 나무가 하나도 남아 있지 않게 될 수도 있어. 여기서 불을 피우면 감옥에 갈 수도 있단다. 너희가 즐겁게 노는 걸 방해하거나 간섭할 생각은 없단다. 너희가 재미있게 지내는 게 나도 좋아. 하지만 지금 불 근처에 있는 마른 잎들을 모두 긁어서 멀리 치워주겠니? 그리고 떠나기 전에는 흙을 아주 많이 덮어서 불을 꺼주지 않겠니? 그리고 다음에 놀 때는 저기 언덕 너머에 모래사장에서 불을 피우면 어떨까? 거기라면 나쁜 일이 일어날 일도 없을 것 같은데. 여하튼 내 말을 들어줘서 고맙다. 재미있게 놀아라."

완전히 다른 방식의 이야기였다. 그랬더니 아이들은 협조하고 싶어 했다. 뚱한 얼굴도 하지 않고 싫은 기색도 없었다. 아이들은 억지로 명령에 따르도록 지시받지 않았다. 창피한 일도 당하지 않았다. 아이들은 기분이 좋아졌고, 나도 기분이 좋아졌다. 아이들의 관점을 고려하면서 상황을 처리했기 때문이었다.

대인관계에서 갈등을 겪으며 첨예하게 대립하는 경우 상대의 관점에서 바라보는 일은 긴장을 완화시켜준다. 호주의 뉴사우스웨일즈에 사는 엘리자베스 노박은 자동차 할부금을 6주나 연체하게 되었다.

"어느 금요일, 불쾌한 전화 한 통을 받았습니다. 제 할부금을 담당하고 있는 직원이 월요일까지 122달러를 내놓지 않으면 회사에서 추가 조치를 취할 것이라고 통보해왔습니다. 하지만 주말 동안 그 돈을 융통할 방법이 없었습니다. 월요일 아침 가장 먼저 걸려온 그 담당자의 전화를 받으면서 최악의 상황을 준비했습니다. 하지만 화를 내거나 기분 상해하기보다는 그 담당자의 입장에서 상황을 보았습니다. 저는 진심으로 번거롭게 해드려 미안하다고 사과를 했습니다. 그리고 이렇게 할부금을 번번이 연체시키니 제가 최악의 고객이겠다고 말했습니다. 그러자 담당자의 목소리가 달라졌습니다. 그는 진짜 골치 아픈 고객은 내가 아니라고 말해주면서 안심하라고 했습니다. 그리고 무례한 고객들의 이야기며 거짓말을 하거나 아예 그의 전화를 받지 않는 고객도 있다는 이야기를 계속했습니다. 저는 아무 말도 하지 않았습니다. 그저 가만히 듣고 있으면서 그가 겪는 어려움을 다 털어놓도록 했습니다. 그리고 나서 저는 아무 말도 하지 않았는데 담당자가 먼저 당장 돈을 다 내지 않아도 된다고 말해주었습니다. 그달 말까지 20달러를 내면 문제 될 게 없을 테니 여유가 되면 나머지 돈을 지불해도 된다고 말해주었습니다."

누군가에게 불을 끄라고 하거나 물건을 사오라고 시키거나 내가 후원하는 자선단체에 기부를 하라고 권하고 싶다면, 잠시 멈추어 서서 두 눈을 감고 상대의 관점에서 모든 것을 바라보려 노력해보는 건 어떨까? 그리고 이렇게 자문해보아라.

"어떻게 해야 이 일을 하고 싶게 만들 수 있을까?"

이렇게 하려면 시간이 든다. 맞는 말이다. 하지만 적을 만드는 일이 없을 것이고, 더 좋은 결과를 얻게 될 것이다. 또, 마찰은 줄이고 수고도 덜게 될 것이다.

하버드 경영 대학원의 총장직을 역임한 딘 도넘은 이렇게 말했다.

"나는 사람을 만나러 가기 전에 무슨 말을 할 것인지, 그리고 내가 파악한 상대의 관심사와 동기로 미루어보아 상대가 무슨 대답을 할 것인지를 분명히 알지 못하면, 곧바로 그 사람의 사무실로 들어가지 않는다. 차라리 그 사람의 사무실 앞에서 두 시간 정도 서성거리는 편을 택한다."

이건 아주 중요한 이야기라서 다시 한 번 강조한다.

'나는 사람을 만나러 가기 전에 무슨 말을 할 것인지 그리고 내가 파악한 상대의 관심사와 동기로 미루어보아 상대가 무슨 대답을 할 것인지를 분명히 알지 못하면, 곧바로 그 사람의 사무실로 들어가지 않는다. 차라리 그 사람의 사무실 앞에서 두 시간 정도 서성거리는 편을 택한다.'

이 한 가지를 터득한다면 앞으로 경력을 쌓아가는 데 디딤돌로 삼을 수 있을 것이다. 이 책을 읽고 늘 다른 사람의 관점에서 생각하고, 나뿐만 아니라 다른 사람의 시각에서 사물을 판단하는 경우가 많아진다면 제대로 배운 것이라 할 수 있다.

제8원칙
다른 사람의 관점에서 보려고 진심으로 노력하라.

Chapter
9

모든 이들이
원하는 것

말다툼을 당장 그치게 하고 나쁜 감정을 없애주며 호의를 불러일으켜서 다른 사람이 귀를 기울이고 내 말을 듣게 해주는 마법 주문이 있다면 알고 싶지 않은가?

여기 그 주문을 소개한다.

"지금 그렇게 생각하시는 게 전혀 무리가 아니라고 생각합니다. 저라도 그 입장이라면 그렇게 생각했을 게 분명합니다."

이런 대답이라면 제아무리 고약한 성질을 가진 싸움꾼의 마음도 풀어줄 수 있다. 그리고 이 말은 100퍼센트 진심일 수밖에 없다. 정말 상대의 입장이 되면 당연히 그와 같이 생각하게 될 게 분명하기 때문이다. 알 카포네의 이야기를 해보겠다. 알 카포네와 같은 신체 조건에 같은 성격, 같은 사고방식을 가지고 태어났다고 생각해보라. 그리고 그의 경험과 그가 처한 환경도 똑같이 겪었다고 생각해보라. 그러면 우리는 알 카포네와 같은 모습을 하고, 알 카포네와 같은 처지에 있게 될 것이다. 현재의 그를 만든 것이 바로 앞서 말한 것들이기 때문이다. 우리가 방울뱀이 아닌 이유는 오로지 우리의 부모가 방울뱀이 아니기 때문이다.

현재의 나는 내가 만든 게 아니다. 그러니 기억해라. 나에게 짜증을 내고 고집을 부리고 말도 안 되는 소리를 하는 사람들이 그렇게 된 건 다른 탓이 있다. 그 불쌍한 사람들을 안됐다고 생각하자. 불쌍히 여기자. 동정하자. 그리고 이렇게 혼잣말을 중얼거리자.

"하나님의 은총이 아니었다면 저게 나일 수도 있었어."

우리가 만나는 사람들 네 명 중에 세 명은 동정과 공감을 간절히 바라고 있다. 그러니 공감하고 동정해주면 사람들은 우리를 좋아해준다.

한번은 《작은 아씨들》의 저자 루이자 메이 알코트 여사에 대한 방송을 한 적이 있었다. 물론 나는 여사가 매사추세츠 주의 콩코드에서 지내며 불멸의 역작을 집필해왔다는 사실을 알고 있었다. 하지만 나는 무심코 뉴햄프셔 주의 콩코드에 있는 여사의 오래된 집을 방문했었다고 말해버렸다. 한 번만 그 이야기를 했다면 용서를 받을 수도 있었을 것이다. 그러나 정말 슬프게도 나는 그 이야기를 두 번이나 했다. 곧 말벌 떼가 내 머리 주변을 윙윙거리며 날아다니듯 신랄한 글들과 전보, 편지가 쇄도하기 시작했다. 많은 사람이 화를 냈다. 그중에는 무례한 글도 있었다. 매사추세츠 주의 콩코드에서 나고 자라 지금은 필라델피아에서 살고 있다는 한 나이 지긋한 귀부인은 노발대발 화를 냈다. 알코트 여사가 뉴기니에 사는 식인종이라고 비난을 했어도 그보다 더 심하게 화를 내지는 않았을 것 같았다. 그 부인의 편지를 읽으면서 나는 속으로 생각했다.

'하나님, 저런 여성과 결혼하지 않게 해주셔서 감사합니다.'

내가 비록 실수를 했지만, 귀부인은 나에게 예의에 벗어나는 더 큰 실수를 했다고 말해주는 편지를 쓰고 싶었다. 그건 시작에 불과했다. 나는 두 팔을 걷어 부치고 진짜 내 생각을 말해주고 싶었다. 하지만 그렇게 하지 않았다. 나는 마음을 다잡았다. 걸핏하면 흥분하는 바보들이나 그런 일을 할 것이라는 생각이 들었다. 그리고 대부분의 바보들은 그렇게 한다.

나는 바보보다는 나은 사람이 되고 싶었다. 그래서 그녀의 적개심을 호의로 바꾸어보기로 했다. 어려운 일이 분명했다. 하지만 일종의 게임이 될 수 있었다. 나는 혼잣말을 했다.

"그래, 내가 그 귀부인이라면 그렇게 생각했을 수도 있지."

그런 다음에 나는 그 귀부인의 관점에 공감해보기로 했다. 그리고 필라델피아에 갈 일이 생겨서 방문했을 때 그 귀부인에게 전화를 걸었다. 전화로 나눈 대화는 다음과 같았다.

나: 아무개 부인이시죠? 몇 주 전에 제게 편지를 보내셨는데요, 감사하다는 말씀을 드리고 싶어서 전화했습니다.

부인: (예의바르고 세련된 말투에 카랑카랑한 어조로) 지금 말씀하시는 분은 실례지만 누구시죠?

나: 저를 잘 모르실 겁니다. 제 이름은 데일 카네기라고 합니다. 몇 주 전 일요일에 제가 루이자 메이 알코트 여사에 관해 방송한 것을 들으셨지요? 그때 제가 알코트 여사가 뉴햄프셔에 있는 콩코

드에 살고 있다고 말하는 용서받지 못할 큰 실수를 저질렀습니다. 아주 어리석고 터무니없는 실책이어서 사과를 드리고 싶습니다. 시간을 내서 제게 편지를 보내주시는 친절을 베풀어주신 점 정말 감사하게 생각합니다.

부인: 카네기 씨, 편지를 썼던 일은 죄송합니다. 제가 화가 나서 이성을 잃었었네요. 사과는 제가 드려야 할 것 같네요.

나: 아닙니다! 아니에요! 부인이 사과하실 일이 아닙니다. 제가 사과를 드려야죠. 지난주 일요일에 방송으로도 사과를 드렸습니다만, 부인께는 직접 사과를 드리고 싶습니다.

부인: 저는 매사추세츠 주의 콩코드에서 태어났답니다. 저희는 2세기 동안 매사추세츠 주에서 내노라 하는 가문입니다. 그래서 저는 고향에 대한 자부심이 대단하지요. 그런데 알코트 여사가 뉴햄프셔 주에 산다고 말씀하신 걸 듣고는 무척 슬펐습니다. 하지만 그 편지를 보낸 일은 정말 부끄럽군요.

나: 제 슬픔에 비하면 부인의 슬픔은 십분의 일도 안 되었을 겁니다. 제 실수가 매사추세츠 주에 해가 된 일은 없겠습니다만, 저는 상처를 입었습니다. 부인 같은 지위와 교양을 갖추신 분들이 시간을 내서 라디오 방송에서 말하는 사람에게 편지를 쓰시는 일은 좀처럼 없으시겠습니다만, 혹 다음에라도 제가 방송에서 하는 말에 실수가 있나 살펴봐주시고 다시 편지를 보내주시면 감사하겠습니다.

부인: 제 비판을 이렇게 받아들여주시니 정말 좋네요. 정말 훌륭한 분이신 것 같군요. 앞으로 더 잘 알고 지내면 좋을 것 같아요.

내가 부인에게 사과하고 부인의 관점에 공감했기 때문에 부인 역시 사과하고 내 관점에 공감하게 됐다. 나는 화가 나는 것을 참고 마음을 진정시켜 만족스러운 결과를 얻을 수 있었다. 또 모욕을 받고도 상냥한 태도를 보인 나 자신이 대견하고 만족스러웠다. 그 부인에게 스쿨킬 강에나 빠져버리라고 소리치는 것보다 그 부인이 나를 좋아하게 만든 일이 진짜로 더 재미있었다.

백악관의 주인이 된 사람들은 모두 거의 매일 인간관계에 얽힌 곤란한 문제에 부딪힌다. 태프트 대통령도 예외는 아니었다. 그는 경험을 통해 험악한 감정을 중화시키는 데는 공감이라는 화학 물질이 가장 요긴하다는 사실을 터득하고 있었다. 그의 저서 《공직자 윤리Ethics in Service》에서 태프트는 야심만만한 어머니가 낙담을 한 후, 화를 내는 상황을 부드럽게 한 재미있는 사례를 잘 보여주고 있다.

'워싱턴에 사는 한 부인이 있었다. 남편이 정치적 영향력을 상당히 발휘하고 있던 터라 그 부인은 아들에게 공석인 일자리를 달라고 6주 이상을 조르며 나를 괴롭혔다. 그 부인은 상하원 의원들 상당수를 같이 데리고 와서까지 그 일을 계속했다. 하지만 그 자리에는 기술적 전문성이 필요했고 주무부처 장관의 추천을 받아야 해서 다른 사람을 그 자리에 앉혔다. 그러자 일자리를 얻지 못한 아들의 어머니에게서 편지를 받았다. 내가 손 하나 까닥하면 간단히 해줄 수 있는 일로 그 부인을 행복하게 해줄 수도 있었는데 매몰차게 거절하느냐며 나를 보고 세상에서 가장 배은망덕한 사람이라고 했다. 또, 자기 주의 의원들을 졸라서 내가 특별히 관심을 갖고 있던 행정 법안에 찬성표를 주게 하기도 했는데 이런 식으로 갚느냐고 불평을 했다. 이런 편지를 받으면 가장 먼저 생각나는 것은 무례를 범한 데다 건방진 구석까지 있는 이런 사람을 어떻게 혼쭐나게 해줄까이다. 그러고는 답장을 쓰게 된다. 그러나 현명한 사람이라면 그 편지를 서랍에 넣고 열쇠로 잠가버린다. 이틀 후에 그 편지를 꺼내보라. 그렇게 시간을 두고 다시 편지를 보면 보내지 않게 된다. 나도 그렇게 했다. 그리고 다시 자리에 앉아 최대한 정중하게 답장을 썼다. 그런 상황에서 어머니로서 얼마나 낙담하셨을지 알겠다고 말하고, 그 자리의 임명권은 나의 개인적인 선택에만 맡겨진 것이 아니라는 점을 알렸다. 전문적인 기술을 갖춘 사람을 선택해야 해서 주무부처 장관의 추천을 따라야 했다고 말했다. 그리고 부인의 아들이 현재 자리에서도 부인이 바라는 바를 충분히 성취할 수 있게 되기를 바란다고 적었다. 그 편지로 부인은 마음을 누그러트리고 나에게 보냈던 지난 편지에 대해 미안하다는 말을 전해왔다. 하지만 내가 보낸 임명안은 즉시 승인을 얻지 못했다. 그 사이 나는 그 부인의 남편이 보냈다는 편지 한 통을 받았다. 하지만 필체는 이전의 다른 편지들과 같았다. 편지에는 부인이 이번 일로 크게 상심해서 신경쇠약에 걸려 자리에 눕게 되었고 심각한 위암에까지 걸리게 되었다고 적혀 있었다. 상황이 그러하니 앞서 추천한 사람을 철회하고, 그 자리에 부인의 아들을 추천해서 부인이 건강을 회복하도록 해주지 않겠느냐는 부탁이었다. 나는 다시 편지를 썼다. 수신인을 부인의 남편으로 한 그 편지에 부인의 병이 오진이라고 판명되기를 바란다고 적고 아내가 그렇게 심각한 병에 걸렸으니 남편으로서 상심이 얼마나 크신지 알 것 같지만 임명안을 철회하는 것은 불가능하다고 했다. 그리고 내가 임명한 사람은 곧 확정되었고, 그 편지를 받고 이틀 후에 백악관에서 음악 파티가 열렸다. 나의 아내와 내게 가장 먼저 인사를 건넨 두 사람은 그 부인과 남편이었다. 얼마 전까지 사경을 헤맸다는 사람을 그렇게 만났

던 것이다.'

제이 맹검은 오클라호마 주의 털사에서 엘리베이터와 에스컬레이터 정비 회사를 운영하고 있었다. 회사에서는 털사에서 최고로 손꼽히는 호텔의 에스컬레이터 정비 계약을 맺고 있었다. 호텔 지배인은 2시간 이상 에스컬레이터를 정지시키지 못하도록 했다. 호텔 투숙객들에게 불편을 끼치고 싶지 않다는 이유에서였다. 에스컬레이터를 수리하는 데는 최소한 8시간이 걸리는 데다 제이 맹검의 회사에서는 호텔 편의에 맞춰 자격을 갖춘 정비사를 계속 대기시켜 놓을 수도 없었다.

맹검 씨는 이번 작업을 위해서 최고로 솜씨가 좋은 정비사를 뽑아놓은 다음 정비사에게 수리에 필요한 시간을 달라고 호텔 지배인과 언쟁을 벌이는 대신 전화를 걸어 이렇게 말했다.

"릭 지배인님, 호텔이 아주 번잡해서 에스컬레이터를 최소한만 정지시켜 놓고자 하는 마음은 잘 알겠습니다. 이번 일과 관련해서 우려하시는 바를 충분히 이해합니다. 저희도 최대한 원하시는 대로 해드리고 싶습니다. 하지만 상황을 보아하니 이번에 완벽하게 수리를 해놓지 않으면 나중에 보다 심각한 고장이 날 것 같습니다. 그러면 훨씬 더 오래 에스컬레이터를 정지시켜 놓아야만 하겠지요. 투숙객들에게 며칠 동안 불편을 끼치는 사태를 원하지 않으실 거라고 생각합니다."

호텔 지배인은 며칠 동안 에스컬레이터를 운행하지 못하게 되는 것보다는 8시간을 정지시켜 놓는 편이 더 낫다는 말에 동의할 수밖에 없었다. 호텔 매니저가 고객에게 쾌적한 환경을 유지하고자 하는 마음에 공감하였던 맹검 씨는 적대적인 분위기 연출 없이도 손쉽게 자신의 생각대로 호텔 지배인이 움직이도록 만들 수 있었다.

조이스 노리스는 미주리 주의 세인트루이스에서 피아노 선생님을 하면서 십대 학생들과 마찰을 빚을 때 어떻게 대처했는지를 말해주었다. 바베트라는 학생 한 명이 유독 손톱을 길게 길렀다. 올바른 피아노 연주 습관을 배우기 원하는 사람에게는 심각한 장애가 될 수 있는 일이었다.

노리스 선생님은 당시 이야기를 들려주었다.

"바베트가 피아노를 더 잘 치고 싶다면 그 손톱이 방해가 될 거란 사실을 알고 있었죠. 함께 피아노를 배우기 시작하기 전에 의견을 교환하는 시간이 있었지만, 저는 아이에게 손톱에 대한 말을 일절 하지 않았습니다. 피아노를 배우겠다는 아이의 사기를 처음부터 꺾고 싶지 않았거든요. 또 아이가 그 손톱을 매우 자랑스럽게 생각하고 멋지게 보이려고 많이 공을 들였기에 손톱을 자르고 싶어 하지 않을 거란 걸 알고 있었습니다. 첫 레슨을 마치고 나서 저는 때가 되었다는 생각을 했습니다. 그래서 바베트에게 말했습니다. '바베트, 넌 손이랑 손톱이 참 예쁘구나. 그런데 네가 그 손톱을 조금만 짧게 다듬으면 피아노를 네가 원하는 만큼 그리고 네 능력만큼 잘 치는 데 훨씬 도움이 될 거야. 정말 금방 피아노를 잘 치게 될 것 같아. 한번 생각해볼래? 좋지?' 바베트는 매우 불쾌한 얼굴을 하고 인상을 찡그렸습니다. 저는 학생의 어머니에게도 이런 상황을 이야기하면서 다시 한 번 바베트의 손톱이 정말 아름답다는 말을 했습니다. 다시 한 번 부정적인 반응을 보았지요. 매니큐어를 칠한 바베트의 아름다운 손톱은 매우 중요한 것이 분명했습니다. 다음 주에 바베트는 두 번째 피아노 레슨을 받으러 왔습니다. 그런데 놀랍게도 손톱이 다듬어져 있었습니다. 저는 대단한 희생을 감내했다는 점에서 바베트를 칭찬했습니다. 또, 바베트의 어머니에게도 바베트가 손톱을 깎도록 도와주셔서 감사하다고 말했습니다. 그러자 바베트의 어머니가 말했습니다. '어머, 저는 아무것도 하지 않았어요. 바베트가 스스로 결정한 일이랍니다. 바베트가 누구의 말을 듣고 손톱을 다듬은 건 처음 있는 일이에요.'"

노리스 선생님이 바베트를 위협했나? 손톱이 긴 학생은 가르쳐주지 못하겠다고 말했나? 아니, 그렇지 않았다. 오히려 바베트에게 손톱이 참 예쁘다고 말해주고 그런 손톱을 자른다면 희생하는 것이 되겠다고 말했다. 노리스 선생님은 '나는 네 마음을 알아. 쉽지 않겠지. 하지만 악기를 더 잘 연주하게 될 거야.'라는 암시를 주었을 뿐이었다.

솔 휴록은 미국 최고의 제작자로 꼽을 수 있는 사람이다. 반세기 동안 그는 수많은 예술가들을 상대했다. 샬리아핀, 이사도라 덩컨, 파블로바와 같은 세계적인 예술가들이 그와 함께했다. 휴록 씨는 성미가 까다로운 스타들을 상대하면서 가장 먼저 배운 교훈은 공감하고 또 공감해야 한다는 사실이라고 말했다. 대스타들의 개성을 이해하고 공감해야 했던 것이다. 3년 동안 표도르 샬리아핀의 제작자로 일한 적이 있었다. 샬리아핀은 메트로폴리탄 오페라 극장에서 상류층 관객들을 전율하게 만든 당대 최고의 베이스 가수였다. 하지만 샬리아핀은 끊임없이 문제를 일으켰다. 마치 버릇없는 아이마냥 늘 말썽이었다. 휴록의 독특한 표현을 빌려 말하자면, "그는 어느 모로 보나 대단한 사람이었다."

샬리아핀은 노래를 부르기로 한 날 정오쯤에 휴록에게 전화를 걸어 이렇게 말하는 일도 있었다.

"솔, 기분이 안 좋아요. 목이 잘게 다진 쇠고기 같아. 오늘밤에는 노래하는 게 불가능할 것 같아."

휴록은 샬리아핀과 언쟁을 벌였을까? 천만에. 그는 제작자로서 예술가를 그렇게 다룰 수 없다는 사실을 잘 알고 있었다. 그래서 당장 샬리아핀이 묵고 있는 호텔로 달려가서 열심히 위로하고 샬리아핀의 마음을 이해해주었다.

"정말 딱하군요."

휴록은 슬퍼하며 말했다.

"정말 딱하네요! 우리 불쌍한 친구. 당연히 노래는 못 부르겠군요. 당장 공연 약속을 취소하도록 하겠어요. 기껏해야 2,000달러 정도만 손해 보면 될 걸요. 하지만 명성에 금이 가는 것에 비하면 그건 아무것도 아니죠."

그러자 샬리아핀은 한숨을 쉬면서 말했다.

"그럼 조금 이따가 다시 와보세요. 그때는 좀 나아져 있을지도 모르죠."

그리고 7시 30분이 되었을 때 이 위대한 베이스 가수는 순순히 노래를 부르기로 했다. 단 조건이 있었다. 휴록이 메트로폴리탄 무대에 직접 나가 샬리아핀이 지독한 감기에 걸려서 목상태가 좋지 않다는 말을 해달라는 것이었다. 휴록은 그렇게 하겠다고 거짓말을 했다. 그렇게 해야만 이 베이스 가수를 무대에 서게 할 수 있다는 걸 알고 있었기 때문이었다.

아서 게이츠 박사는 그의 명저 《교육심리학Educational Psychology》에서 다음과 같이 말했다.

'공감은 인류가 모두 갈구하는 것이다. 어린아이는 자신의 상처를 보여주려 애쓰고 심지어 더 많은 동정심을 얻으려고 상처를 내거나 멍들게 하기도 한다. 성인들도 같은 목적으로 멍자국을 보여주거나 사고를 당했거나 병에 걸렸던 일 또는 수술을 했던 이야기를 아주 자세히 말한다. 현실의 일이건 상상 속의 일이건 불운한 일에 대한 '자기 연민'은 어느 정도는 누구에게나 있는 보편적 습관이다.'

그러니 사람들을 설득하고자 한다면 다음과 같이 하라.

제9원칙

다른 사람의 생각과 바람에 공감하라.

모든 사람이
좋아하는 호소법

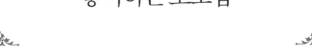

　나는 미주리 주에서 제시 제임스가 활약하던 지역의 변두리에서 자랐다. 한번은 미주리 주의 커니에 있는 제임스의 농장에 간 적이 있었다. 당시 그곳에는 제임스의 아들이 살고 있었다. 그의 아내는 나에게 제시가 열차 강도를 하고 은행을 털어서 그 돈을 지역 농부들에게 주어 대출을 갚게 해준 이야기를 들려주었다.

　제시 제임스는 아마도 마음속으로 자신은 이상주의자라고 생각했을 것이다. 수세대 전에 더치 슐츠나 쌍권총 크로울리, 아니면 알 카포네와 같은 수많은 조직 범죄자의 '대부'들이 그랬던 것처럼 말이다. 사실 우리가 만나는 모든 사람은 자신을 높이 평가하면서 이타적이며 훌륭한 사람이라고 생각하고 싶어 한다.

피어폰트 모건은 자신이 겪었던 일화를 분석하면서 사람들이 일을 하는 데는 대개 두 가지 이유가 있다고 말했다. 겉보기에 그럴듯한 이유가 있고 진짜 이유가 따로 있다는 것이었다.

사람들은 진짜 이유를 생각하기 마련이다. 강조하지 않아도 알 수 있는 일이다. 하지만 우리 모두는 내심 이상주의자여서 겉보기에 그럴듯한 동기에 대해 생각하는 걸 좋아한다. 그래서 사람들을 변화시키고 싶다면 그 고상한 동기에 호소하면 된다.

사업 분야에서 활용하기에는 지나치게 이상주의적이라고? 어디 한번 살펴보자. 펜실베이니아 주의 글레놀던에 있는 파렐 미첼 컴퍼니의 해밀턴 패럴의 사례다.

패럴 씨에게는 이사를 가겠다고 협박을 해대는 불평을 품은 세입자가 있었다. 그 세입자는 계약 기간이 4개월이 남아있는 데도 계약과 상관없이 당장 집을 비우겠다고 통보를 해왔다.

"그 사람들은 집세가 가장 비싼 겨울 내내 집을 사용했습니다."

패럴 씨가 우리 강좌에서 털어놓은 사연이다.

"가을이 되기 전에는 집을 다시 세 놓기가 어렵다는 걸 알고 있었죠. 임대료를 손해볼 게 뻔했습니다. 정말 화가 났습니다. 평소 같았다면 저는 당장 그 세입자에게 가서 계약서를 다시 읽어보라고 강권했을 겁니다. 그리고 지금 이사를 나가면 임대료의 잔여분을 당장 지급해야 한다는 점을 지적하고 저는 기꺼이 그 돈을 받아낼 수 있고 받아내려고 노력할 거라 말했을 겁니다. 하지만 버럭 화를 내고 소동을 피우는 대신에 저는 다른 전술을 써 보기로 마음먹었습니다. 그래서 이렇게 말문을 열었죠. '아무개 씨, 말씀하신 내용은 잘 알아들었습니다. 하지만 이사를 가려 하신다니 정말 믿을 수가 없군요. 오랫동안 임대업을 해오면서 사람 보는 눈이 좀 있다고 생각하는데, 처음에 봤을 때 한 번 뱉은 말은 책임을 지실 분이라고 생각했었거든요. 분명 그런 분이라 생각해서 내기라도 할 자신이 있었습니다. 그러면 제가 제안을 하나 드리겠습니다. 며칠 시간을 두고 어떤 결정을 내리실지 생각을 해봐주십시오. 지금부터 임대료 납입일인 다음 달 1일 사이에 저에게 다시 오셔서 여전히 이사를 가시겠다고 하시면 그 결정을 최종적인 것으로 받아들이겠습니다. 이사하시도록 해드리고 제가 잘못된 판단을 했다고 인정하도록 하지요. 하지만 저는 여전히 약속을 반드시 지키실 분이니 계약 기간까지 이곳에서 지내시리라 믿고 있습니다. 원숭이가 될지 인간이 될지는 결국 우리의 선택에 달린 문제가 아니겠습니까!' 그리고 다음 달이 되자 그 세입자 양반은 직접 나를 찾아와 집세를 냈습니다. 그와 아내가 상의를 해서 계속 있기로 했다고 하더군요. 계약 기간까지 있는 게 올바른 도리라는 결론을 내렸다고 했습니다."

고 노스클리프 경은 원하지 않는 사진이 신문에 실린 것을 발견했다. 그는 신문사 편집장에게 편지를 썼다. 그는 '그 사진이 마음에 들지 않으니 더 이상 사용하지 말아주시오.'라고 썼을까? 아니, 그는 보다 숭고한 동기에 호소했다. 그는 우리 모두가 모성에 대해 품고 있는 사랑과 존경에 호소했다. 노스클리프 경은 이렇게 썼다.

'그 사진을 더 이상은 사용하지 말아주십시오. 제 어머니께서 싫어하십니다.'

존 록펠러 주니어는 자녀들의 사진을 몰래 찍어대는 신문사 사진 기자를 막고 싶었다. 그 역시 보다 숭고한 동기에 호소하는 방법을 사용했다. 그는 "우리 아이들 사진이 신문에 실리는 것을 원하지 않습니다."라고 말하지 않았다. 대신 우리 모두의 마음속 깊은 곳에 있는 욕망에 호소했다. 바로 어린이가 상처 입지 않도록 보호하고자 하는 생각이었다. 록펠러 주니어는 이렇게 말했다.

"자녀가 있으신 분들은 잘 알고 계실 텐데요. 어린아이들이 지나치게 사람들에게 알려지는 게 좋지 않잖습니까?"

메인 주에서 상경한 가난한 소년에서 〈세터데이 이브닝 포스트Saturday Evening Post〉지와 〈레이디스 홈 저널Ladies' Home Journal〉을 소유한 백만장자가 될 운명을 지닌 사이러스 커티스가 그 화려한 경력을 막 시작할 때의 이야기다. 그는 다른 잡지사와 같은 수준의 돈을 기고가들에게 지급할 여력이 없었다. 일류 작가에게 단독 기사를 살 만한 경제적 여유도 없었다. 그래서 그는 보다 숭고한 동기에 호소했다. 그는《작은 아씨들》이라는 불후의 명작을 쓴 루이지아 메이 알코트 여사가 최고의 명성을 날리던 시절에 글을 써달라고 설득하기도 했다. 하지만 원고료는 200달러의 수표를 알코트 여사가 아닌, 알코트 여사가 좋아하는 자선단체로 보내는 걸로 가름했다.

이쯤에서 비딱한 걸 좋아하는 사람들은 이렇게 말할지도 모르겠다.

"그런 방법이 노스클리프나 록펠러 또는 감상적인 소설가에게나 통하겠지. 내가 받을 돈이 있는 억센 사람들에게도 그런 방법이 통하는지 보고 싶군!"

그럴지도 모른다. 모든 경우에 다 통하는 방법은 없으니까. 모든 사람에게 다 통하는 일도 없다. 현재의 결과에 만족한다면 바꾸어볼 생각을 할 필요가 없다. 하지만 만족하지 않는다면 시도해보는 것도 괜찮지 않을까?

예전에 나의 강좌를 들었던 제임스 토마스가 들려준 실화를 한 번 읽어보는 것도 재미있을 것이다.

한 자동차 회사의 고객 여섯 명이 서비스 대금 지불을 거부한 일이 있었다. 청구서 금액 전부를 거부한 사람은 아무도 없었지만, 다들 청구 항목 중에 착오가 있다고 주장했다. 그런데 고객은 작업별로 확인 서명을 했기 때문에 회사에서는 절차가 옳다고 봤다. 그리고 그렇게 말했다. 그것은 첫 번째 실수였다.

회사의 신용 판매부에서 과잉청구되었다는 대금을 받아내기 위해 그 여섯 명에게 취했던 조치는 다음과 같다. 성공했을 것 같은가?

1. 각각의 고객에게 찾아가서 퉁명스러운 어조로 납기일이 지난 청구서의 대금을 받으러 왔다고 말했다.
2. 회사 측은 무조건 일처리를 바르게 했기 때문에 고객이 절대적으로 틀렸다는 점을 분명히 밝혔다.
3. 자동차에 대해서는 회사가 고객은 생각도 못할 것까지 더 알고 있다는 점을 은연중에 말했다. 그러니 더 이상 논쟁을 벌일 이유가 어디 있단 말인가?
4. 결국 고객과 언쟁을 벌이게 되었다.

이 중 하나라도 고객과의 마찰을 중재하고 대금 문제를 해결할 수 있는 게 있었을까? 답이 어떨지는 모두 다 알고 있을 것이다.

이런 상황에서 신용판매부 부장이 막 법적인 조치를 취하며 공격의 포문을 열려고 할 때 다행히도 본부장이 이 사건에 주목하게 되었다. 본부장은 대금을 지급하지 않는 고객들을 조사해 모두 대금을 즉시 지불하던 사람들이란 사실을 알아냈다. 문제가 있는 것 같았다. 수금 방법에 단단히 문제가 있는 것 같았다. 그래서 본부장은 제임스 토마스를 호출해서 이 '미수금' 건을 수금하라고 지시했다.

다음은 토마스 씨가 취한 방법을 그대로 옮겨 적은 것이다.

1. 납기일이 오래 지난 청구서 수금을 위해 고객을 방문한다는 점
   은 같았습니다. 청구서 내역도 정확히 맞았습니다. 하지만 저는
   그 점에 대해서는 한 마디도 하지 않았습니다. 저는 회사에서 무
   슨 일을 해드렸고, 또 무슨 일을 해드리지 못했는지에 대해 알아
   보려 방문했다고 설명했습니다.

2. 저는 고객의 이야기를 다 듣고서 제 의견을 내겠다는 점을 분명
   히 했습니다. 그리고 회사에서 절대 오류가 없다고 주장하고 있
   지 않다는 점을 말해주었습니다.

3. 제가 관심을 갖고 있는 건 오로지 고객의 자동차라고 말했습니
   다. 그리고 고객의 차에 대해서는 이 세상에서 고객님이 가장 잘
   알고 계실 것이라고도 했습니다. 그 문제에 관해서는 고객이 최
   고 권위자라고 말했습니다.

4. 저는 고객이 말하게 했습니다. 그리고 관심을 보이면서 귀를 기
   울이고 공감했습니다. 고객이 원하고 기대하던 태도였지요.

5. 마침내 고객이 합리적인 태도를 되찾게 되자 저는 모든 일을 공
   명정대하게 봐주실 것을 부탁했습니다. 저는 고객의 숭고한 동
   기에 호소했습니다. 저는 말했습니다.

   "먼저 이 문제를 그동안 잘못 처리해왔다는 고객님의 생각에는
   저도 깊이 동감하고 있다는 걸 알아주시길 바랍니다. 저희 판매
   대리인 때문에 불편을 겪으셨고 화도 나셨고 짜증도 나셨을 겁
   니다. 절대로 있어서는 안 되는 일이었습니다. 정말 죄송하게 생

각합니다. 회사를 대표해서 제가 사과드리겠습니다. 여기 이렇게 앉아서 고객님의 이야기를 듣고 있으니 고객님은 정말 공명 정대하시고 인내심도 많으신 분 같다는 인상을 받았습니다. 이렇게 공정하고 참을성이 많으신 분이시니 제가 부탁 하나를 드리고 싶습니다. 이 세상 누구보다 고객님이 가장 잘해주실 것 같은 일입니다. 고객님 외에 더 잘 아는 사람이 없을 것 같습니다. 여기 청구서가 있습니다. 고객님께서 저희 회사 사장이라고 생각하시고 이 청구서를 조정해주시면 제가 안심이 될 것 같습니다. 전적으로 고객님께 맡기도록 할 테니 원하시는 대로 말씀해 주십시오."

고객이 청구서를 정정했을까요? 물론 정정했습니다. 그것도 아주 신이 나서 하더군요. 청구 금액은 150달러에서 400달러에 이르렀습니다. 고객은 자신에게 유리한 쪽으로 청구서를 조정했을까요? 네, 딱 한 명은 그렇게 하더군요! 한 명은 논란이 된 청구 건에 대해서는 한 푼도 낼 수 없다고 거절했습니다. 하지만 다른 다섯 명은 회사가 청구한 돈을 전액 납부했습니다. 그런데 진짜 재미있는 대목은 그 다음입니다. 그로부터 2년이 지나기 전에 여섯 명의 고객 모두가 새로운 차를 주문했다는 점입니다.

토마스 씨는 말했다.

"저는 경험을 통해서 고객에 대한 정보가 전무한 경우에는 무조건 고객은 진지하고 정직하며 믿을 만한 사람이라고 보고, 청구서 대금이 정확하다는 게 확실하기만 하면 대금을 기꺼이 지불할 마음이 있다는 걸 전제로 일을 추진해야 한다는 사실을 알고 있었습니다. 다시 바꿔서 좀 더 정확하게 말하자면 사람들은 정직하고 자신에게 채무가 있으면 상환하고 싶어 한다고 보는 것입니다."

> **제 10원칙**
>
> **숭고한 동기에 호소하라.**

진실을 돋보이게 할
쇼맨십이 필요하다

몇 년 전에 신문사인 〈필라델피아 이브닝 블리틴Philadelphia Evening Bulletin〉을 중상 모략하는 조직적인 활동이 있었다. 악의적인 소문이 회자되었다. 광고업자들은 그 신문사가 더 이상 독자들에게 매력적이지 않다는 말을 듣게 되었다. 광고는 너무 많고 뉴스는 너무 적기 때문이라고 했다. 즉각적인 조치가 필요했다. 뜬소문을 잠재워야만 했다.

여기 그 방법을 적어 본다.

신문사는 어느 하루를 정해 그날 정규판 신문의 모든 내용을 편집해서 다음 책으로 펴냈다. 책의 제목은 《하루》였다. 어느 하루 신문에 실린 기사와 특집을 모두 인쇄해서 307페이지 분량의 양장본으로 만든 그 책은 몇 달러를 받고 팔 수도 있었지만, 신문사에서는 겨우 몇 센트에 판매했다.

그 책의 출판은 신문에 상당한 양의 읽을거리를 게재하고 있다는 사실을 생생하게 표현해주고 있었다. 몇 페이지에 걸쳐 통계와 글로 전할 수 있는 것보다 더 생생하고, 흥미롭고 인상적으로 사실을 전달했던 것이다.

지금은 드라마타이즈Dramatize의 시대다. 진실을 말하는 것만으로는 부족하다. 그 진실을 생생하고 흥미롭고 인상적으로 만들어야 한다. 극적으로 각색해야 한다. 그래서 쇼맨십이 필요하다. 영화도 한다. 텔레비전도 한다. 그리고 주목을 받고자 하는 사람이라면 그도 해야만 한다. 디스플레이 전문가들은 드라마타이즈의 힘을 알고 있다. 새로운 쥐약을 선보인 제조사에서 판매상들에게 살아 있는 생쥐 두 마리가 담겨져 있는 쇼윈도우를 보낸 적이 있었다. 쥐가 전시된 주 판매량은 평소보다 5배나 신장된 수치를 기록했다.

텔레비전 광고에도 드라마타이즈 기법을 이용해 상품 판매를 하는 사례가 넘쳐난다. 하루 저녁 텔레비전 앞에 앉아 광고주들이 어떤 식으로 제품을 소개하고 있는지를 분석해보라. 제산제가 다른 경쟁 제품과 비교해 월등한 성능으로 시험관에서 산성의 성분이 있는 물질의 색을 변화시키는 모습을 볼 수 있을 것이다. 어떤 세제는 기름투성이 셔츠를 깨끗하게 빨아주지만 다른 경쟁사 제품은 회색으로 얼룩진 채인 것도 볼 수 있다. 자동차가 이리저리 곡선주행을 자유자재로 하는 모습도 있다. 백 번 말보다 훨씬 더 낫다. 행복한 얼굴을 보여주는 것은 제품에서 만족했다는 뜻이다. 이런 식의 드라마타이즈는 시청자에게 판매할 상품의 장점을 알려주고 구매하게 만든다.

비즈니스 상의 아이디어나 살아가면서 겪는 이런저런 일들도 얼마든지 드라마타이즈할 수 있다. 간단하다. 버지니아 주의 리치몬드에 살면서 NCR(National Cash Register 금전등록기 회사)에서 영업을 하고 있는 짐 예먼스는 극적인 시연으로 영업에 성공한 사례를 들려주었다.

"지난주에 근처 잡화점에 들렀다가 계산대에서 사용하고 있는 금전등록기가 매우 오래된 구식이라는 사실을 눈여겨 보게 되었습니다. 저는 가게 주인에게 다가가 말했죠. '손님이 계산대를 지나갈 때마다 말 그대로 몇 페니씩 날리고 계시네요.' 그 말과 함께 저는 바닥에 페니 동전 한 움큼을 던졌습니다. 가게 주인은 당장 제 말을 경청하기 시작했습니다. 제가 한 말은 그 가게 주인의 관심을 이끌어낼 수는 있었지만 동전이 땅바닥에 떨어져 구르는 소리는 그가 하던 일을 멈추고 제 말을 듣게 해주었습니다. 저는 그 낡은 금전등록기를 대신할 새 기계 주문을 그에게서 받아낼 수 있었죠."

일상생활에서도 마찬가지 효과를 볼 수 있다. 오래된 연인이 사랑하는 연인에게 청혼을 하면서 무릎을 꿇는다. 그것이야말로 그가 말하는 것이 진심이라는 걸 보여주는 일이다. 요새는 무릎 꿇고 하는 청혼을 보기 쉽지 않다. 하지만 많은 구혼자들은 결정적인 질문(결혼해주시겠습니까?)을 꺼내기 전에 낭만적인 분위기를 조성하고 있다.

원하는 것을 극적으로 각색하는 것은 자녀에게도 효과적이다. 앨라배마 주의 버밍엄에 사는 조 팬트 주니어는 세 살 난 아들과 다섯 살 난 딸아이가 장난감을 치우지 않아 애를 먹고 있었다. 그래서 조는 '기차'를 생각해냈다. 아들 조는 세발자전거를 운전하는 기관사가 되고, 딸아이의 왜건 유모차가 뒤에 덧붙여졌다. 저녁이면 자넷은 승무원차(왜건 유모차)에 '석탄'을 모두 싣고 올라타면 동생이 그걸 끌고 방 안을 돌아다녔다. 이런 식으로 방은 깨끗하게 치워졌다. 잔소리도, 말다툼도 협박도 필요 없었다.

인디애나 주의 미셔워커에서 사는 매리 캐서린 울프는 직장에 문제가 생겨 상사와 의논을 하려 마음을 먹었다. 월요일 아침에 상사와 만나고 싶다고 요청을 했다. 하지만 비서에게 매우 바쁘다는 말을 듣고 주중에 만날 약속을 정해야만 했다. 그 비서는 상사의 스케줄이 매우 빡빡하지만 어떻게든 시간을 내도록 하겠다고 말했다.

다음은 울프 양이 들려준 이야기다.

"하지만 일주일 내내 비서에게서 아무런 소식도 듣지 못했죠. 그래서 문의를 했더니 번번이 상사가 나를 만날 수 없는 이유를 대곤 했습니다. 금요일 아침이 되었지만 명확한 이야기는 하나도 듣지 못하고 있었습니다. 저는 주말 전에 그 상사를 만나 의논을 해야만 했습니다. 그래서 어떻게 해야 만날 수 있을지 생각해보았습니다. 그러다 마침내 실행에 옮긴 작전은 다음과 같습니다. 저는 상사에게 내용이 미리 적혀 있는 편지를 만들어 보냈습니다. 그 편지에 이번 주 내내 얼마나 바쁘셨는지 잘 알고 있지만, 내가 할 말도 중요하다는 내용을 적었습니다. 그리고 편지와 함께 반송 봉투를 밀봉하여 보내면서 보내드린 편지의 빈칸을 직접 채우시거나 비서에게 시켜서 다시 저에게 돌려주십사 부탁드렸습니다.

그 편지의 형식은 다음과 같았습니다.

'울프 양-저는 오전/오후 ___시에 당신을 만날 수 있습니다. 저를 만나실 수 있는 시간은 ___분입니다.'

오전 11시에 상사의 우편함에 그 편지를 가져다놓았고, 오후 2시에 제 우편함을 확인했습니다. 제가 보냈던 반송용 편지 봉투가 와 있었습니다. 상사는 직접 제가 마련한 문구의 빈칸을 채워 그날 오후에 10분 정도 시간을 낼 수 있으니 보자고 전해왔습니다. 저는 상사를 만나 1시간 정도 이야기를 나누었고 문제가 되었던 일을 해결할 수 있었습니다. 제가 정말 상사를 만나야만 한다는 사실을 극적으로 보여주지 않았다면 지금도 만날 약속이 잡히기를 기다리고 있었을 겁니다."

제임스 보인톤은 상당한 길이의 시장 동향 보고서를 프레젠테이션 해야만 했다. 그의 회사는 시장에서 선두를 달리는 콜드크림 제품에 대한 철저한 조사를 막 마친 참이었다. 시장 경쟁 상황에 대한 데이터를 고객이 급하게 요구했기 때문이었다. 고객은 광고업계에서 손에 꼽히는 거물급 인사였다. 하지만 처음에는 제대로 시작도 해보지 못하고 실패하고 말았다. 보인톤 씨는 이렇게 설명했다.

"처음 발표는 옆길로 새서 조사에서 사용한 방법에 대한 무익한 논의만 하게 되었습니다. 고객이 반론을 제기하면 저는 그에 대해 논박했습니다. 고객이 저에게 틀렸다고 했기 때문에 제가 옳다는 것을 증명해야만 했습니다. 마침내 만족스럽게 제 입장을 설명하기는 했습니다. 하지만 시간이 다 되어버렸었습니다. 정작 결론을 내지도 못했는데 말입니다. 다음에 찾아가서는 통계나 데이터로 일람표를 만드는 수고를 하지 않았습니다. 저는 고객을 만나러 가서 제가 알아낸 사실을 극적으로 각색해 제시했습니다. 사무실로 들어서니 고객은 전화 통화를 하고 있었습니다. 통화가 끝나자 저는 가져간 가방을 열고 32개의 콜드크림을 그의 책상 위에 턱하니 올려놓았습니다. 모두 그가 잘 알고 있는 경쟁사의 제품들이었습니다. 각 용기에는 시장 조사를 한 결과를 항목별로 구분한 꼬리표가 붙여져 있었습니다. 각 꼬리표는 각

제품의 인상적인 부분을 간단히 설명하고 있었습니다. 그래서 어떻게 되었을까요? 논쟁을 하지 않게 되었습니다. 색다르고 유별난 방식이었으니까요. 고객은 콜드크림 용기를 하나씩 들어 올려서 붙여진 꼬리표의 내용을 읽었습니다. 그리고 친근한 대화가 이어졌습니다. 고객은 부차적인 질문을 해왔습니다. 매우 흥미로워하는 것 같았습니다. 원래 제게 주어진 프레젠테이션 시간은 10분이었지만 10분이 지나고, 또 20분이 지나고 40분이 지나다가 결국 한 시간이 되도록 우리는 이야기를 나누고 있었습니다. 이전에 프레젠테이션했던 것과 같은 내용을 발표한 것이었지만, 이번에는 쇼맨십을 발휘해 극적인 각색을 했더니 다른 결과를 보게 된 것이었습니다."

제11원칙

아이디어를 극적으로 각색하라.

Chapter
12

뾰족한 수가 없다면
이 방법을 써라

찰스 슈왑의 밑에서 일하는 공장장 중에 목표 생산량을 채우지 못하는 이가 있었다. 슈왑은 그에게 물었다.

"자네처럼 능력 있는 공장장이 공장의 목표량을 채우지 못하는 건 왜 그런가?"

공장장은 대답했다.

"저도 이유를 모르겠습니다. 공장 사람들을 달래도 보고 강압적으로 밀어붙이기도 해보고, 호되게 질책하기도 했습니다. 해고하겠다고도 해보고 심한 비난도 했습니다. 하지만 다 소용이 없었습니다. 공장 사람들은 도무지 일을 하려 하지 않습니다."

이 대화를 했던 건 업무가 마무리될 무렵 막 어둠이 깔리기 시작할 때였다. 슈왑은 공장장에게 분필 하나를 가지고 오라고 하고 가장 가까운 사람에게 고개를 돌려 물었다.

"지금 작업조가 오늘 한 가열처리 횟수는 몇 번인가?"

"여섯 번입니다."

슈왑은 아무 말 없이 바닥에 커다랗게 6이라는 숫자를 적어놓고는 가버렸다.

야간 근무조가 공장에 와서 바닥에 적힌 '6'자가 뭔지 물었다.

"사장님이 오늘 여기 오셨었어."

주간 근무조가 말했다.

"우리한테 가열 처리를 몇 번이나 했느냐고 물으셔서 여섯 번 했다고 대답했더니 그걸 바닥에 적어놓고 가셨어."

다음 날 아침 슈왑은 그 공장을 다시 찾았다. 야간 근무조는 '6'을 지우고 대신 '7'이라고 큼지막하게 적어놓고 갔다.

주간 근무조는 다음 날 작업 보고를 하다가 바닥에 분필로 적힌 '7'자를 보았다. 야간 근무조가 주간 근무조보다 더 낫다는 말이잖아? 주간 근무조는 야간 근무조에게 본때를 보여주고 싶었다. 근무조 사람들은 열심히 작업을 했다. 그날 밤 주간 근무조는 작업을 마치고 엄청난 크기의 숫자 10을 뽐내며 바닥에 적어놓고 퇴근했다. 점점 일이 커지고 있었다.

얼마 지나지 않아 생산량이 한참을 뒤처지던 그 공장은 회사의 다른 공장보다 월등히 앞선 실적을 내게 되었다.

이것이 무슨 원리인지는 찰스 슈왑의 말을 빌어 설명하자.

"일이 그렇게 된 건 경쟁심을 자극했기 때문이었습니다. 치사하게 돈 벌 욕심을 내게 한 것이 아니라 뛰어나고 싶다는 욕망을 자극했던 겁니다."

뛰어나고 싶다는 욕망! 도전 과제! 도발! 이것들은 의욕이 있는 사람들에게 호소하는 절대로 실패하지 않는 방법이다.

어려운 도전 과제가 없었다면 시어도어 루즈벨트는 절대로 미국의 대통령이 되지 못했을 것이다. 쿠바에서 막 돌아온 의용 기병대원인 그가 뉴욕 주의 주지사로 선출되었다. 반대 세력에서는 그가 법적으로 뉴욕 주 거주민이 아니란 사실을 발견했다. 루즈벨트는 깜짝 놀라 사퇴하려 했다. 그때 당시 뉴욕의 상원의원이었던 토마스 콜리어 플레트가 도발했다. 갑자기 루즈벨트에게 달려들면서 쩌렁쩌렁한 목소리로 외쳤던 것이다.

"산 후안 힐의 영웅이 겁쟁이였군?"

루즈벨트는 포기하지 않고 끝까지 싸웠고, 그 이후 어떻게 되었는지는 모두 다 잘 알고 있으리라 생각한다. 어려운 도전 과제는 그의 삶을 바꾸어놓았을 뿐만 아니라 조국의 미래에도 지대한 영향을 미치게 되었다.

"모든 사람에게는 두려움이 있다. 하지만 용감한 사람들은 두려움을 내려놓고 전진한다. 때로는 죽도록 힘들지만, 언제나 승리를 위해 나간다."

고대 그리스 근위병들의 모토다. 그렇다면 도전 과제는 두려움을 극복할 기회라고 봐야 하지 않을까?

알 스미스는 뉴욕의 주지사 시절에 그런 경험을 하게 되었다. 당시 데블스 아일랜드의 서부 지역에 있는 악명 높은 싱싱 교도소의 교도소장이 공석이었다. 싱싱 교도소에 대한 좋지 않은 소문들이 걷잡을 수 없이 퍼져나가고 있었다. 스미스는 싱싱 교도소를 강력하게 통제할 수 있는 철인이 필요했다. 그는 뉴햄튼에 있는 루이스 로스를 불렀다.

"싱싱 교도소를 맡아주면 어떨까 하네."

로스를 마주한 스미스는 가벼운 어조로 말했다.

"경험 많고 노련한 사람이 필요하네."

로스는 소스라치게 놀랐다. 싱싱 교도소의 위험을 잘 알고 있었다. 그곳은 정치적 변화에 따라 민감하게 반응하는 자리였다. 교도소장이 수시로 바뀌었고, 단 삼 주만 자리를 유지한 사람도 있었다. 로스는 경력 관리를 해야 했다. 그런 위험을 감수할 만한 일일까?

그때 로스가 망설이는 것을 눈치 챈 스미스는 의자에 기대어 앉으며 미소를 지었다.

"여보게, 자네가 겁을 먹었다고 해도 비난할 생각은 없네. 거긴 어려운 자리니까. 그 자리에 가서 버틸 만한 훌륭한 사람을 찾아보도록 하겠네."

스미스는 로스에게 도전장을 내밀고 있었다. 로스는 '훌륭한' 사람이 필요한 자리라는 말에 솔깃했다.

그래서 그는 그곳으로 갔다. 그리고 버티고 또 버텨서 당대 최고의 교도소장이 되었다. 그가 나중에 펴낸 《싱싱에서의 20,000년》은 수십만 부가 팔려나갔다. 방송에 나가서 교도소장으로 지낸 일들을 이야기한 것을 소재로 여러 편의 영화가 만들어졌다. 범죄자들을 '교화'시킨 그의 업적은 교도소 개혁의 기적이었다.

파이어스톤 타이어 앤드 러버 컴퍼니Firestone Tire and Rubber Company의 창업자인 하비 파이어스톤은 이렇게 말했다.

"보수를 아무리 많이 주어도 그것만으로는 좋은 사람들을 데리고 오거나 오래 있게 할 수 없더군요. 승부와 경쟁 자체가 도움이 된다고 생각합니다."

행동 심리학의 대가로 꼽히는 프레드릭 허즈버그도 이에 동의했다. 그는 공장 노동자에서 임원진에 이르는 수천 명의 사람들의 근무 태도를 심도 있게 연구했다. 그가 밝혀낸 가장 큰 동기유발 요소 즉 가장 업무를 독려하는 측면은 무엇이었을까? 돈? 좋은 업무 환경? 후생 복지 급여? 천만에! 모두 아니다. 사람들에게 가장 큰 동기 유발을 하는 요소는 바로 업무 자체였다. 업무가 흥미진진하고 재미있으면 일하는 사람들은 일을 하고 싶어 하고 잘하려는 동기도 갖게 되었다.

성공한 모든 사람이 사랑한 것도 바로 그것이었다. 승부와 경쟁, 자신을 표현할 수 있는 기회, 자신의 가치를 증명하고 자신의 뛰어남을 뽐내며 승리할 수 있는 호기를 원했다. 그래서 도보경주나 고함지르기 대회, 파이 먹기 대회 등이 열리는 것이다. 뛰어나고자 하는 욕망. 중요한 사람으로 인정받고자 하는 욕망이다.

제12원칙

뛰어나고 싶다는 욕망을 자극하라.

설득하는 12가지 원칙

제1원칙 논쟁을 가장 잘 이용하는 유일한 방법은 논쟁을 피하는 것이다.

제2원칙 다른 사람의 의견을 존중한다는 것을 보여줘라. 그리고 "당신이 틀렸소."라는 말은 절대로 하지 마라.

제3원칙 틀렸다면 재빨리 그리고 철저하게 인정하라.

제4원칙 우호적인 태도로 이야기를 시작하라.

제5원칙 상대가 즉시 "네, 네."라고 말하게 하라.

제6원칙 상대가 더 많이 이야기하도록 하라.

제7원칙 상대로 하여금 자신의 아이디어라고 생각하게 하라.

제8원칙 다른 사람의 관점에서 보려고 진심으로 노력하라.

제9원칙 다른 사람의 생각과 바람에 공감하라.

제10원칙 숭고한 동기에 호소하라.

제11원칙 아이디어를 극적으로 각색하라.

제12원칙 뛰어나고 싶다는 욕망을 자극하라.

4부

기분을 상하게 하지 않으면서 사람들을 변화시키는 방법

Dale Carnegie

꼭 흠을 잡아야겠다면,
이렇게 시작하라

 캘빈 쿨리지 대통령 재임 시절에 백악관에 초대를 받아 주말을 지내고 온 친구가 있다. 그 친구는 백악관의 여기저기를 구경하다가 대통령의 개인 집무실에서 쿨리지 대통령이 비서에게 이렇게 말하는 소리를 듣게 되었다고 한다.

 "오늘 아침에 입은 드레스가 참 예쁘군. 자네는 참 매력적인 아가씨야."

 '과묵한 칼'이라는 별명으로 불리기도 하는 쿨리지 대통령이 비서에게 했던 말 중에 아마 가장 과장된 칭찬이었을 것이다. 너무나 의외고 생각지도 못했던 일인지라 비서는 당황해하며 얼굴을 붉혔다. 그러자 쿨리지 대통령이 말했다.

"너무 자만하지는 말게. 자네 기분 좋으라고 한 말이니까. 자 그럼 이제부터는 구두점을 사용하는 데 좀 더 주의를 기울여줄 거라고 기대해도 되겠지?"

너무 수가 빤히 보이는 방법이었지만, 사람들의 심리를 매우 잘 파악한 일이었다. 장점에 대한 칭찬을 듣고 나면 불쾌한 이야기를 더 편하게 듣게 되는 법이다.

이발사는 손님을 면도하기 전에 비누거품을 낸다. 맥킨리도 1896년에 대선 후보로 나서면서 바로 그와 같은 일을 했다. 당시 유력한 공화당원 한 명이 선거 운동 연설문을 작성해서 가져왔다. 그는 자신의 연설문이 키케로, 패트릭 헨리, 대니얼 웹스터를 다 합친 것보다 조금 더 낫다고 생각하고 있었다. 그는 회심의 미소를 지으면서 불후의 연설문을 큰 소리로 읽어주었다. 좋은 점이 있는 연설문이었지만 충분하지는 않았다. 그 연설문을 썼다가는 맹렬한 비난을 받게 될 게 뻔했다. 그래도 맥킨리는 상대의 기분을 상하게 하고 싶지 않았다. 그의 열정을 꺾지 않으면서 동시에 거절을 해야만 했다. 이 일을 그가 얼마나 교묘하게 잘해냈는지 지금부터 살펴보자.

"야, 정말 대단히 훌륭한 연설문이네. 걸작이야."

맥킨리는 말했다.

"이보다 더 좋은 연설문을 준비할 수는 없을 것 같군. 아주 여러 경우에도 딱 들어맞을 연설문이야. 하지만 이번 경우에 사용하기에 적당할까? 자네 입장에서는 균형 잡힌 온건한 이야기겠지만, 당의 입장도 생각해봐야할 것 같아. 그러니 집에 가서 내가 표시한 부분을 중심으로 연설문을 써서 나에게 보내주게."

그는 맥킨리가 시키는 대로 했다. 맥킨리는 다시 써온 연설문을 교정해주면서 다시 한 번 더 쓰게 도와주었다. 그렇게 해서 그 유력한 공화당원은 당시 선거 운동에서 가장 영향력 있는 연설자가 되었다.

이번에는 링컨이 썼던 편지 중에서 두 번째로 유명한 편지 이야기다(가장 유명한 것은 전장에서 다섯 아들을 잃은 슬픔을 위로하기 위해 빅스비 부인에게 보냈던 편지). 아마도 링컨은 이 편지를 5분 만에 서둘러 썼을 것이다. 하지만 이 편지는 1926년 경매에서 1만 2,000달러에 판매되었다. 여담이지만 그건 링컨이 50년 동안 열심히 일해서 모았던 돈보다 더 많은 금액이었다. 편지는 1863년 4월, 남북전쟁에서 가장 고전을 면치 못하고 있던 시절에 조셉 후커 장군에게 쓴 것이다. 장장 18개월 동안 링컨의 장군들이 이끄는 북군은 패전을 거듭하고 있었다. 전장은 헛되고 무익한 살육의 현장에 지나지 않았다. 온 나라가 두려움에 떨었고, 수천 명 병사들이 탈영을 했다. 심지어 공화당 의원들도 반감을 갖고 링컨의 하야를 주장하기 시작했다. 링컨은 말했다.

"우리는 파멸 직전의 상황을 맞이했습니다. 전지전능하신 신도 우리의 편이 아닌 것 같습니다. 한 줄기 희망도 찾아볼 수가 없습니다."

이렇게 암흑 같은 슬픔과 혼동의 와중에 이 편지를 쓴 것이다.

여기에 편지의 전문을 옮기는 이유는 미국의 운명을 쥐고 있는 장군이 막무가내로 나오는 것을 변화시키려 했던 링컨의 노력을 알 수 있기 때문이다.

링컨이 대통령직에 오르고 썼던 편지 중 이 편지가 가장 신랄하고 날선 내용이 될 것이다. 하지만 그가 장군의 심각한 실책에 대해 말하기 전에 한껏 칭찬을 했다는 점에 주목해야 한다.

'저는 장군을 포토맥 군의 수장으로 임명했습니다. 물론 충분한 근거를 가지고 했던 일입니다. 하지만 지금은 제가 장군에게 불만이 있다

는 점을 알고 계시는 게 좋을 것 같다는 생각을 합니다. 저는 장군이 용
감하고 유능한 군인이라고 생각하고 있습니다. 그 점을 높이 삽니다.
또 정치와 자신의 본분을 혼동하지 않으실 분이라고도 믿고 있습니다.
그렇게 하시는 게 옳습니다. 장군은 자신감도 있는 분입니다. 그 점이
반드시 필요한 자질이라고는 할 수 없겠지만, 충분히 가치가 있다고
생각합니다. 장군은 야심도 있으십니다. 합리적인 한도 내에서라면 해
가 될 것이 없는 좋은 일입니다. 하지만 번사이드 장군의 지휘를 받는
동안 자신의 야망에 사로잡혀 번사이드 장군을 방해하고 일의 진행을
어렵게 해서 결과적으로 국가에 중대한 잘못을 저질렀고, 공적을 인정
받는 가장 훌륭한 동료 장교에게도 해서는 안 될 일을 했습니다. 최근
에 장군이 군과 정부에 독재자가 필요하다고 했다는 말을 전해 들었습
니다. 물론 그 일로 이 편지를 쓴 것은 아닙니다. 그리고 저는 그럼에
도 불구하고 장군에게 명령을 내립니다. 성공을 거둔 장군만이 독재자
를 자청할 수 있습니다. 지금 저는 장군에게 군사적 성공을 요구합니
다. 그렇게 되어 장군이 독재를 하겠다고 나선다 해도 감수할 생각입
니다. 정부는 모든 자원을 동원해 장군을 도울 것입니다. 모든 군 지휘
관들에게 해주었던 것과 똑같은 지원을 그대로 유지할 것입니다. 장군
의 생각이 군에 영향을 미쳐 지휘관을 비판하고 신뢰하지 않았던 일들
이 부메랑이 되어 장군에게 돌아가지 않을까 염려됩니다. 저는 최선을
다해 그런 일이 생기지 않도록 돕겠습니다. 장군뿐만 아니라 나폴레옹
이 살아온다고 해도 군에 그런 분위기가 조성된다면 좋은 성과를 올리
지 못합니다. 그러니 경솔함을 경계해주십시오. 경솔한 행동을 주의하
되, 힘을 내서 불철주야 경계하며 전진해서 우리에게 승리를 안겨주시
기 바랍니다.'

우리는 쿨리지 대통령이나 맥킨리, 링컨 같은 사람이 아니다. 그러니 이런 철학이 일상적인 사업에서도 효과를 낼 수 있을지가 궁금할 것이다. 효과가 있을까? 어디 한번 알아보자. 필라델피아의 와크 컴퍼니에서 일하는 가우 씨의 사례를 보자.

와크 컴퍼니는 필라델피아 지역에 기한 내에 대형 사무실 건물을 완공하기로 계약을 맺었다. 모든 일이 일사천리로 진행되었다. 건물이 거의 완공되어 갈 무렵 갑자기 건물 외벽에 붙일 청동 장식을 납품하기로 한 업체에서 약속한 날짜에 물건을 댈 수 없다고 연락해왔다.

큰일이었다! 건물 공사가 다 중단될 위기였다! 막대한 위약금을 내야 했다! 손해도 막심할 것이다! 이 모든 일이 단 한 사람 때문이었다!

장거리 전화를 걸어 말싸움을 시작했다. 열띤 대화가 오갔다! 하지만 모두 헛수고였다. 그러자 가우 씨는 뉴욕으로 가서 문제의 청동 장식물을 파는 사장의 사무실로 담판을 벌이러 갔다.

"브루클린에 대표님과 같은 이름을 가진 사람이 한 명도 없다는 걸 알고 계셨습니까?"

가우 씨는 하청업체 대표와 인사를 나눈 후 곧바로 말했다. 대표는 놀란 얼굴을 했다.

"아니오, 몰랐는데요."

"오늘 아침 기차에서 내려 전화번호부에서 이곳의 주소를 찾으려 하다가 알게 된 사실입니다. 브루클린에서 단 하나뿐인 이름을 갖고 계신 겁니다."

"그건 모르고 있었네요."

하청업체 대표가 말했다. 그는 전화번호부를 찾아들고 흥미로운 얼굴로 확인했다.

"뭐, 제 이름이 흔치 않기는 하지요."

그는 자랑스레 말했다.

"저희가 네덜란드에서 뉴욕으로 이민을 온 가문이거든요. 거의 200년 전에 말이죠."

그는 몇 분 동안 자신의 가문과 조상에 대해 이야기했다. 그가 말을 마치자 가우 씨는 공장 규모를 칭찬했다. 다른 기업의 공장에 비해 좋은 인상을 받았다고 했다.

"제가 지금껏 보아온 청동 공장 중에 가장 청결하고 정돈이 잘된 공장 같습니다."

"이 사업을 평생을 바쳐 일구어 왔습니다. 그래서 무척 자랑스럽게 생각하지요. 공장을 한번 둘러보시겠습니까?"

공장을 둘러보는 사이에 가우 씨는 업체 대표에게 제작 시스템을 칭찬하면서 다른 경쟁사에 비해 우수하게 보이는 점이 무엇인지 말하고 그렇게 생각한 이유도 알려주었다. 가우 씨는 특이한 설비에 대해 언급했고 업체 대표는 자신이 직접 발명한 기계라고 자랑스레 말했다. 업체 대표는 상당한 시간 동안 기계 작동법을 설명하고, 그 생산품의 우수성을 자랑했다. 그리고 점심 식사를 대접하겠다고 했다. 그런데 여기서 기억할 것은 지금까지 가우가 그곳을 방문한 목적에 대해서는 한 마디도 하지 않았다는 점이다.

점심 식사를 마친 후, 하청업체 대표가 말했다.

"그럼 이제 사업 이야기를 하실까요? 저희를 방문하신 이유는 잘 알고 있습니다. 이 만남이 이렇게 유쾌할지는 생각지도 못하고 있었네요. 안심하고 필라델피아로 돌아가십시오. 원하시는 자재는 다른 주문량을 취소해서라도 제작해 보내겠습니다."

가우 씨는 부탁의 말 한 번도 없이 원하던 것을 얻었다. 자재는 때에 맞춰 도착했고, 건물은 계약 기한 내에 완공되었다. 가우 씨가 우격다짐을 하며 강하게 나갔어도 이런 결과를 얻을 수 있었을까?

뉴저지의 포트 먼마우스에서 페더럴 크레디트 유니온Federal Credit Union의 지사장을 맡고 있던 도로시 로블르스키는 우리 강좌에서 직원들의 생산성을 높인 방법에 대해 이렇게 말했다.

"최근에 출납계 훈련을 받은 젊은 아가씨 한 명을 채용했습니다. 고객 대면 업무를 매우 잘하더군요. 개별 거래를 다루는 데는 매우 정확하고 유능했습니다. 그런데 하루 일과를 마치고 결산을 하는데 문제가 발생했습니다. 출납계장이 저에게 와서 그 여자 직원을 해고해야 한다고 강력하게 주장했습니다. '결산을 너무 늦게 해서 다른 사람까지 꼼짝없이 묶어놓고 있습니다. 몇 번이고 결산을 하는 법을 알려줘도 이해를 못하네요. 여기서 일을 할 수가 없는 사람입니다.' 다음 날 저는 그 여자 직원이 왜 결산을 맞추는 데 애를 먹게 되는지를 파악할 수 있었습니다. 업무가 끝난 후 저는 그 여직원에게 이야기를 하러 갔습니다. 그 여직원이 매우 초조해하며 심란해하고 있는 게 빤히 보였습니다. 저는 고객에게 적극적으로 다가서서 친근하게 대하는 태도를 칭찬했습니다. 그런 다음에 동전과 지폐를 분류해서 넣어두는 현금서랍으로 결산하는 과정을 다시 확인해보라고 말했습니다. 제가 신뢰하고 있다는 걸 확인한 그 여직원은 곧 제 제안대로 했고 금방 사용법을 익혔습니다. 그 이후로 그 여직원은 아무 문제없이 일을 잘하고 있습니다."

칭찬으로 말문을 여는 건 치과의사가 국소 마취제를 사용하는 것과 마찬가지 일이다. 환자의 이에 구멍을 내는 작업은 변함이 없지만, 국소마취제를 쓰면 통증을 잡을 수 있다. 당신이 리더라면 어떻게 하겠는가?

> **제1원칙**
>
> **마음에서 우러나오는 칭찬과 감사로 말문을 열어라.**

Chapter 2

미움받지 않고
비판하는 방법

　찰스 슈왑은 어느 날 정오 무렵에 제철 공장 중 한 곳을 살펴보다가 직원 몇몇이 담배를 피우고 있는 모습을 보았다. 직원들의 머리 바로 위에는 '금연'이라는 팻말이 있었다. 슈왑은 그 팻말을 손으로 가리키면서 "글을 읽을 줄 모르나?"라고 말했을까? 천만에, 슈왑은 그런 말을 할 사람이 아니었다. 그는 직원들에게 걸어가서 시가를 하나씩 나누어주면서 이렇게 말했다.

　"여보게들, 밖에서 이 시가를 피워주면 정말 고맙겠군."

　직원들도 규칙을 어기고 있었다는 걸 알고 있었다. 직원들은 잘못된 부분에 대해서는 아무 말도 하지 않고 오히려 선물을 주면서 존중해주는 슈왑을 존경하게 되었다. 누군들 그런 사람을 좋아하지 않겠는가?

존 워너메이커도 같은 방법을 썼다. 워너메이커는 필라델피아에 있는 대형 매장을 매일 돌아보곤 했다. 그러다가 한번은 손님이 계산대에서 기다리고 있는 걸 보게 되었다. 그 손님에게 눈길을 주는 사람이 아무도 없었다. 판매원은 모두 계산대 한쪽에 옹기종기 모여서 자기들끼리 웃고 떠들고 있었다. 워너메이커는 한 마디 말도 하지 않았다. 조용히 계산대 뒤로 들어가서 직접 그 여자 손님의 시중을 들었고, 구매한 상품을 판매원들에게 건네서 포장하도록 시키고 가던 길을 가버렸다.

공직에 종사하는 사람들은 흔히 대민접촉을 잘 하지 않는다는 비판을 받곤 한다. 공직자들은 대개 바쁘다. 그러다 보니 보좌하는 사람들이 과잉보호를 하고 너무 많은 사람을 만나지 않게 하면서 생기는 과실이다. 디즈니월드가 있는 플로리다 주, 올랜도의 시장인 칼 랭포드는 오랜 공직 생활을 하면서 사람들이 찾아오도록 내버려두라고 부하직원들에게 자주 말을 했다. 그는 '열린 문 정책Open Door Policy'을 펴겠다고 주장했다. 하지만 지역 주민들이 찾아가면 비서와 사무관들이 차단하곤 했다.

고심 끝에 시장은 해법을 찾아냈다. 바로 사무실의 문을 없애 버린 것이었다! 그의 참모들은 시장의 뜻을 확실히 이해하게 되었고, 시장은 사무실의 문을 없애버리는 상징적인 행동을 통해 진정한 의미의 '열린 행정'을 구현할 수 있었다.

세 글자로 된 단어를 하나만 달리 써도 다른 사람의 기분을 상하게 하거나 원망을 사는 법 없이 내가 원하는 일의 성패를 달라지게 할 수 있다.

많은 사람이 진심 어린 칭찬으로 시작해 비판으로 넘어가면서 '하지만'이라고 말한다. 그 말 이후로는 비판으로 말을 끝낸다. 가령 공부에 도통 관심이 없는 자녀를 바꾸어보겠다고 이렇게 말할 수 있다.

"자니, 이번 학기에 성적이 올랐더구나. 정말 장하다. 하지만 대수학 공부를 조금만 더 열심히 했다면 결과가 더 좋았을 수도 있었을 거다."

자니는 기분이 한껏 좋았다가 '하지만'이라는 말을 듣고는 풀이 죽는다. 그러면서 원래 받았던 칭찬의 진의를 의심하게 된다. 앞서 들은 칭찬은 말을 시작하려고 억지로 꾸며낸 것으로 느껴지고 진짜 말하려던 것은 실패했다는 비판이라고 생각하게 된다. 결국, 말의 진실성은 억지로 꾸며낸 가짜가 되고 자니가 공부에 임하는 태도를 바꾸고자 했던 애초의 목적도 달성하지 못하게 된다.

여기서 '하지만'을 '그리고'로 바꾸기만 해도 문제는 간단히 해결된다.

"자니, 이번 학기에 성적이 올랐더구나. 정말 장하다. 그리고 지금처럼 다음 학기에도 성실하게 노력하면 대수학 성적도 다른 과목만큼 올라갈 수 있을 거다."

이러면 자니는 칭찬을 진심으로 받아들인다. 실패를 언급하는 말이 뒤따르지 않았기 때문이다. 간접적으로 자니가 바꾸어주었으면 하는 행동에 대해 주의를 주면서도 자니가 기대에 부응하도록 노력할 수 있도록 한 것이다.

직접적인 비판을 듣고 불쾌해하고 원망할 수 있는 예민한 사람에게는 실수에 대해 주의를 주는 일을 간접적으로 하는 편이 놀랄 만큼 효과가 좋다. 로드아일랜드의 운소켓에 사는 마지 제이콥은 우리 강좌에서 집의 별채를 짓는 공사를 하면서 일을 대충대충하던 건설 인부들에게 작업 후 정리정돈을 직접 해야 한다는 사실을 깨닫게 해주었던 일화를 들려주었다.

공사가 시작되고 처음 며칠 동안, 제이콥 부인이 퇴근해서 돌아오면 마당 가득 잘려나간 목재 끄트머리가 흩어져 있었다. 제이콥 부인은 인부들에게 반감을 사고 싶지 않았다. 일 자체는 잘해주고 있었기 때문이었다. 그래서 인부들이 돌아가고 난 후 자녀들과 함께 목재 부스러기를 주워서 한쪽 구석에 잘 쌓아놓았다. 그리고 다음 날 아침 공사장의 십장을 따로 불러서 말했다.

"어젯밤에 앞 잔디밭 상태가 정말 마음에 들었어요. 깔끔하게 치워져 있어서 주변 이웃사람들도 불쾌하게 생각하지 않겠더라고요."

그날부터 인부들은 목재 부스러기를 주워서 한쪽에 잘 쌓아놓았고, 십장은 매일 일을 마치고 잔디밭 상태가 괜찮은지 확인을 받았다.

예비군과 상비군인 훈련 교관 사이에 가장 논란이 많이 되는 일 중의 하나가 이발 상태다. 예비군들은 자신들을 민간인이라 생각하는 경향이 있어서 (대부분 시간을 민간인으로 지내기 때문이다.) 머리를 짧게 깎아야만 한다는 것을 불쾌해한다.

제542예비군 훈련소에서 일하는 할리 카이저 중사는 예비군 부사관들을 데리고 훈련을 하면서 이 문제를 검토하게 되었다. 나이 많은 상비군 중사였던 그는 예비군에 소리를 치면서 협박했을 수도 있다. 하지만 그는 간접적으로 자신의 생각을 전하는 방식을 택했다.

"제군들, 제군들은 지도자다. 지도자는 몸소 모범을 보여야 가장 바람직한 결과를 이끌어낼 수 있다. 부하들이 따를 수 있도록 본이 되어야 한다. 군의 규정에 따른 이발 상태가 무엇인지는 다들 잘 알고 있을 것이다. 내 머리는 제군들 몇몇보다 훨씬 더 짧지만 오늘 이발을 할 생각이다. 제군들도 거울을 보고 좋은 모범이 되기 위해 이발을 해야겠다고 느낀다면 시간을 내서 부대의 이발소에 가보도록 하라."

어떤 결과를 보게 되었을지는 충분히 짐작할 수 있을 것이다. 몇몇이 자진해서 거울을 보고 그날 오후 이발소로 가서 '규정에 맞는' 이발을 했다. 카이저 중사는 당장 다음 날 아침부터 부사관들의 리더십이 향상된 것을 볼 수 있었다고 말했다.

1887년 3월 8일, 유명한 설교자였던 헨리 워드 비처가 세상을 떠났다. 그 다음 주 일요일에 비처의 죽음으로 주인을 잃은 설교단에 라이만 아보트가 초대를 받았다. 라이만 아보트는 최선을 다해 설교를 쓰고 또 쓴 다음 프랑스의 소설가 플로베르에 버금가는 세심한 교정을 했다. 그리고 설교문을 아내에게 읽어주었다. 하지만 형편없었다. 강연문을 적어놓고 읽어보면 대개 그러했다. 라이만의 아내가 사리분별이 부족한 사람이었다면 이런 말을 했었을지도 모른다.

"여보, 형편없네요. 그런 설교가 통할 리가 없어요. 사람들을 잠들게 하겠네요. 백과사전 같아요. 그렇게 오랫동안 설교를 해왔으면 이보다는 더 잘할 수 있잖아요. 맙소사, 사람이 말하는 것처럼 하면 안 되나요? 좀 자연스럽게 해보세요. 그런 걸 읽다가는 당신 명성에 흠이 가겠어요."

이런 말을 하고도 남을 상황이었다. 만약 라이만의 아내가 정말 이런 말을 했다면 어떻게 되었을지는 모두 짐작할 수 있을 것이다. 라이만의 아내 역시 그 사실을 알고 있었다. 그래서 문학잡지인 〈노스 아메리칸 리뷰North American Review〉에 실릴 만큼 훌륭한 논문이 되겠다고 말했다. 다시 말해 칭찬을 하는 동시에 강연을 하기 위한 글로는 적합하지 않다는 걸 암시했던 것이다. 라이만 아보트는 무슨 말인지 알아듣고 정성을 다해 준비했던 원고를 찢어버리고 메모도 없이 그냥 설교를 했다.

다른 사람의 실수를 고쳐주는 가장 좋은 방법은 잘못된 점을 간접적
으로 알려주는 것이다.

> **제2원칙**
>
> **실수에 대해 환기시키는 일은 간접적으로 하자.**

나의 실수를
먼저 말하자

　나의 조카딸, 조세핀 카네기는 뉴욕에 와서 내 비서가 되었다. 당시 열아홉 살이던 조세핀은 3년 전에 고등학교를 졸업했지만 일을 해본 경험이 거의 없었다. 지금은 수에즈 서쪽 지역에서 가장 유능한 비서로 손꼽히지만 처음에는 개선의 여지가 상당히 필요한 수준이었다. 하루는 조세핀을 질책하려고 하다가 이런 생각을 하게 되었다.

　"잠깐, 데일 카네기. 잠시만 있어보자. 너는 조세핀보다 두 배나 나이가 많아. 일에 대한 경험은 만 배나 더 많지. 그런데 어떻게 조세핀이 너와 같은 관점으로 판단을 하고 책임 있는 결정을 하리라고 기대할수 있지? 네 관점이나 판단, 결정도 그저 그렇고 그러면서 말이야. 데일, 잠깐만. 너는 열아홉 살 때 뭘 하고 있었니? 네가 했던 그 어리석은 실수와 터무니없는 실책을 기억하지? 이런저런 일들을 했던 그때를 기억해?"

편견 없이 솔직한 마음으로 그 문제를 곰곰이 생각해보고 나는 열아홉 살 조세핀이 같은 연령대의 나보다 더 낫다는 결론을 내렸다. 그리고 부끄럽게도 조세핀이 마땅히 받아야할 칭찬도 다 못해주고 있다는 사실을 인정하게 되었다.

그 이후 나는 조세핀의 실수를 환기시켜주어야 할 때 이렇게 말하곤 했다.

"조세핀, 실수를 했구나. 하지만 내가 예전에 했던 수많은 실수에 비하면 정말 별것도 아니다. 처음부터 판단력을 타고나는 사람은 없단다. 경험이 쌓이면서 생기는 거지. 그리고 네 나이 때 나보다 지금 네가 더 잘하고 있단다. 멍청하고 바보 같은 짓을 정말 많이 했던 사람으로서 너나 다른 사람을 나무랄 마음이 전혀 없단다. 하지만 이런 식으로 했다면 더 현명하게 일처리를 할 수 있었을 거라고 생각하지 않니?"

잘못을 나무라기 전에 자신도 흠이 없지 않다고 겸손하게 인정하는 사람이 하는 말이라면 듣기 어렵지 않을 것이다.

캐나다 매니토바 주의 브랜든에 사는 딜리스톤은 새로운 비서 일로 골치를 썩이고 있었다. 구술한 내용을 받아적은 편지를 받아보면 페이지마다 두세 개 씩 철자가 틀려 있었다. 딜리스톤 씨는 이 문제를 해결한 방법을 말해주었다.

"엔지니어들이 흔히 그렇듯이 저도 국어 실력이 그렇게 뛰어나거나 철자법에 정통해 있지는 않았습니다. 몇 년 동안 저는 고전을 면치 못해서 철자가 어려운 단어를 찾아보기 위해 색인서를 직접 만들었죠. 실수를 지적하는 것만으로 비서가 사전을 더 찾아보고 교정을 더 보게 만들 수는 없을 게 뻔했습니다. 그래서 저는 다른 방법을 쓰기로 마음먹었습니다. 책상 위에 구술한 편지가 놓인 것을 보니 이번에도 실수가 있었습니다. 저는 비서를 불러 앉히고 이렇게 말했습니다. '어딘지 이 단어가 틀린 것 같아 보이는군. 내가 늘 철자가 헷갈려 골치를 앓던 그 단어야. 이래서 나는 철자 책을 직접 만들었다네(나는 철자를 정리해놓은 색인서에서 문제의 단어가 적혀 있는 쪽을 펴서 보여주었다). 그래, 여기 있군. 지금 나는 철자에 신경을 많이 쓴다네. 사람들이 우리 편지에 철자가 틀린 게 있으면 전문적이지 못하다고 판단하기 때문이지.' 비서가 나처럼 철자 색인서를 만들었는지 어떤지는 알 수가 없지만 그 대화를 나눈 이후로 철자 실수는 현저하게 줄어들었습니다."

세련되고 기품이 있는 정치인이었던 버나드 폰 뷜로우 공은 1909년에 이미 이런 방법의 필요성을 정확히 알고 있었다. 폰 뷜로우 공은 빌헬름 2세 재위 시절에 독일 제국의 수상으로 있었다. 독일의 마지막 황제였던 빌헬름 2세는 '오만한 자', '거만한 빌헬름'이라고 불리면서 자신이 거느린 육군과 해군 병력이 막강하다고 자랑하고 다녔다.

그러다가 그만 터무니없는 일을 벌이고 말았다. 황제는 도저히 믿을 수 없는 말을 해서 유럽 대륙을 흔들어놓고 전 세계적인 반발을 연이어 사게 되었다. 설상가상으로 황제는 공적인 자리에서 어리석고 어처구니없는 자기중심적 발언을 했다. 영국에 손님으로 초대되어 있는 동안에 벌어진 일이었다. 거기에 〈데일리 텔레그래프The Daily Telegraph〉지에 자신의 말을 보도하도록 허락하기까지 했다. 빌헬름 2세는 영국에 호감을 갖고 있는 독일인은 자신이 유일하다고 단언하고, 일본의 위협에 대항하기 위해 해군을 조성하고 있다고 말했다. 그리고 러시아와 프랑스가 영국을 초토화시키려는 걸 자신이 구해주었다고도 했다. 또 영국의 로버츠 경이 남아프리카의 보어인을 물리칠 수 있었던 것은 자신의 전투 작전 덕이었다고 하는 등 실언이 쏟아져 나왔다.

100여 년 동안 평화롭게 지냈던 유럽에서 그 어떤 왕도 이런 깜짝 놀랄 말을 한 적이 없었다. 온 유럽 대륙이 말벌집을 쑤셔놓은 듯 들끓었다. 영국은 격분했고, 독일 정치인들은 아연 실색했다. 이 경악할 만한 상황 속에서 황제는 겁을 먹고 당시 수상직에 있던 폰 뷜로우 공에게 책임을 떠안아달라는 뜻을 넌지시 비쳤다. 폰 뷜로우 공이 그 모든 말을 하라고 조언한 사람이 자신이므로 모든 책임이 자신에게 있다고 말해주기를 바랐던 것이다.

하지만 폰 뷜로우 공은 이의를 제기했다.

"하지만 폐하, 독일이나 영국에서 제가 폐하에게 그런 말을 시켰을 거라고 믿어줄 사람은 없을 것 같습니다."

폰 뷜로우 공은 이 말을 하고 곧 큰 실수를 저질렀다는 걸 깨달았다. 황제는 불같이 화를 냈다.

"자네는 나를 얼간이로 보고 있군. 자네라면 절대로 할 리가 없는 실수를 내가 저질렀다고 생각하고 있어!"

폰 뷜로우 공은 비난하기에 앞서 칭찬을 했어야 한다는 사실을 깨달았다. 하지만 이미 때를 놓친 뒤였다. 그래서 차선을 택하기로 했다. 비난을 한 다음에 칭찬을 하는 것이다. 그런데 그 방법은 기적을 낳았다.

폰 뷜로우 공은 공손히 대답했다.

"그럴 리가 있겠습니까. 황제 폐하께서는 여러 가지 면에서 저 같은 사람보다 뛰어나십니다. 해군이나 육군에 관한 지식뿐만 아니라 자연과학에서도 조예가 깊으시지요. 폐하께서 기압계나 무선 전보, X선에 관한 이야기를 하실 때면 감탄하며 듣게 되곤 합니다. 저는 부끄럽게도 자연과학과 관련된 이야기는 일체 무지합니다. 화학이나 물리학도 전혀 몰라서 아주 간단한 자연 현상도 설명하지 못합니다. 하지만 대신 역사적 지식은 조금 알고 있습니다. 정치나 특히 외교 분야에서 쓸 만한 자질이 조금 있는 편이지요."

황제는 빙긋 웃었다. 폰 뷜로우 공은 황제를 칭찬하고 추켜세우면서 자신을 낮추고 있었다. 그의 말을 들은 황제는 뭐든지 용서할 수 있을 것 같았다. 황제는 흥분된 어조로 말했다.

"그래서 내가 말하지 않았나? 우리는 서로 보완적인 사람들이라고. 우리는 꼭 같이 붙어다녀야 하네. 꼭 그렇게 하세."

황제는 폰 뷜로우 공의 손을 잡고 아주 여러 번 흔들었다. 그날 오후 황제는 두 주먹을 쥐고 더욱 열렬한 어조로 크게 말했다.

"누구라도 폰 뷜로우 공에 대해 좋지 않게 말하면 내가 콧대를 날려 줄 거요."

폰 뷜로우 공은 간신히 위기를 모면했다. 하지만 외교에 능하고 노련한 그도 한 가지 실수를 했다. 처음부터 자신의 부족함과 빌헬름 황제의 뛰어난 점으로 이야기를 시작했어야 했다. 황제가 반문이 같아서 돌봐줄 사람이 필요하다는 암시를 주는 말을 먼저 꺼내서는 안 되는 일이었다.

자신을 낮추고 상대를 높이는 몇 마디 말로 창피를 당하면 화를 내는 오만한 황제를 든든한 내 편으로 만들 수 있었다. 우리 일상에서는 이런 겸손과 칭찬으로 어떤 일을 할 수 있을까? 제대로 사용한다면 대인관계에서 기적 같은 일이 일어나게 할 수 있다.

누가 지적하기 전에 자신의 실수를 먼저 인정하면 다른 사람의 행동을 달라지게 할 수 있다.

좀 더 최근의 사례를 이야기해보겠다. 메릴랜드 주의 티모니움에 사는 클라렌스 제로센은 열다섯 살짜리 아들이 담배를 피우고 있다는 걸 알게 되었던 일을 우리에게 들려주었다.

"당연히 데이비드가 담배를 피우지 않기를 바랐죠. 하지만 아이 엄마나 저 모두 담배를 피우고 있었습니다. 우리 부부는 아이에게 늘 나쁜 본을 보이고 있었던 거죠. 담배를 끊으라고 훈계하지도 않았어요. 그저 제가 어떻게 담배에 빠지게 되었는지 들려주고 그 일이 어떤 의미가 있는지 말해주었을 뿐이었습니다. 아들은 잠시 생각을 하더니 고등학교를 졸업하기 전까지는 담배를 피우지 않겠다고 하더군요. 그 후 시간이 한참 흘렀지만 데이비드는 담배를 피우지 않았습니다. 앞으로도 담배를 피울 생각은 없다고 하더군요. 아들과 대화를 나누고 난 후, 저도 금연을 결심하게 되었고 가족의 도움으로 결국 금연에 성공하게 되었습니다."

훌륭한 지도자는 다음의 원칙을 따른다.

제3원칙
다른 사람을 비난하기에 앞서 자신의 실수를 이야기하자.

명령받기 좋아하는
사람은 없다

    미국 전기 작가의 권위자인 아이다 타벨 여사와 저녁 식사를 같이하
는 영광을 누린 적이 있었다. 이 책을 쓰고 있다는 이야기가 나오면서
우리 둘은 '사람들과 잘 어울려 지내는 법'이라는 중요한 주제를 두고
이야기를 나누게 되었다. 타벨 여사는 오웬 영의 전기를 쓰면서 3년째
영과 같은 사무실에 있는 한 사람을 인터뷰한 이야기를 들려주었다. 그
남자는 오웬 영이 다른 이에게 직접적으로 명령을 내리는 걸 한 번도 들
어보지 못했다고 단언했다. 오웬 영은 명령이 아니라 제안을 했다.

    "이걸 해라.", "저걸 해라." 또는 "이걸 하지 마라.", "저걸 하지 마
라."라고 말하는 법이 절대 없고, 대신 "이걸 한번 고려해보시죠.", "저
게 효과가 있을 거라고 생각하나요?"라고 말한다고 했다. 오웬 영은

편지를 구술하고 나서 종종 이렇게 말했다.

"이건 어떤가요?"

비서가 쓴 편지를 점검하면서는 "이런 식으로 표현한다면 더 나아지지 않을까요?"라고 말하곤 했다. 오웬 영은 언제나 사람들에게 스스로 일을 할 기회를 주었다. 비서들에게 일을 지시하는 법이 없었다. 스스로 일하게 했고, 실수를 통해 스스로 배우게 했다.

이런 접근 방법은 사람들이 자신의 실수를 쉽게 교정하게 한다. 이 방법을 쓰면 사람들의 자존심을 살려줄 수 있고 인정받는다는 느낌을 갖게 할 수 있다. 저항 대신 협조를 이끌어낼 수 있는 방법이다. 무례한 명령을 받아 생긴 원망이나 적의는 오랫동안 지속된다. 그 명령으로 잘못된 상황이 바로잡혀졌더라도 적의는 그대로다.

펜실베이니아 주의 와이오밍에 있는 직업학교에서 교편을 잡고 있는 댄 산타렐리는 불법 주차로 학교 매점으로 들어가는 입구를 막아놓았던 학생의 이야기를 들려주었다. 교사 중 한 명이 격노한 채 교실로 들어와 거만한 목소리로 말했다.

"진입로를 막고 있는 차가 누구 거냐?"

차 주인인 학생이 대답하자 그 교사는 소리를 질렀다.

"당장 차를 빼라. 당장 하지 않으면 쇠사슬로 감아서 견인해 끌어내겠다."

명백히 학생이 잘못한 일이었다. 차를 그곳에 주차해서는 안 되었다. 하지만 그날 이후, 차 주인인 학생뿐만 아니라 같은 반의 모든 학생들이 그 교사의 행동을 불쾌하게 생각하면서 교사를 곤란하게 하고 수업을 제대로 하지 못하게 하려 갖은 애를 쓰기 시작했다.

이런 일은 어떻게 대처해야 했을까? 그 교사가 다정한 목소리로 "진입로를 막고 있는 차가 누구 거지?"라고 묻고 그 차를 빼주면 다른 차들이 오고갈 수 있을 것 같다고 제안했다면 학생은 기꺼이 차를 빼주었을 것이고, 같은 반 아이들도 불쾌히 생각하거나 반감을 가질 이유가 없었을 터였다.

질문을 하는 형식으로 말하면 명령도 기분 좋게 받아들여진다. 뿐만 아니라 질문받은 사람은 자진해서 시키지 않은 일을 하기도 한다. 명령을 하게 되는 상황에 얽힌 결정에 자신이 참여한다면 명령을 더 기꺼운 마음으로 받아들이게 된다.

남아프리카 공화국의 요하네스버그에 살고 있는 이안 맥도널드는 정밀 가공기 부품을 전문적으로 생산하는 소규모 공장의 본부장으로 일하고 있던 차에 대량 주문을 받는 기회를 잡게 되었다. 하지만 약속한 날짜에 물건을 인도하기가 어려울 것 같았다. 생산 라인에는 작업 스케줄이 이미 잡혀 있는 데다 물건을 완성해야 하는 기간이 매우 짧았기 때문에 주문에 응하는 일은 불가능해보였다.

이안 맥도널드는 공장 사람들에게 일을 재촉해서 서둘러 주문량을 만들어나가는 대신에 모든 사람을 불러 모으고 상황을 설명했다. 그리고 주문량을 시간 안에 생산해낼 수 있다면 회사나 근로자들에게 얼마나 큰 의미가 있는 일이 될지를 이야기했다. 그런 다음에 질문을 하기 시작했다.

"이 주문을 처리하기 위해 우리가 할 수 있는 일이 있을까요?"

"작업장의 일처리 방식을 달리해서 이 주문량을 처리할 수는 없을까요?"

"주문량 생산에 도움이 되도록 개인의 작업 시간이나 업무량을 조정해볼 방법이 있을까요?"

직원들은 많은 아이디어를 내면서 그 주문을 받아야 한다고 주장했다. 모두 '할 수 있다.'라는 정신으로 임하면서 그 대량 주문에 응하게 되었고, 시간 안에 물품을 생산해서 배송해냈다.

유능한 지도자라면 명령하기보다는 질문을 활용하자.

제4원칙

직접적으로 명령하기보다는 질문을 하라.

Chapter 5

상대방의 체면을
세워주자

몇 년 전 제너럴 일렉트릭 사General Electric Company에서 찰스 스타인메츠를 부장 자리에서 내려오게 해야 하는 곤란한 일이 생겼던 적이 있었다. 스타인메츠는 전기에 관해서는 으뜸가는 능력의 소유자였지만, 회계부서의 수장으로서의 역량은 부족했다. 하지만 회사는 그의 기분을 상하게 할 일을 하지 않았다. 그는 회사에서 없어서는 안 될 존재였기 때문이었다. 그리고 매우 예민한 사람이기도 했다. 그래서 회사는 새로운 직위를 만들어 그를 임명했다. 스타인메츠는 제너럴 일렉트릭의 컨설팅 엔지니어가 되었다. 기존에 그가 하던 일을 이름만 바꾸어 놓은 것이었다. 그리고 회계부서에는 새로운 부서장이 임명되었다. 스타인메츠는 흡족해했다.

제너럴 일렉트릭 사의 임원들도 마찬가지로 흡족했다. 회사는 가장 성미가 까다로운 거물을 아주 잘 다루었을 뿐만 아니라 아무런 잡음 없이 잘 처리하기까지 했다. 방법은 바로 체면을 세워준 것이었다.

체면 세워주기! 정말 너무나도 중요하고 또 중요한 일이다! 그런데 우리는 얼마나 그 사실을 잊고 지내는지! 우리는 다른 사람의 생각을 함부로 짓밟고, 우리 갈 길만 가느라 다른 사람의 자존심에 난 상처 따위는 생각하지 않는다. 잠깐 생각을 해보고, 친절한 말 한두 마디를 하고, 상대의 태도를 진심으로 이해해주기만 해도 그 상처는 완화되는데 말이다.

직원을 해고하거나 징계하는 불유쾌한 일을 불가피하게 해야 하는 일이 생기면 이 사실을 기억하도록 하자.

'직원을 해고하는 건 전혀 재미있는 일이 아닙니다. 그리고 해고당하는 것은 훨씬 더 재미없는 일이죠(공인회계사인 마셜 그레인저가 보내온 편지 문구를 인용한 것이다).'

"우리 일은 주기에 따라 일이 몰리기 때문에 소득세 신고를 하느라 바쁜 기간이 끝나면 많은 사람을 내보내야 합니다. 해고의 도끼날을 휘두르는 일이 즐거운 사람은 없다는 말은 우리 직종에서 일하는 사람들에게는 잘 알려진 이야기입니다. 그래서 가능한 한 빨리 해치워버리는 관습이 있지요. 대개 다음과 같은 식입니다. '스미스 씨, 앉으세요. 바쁜 기간이 끝났습니다. 그래서 더 드릴 일감이 없네요. 바쁜 기간 동안만 채용하기로 되어 있었던 걸 이해하실 줄로 압니다.' 이런 말을 들은 사람들은 실망하고 '버림'을 당했다고 느끼곤 합니다. 대부분 평생동안 회계 업무에 종사했던 사람들이지만 그렇게 쉽게 해고해버리는 회사에 대한 애착은 없습니다. 최근 계약직 직원을 내보낼 때 약간의 기지를 발휘하면서 좀 더 배려하기로 마음먹었습니다. 그래서 겨울 동안 계약직 직원들이 근무한 내용을 생각해보고 나서 한 명씩 찾아갔습니다. 그리고 이런 식으로 말을 했죠. '스미스 씨, 이번에 맡은 일을 참 잘해주셨습니다(실제로 잘해주었을 때 이야기입니다). 뉴욕에 출장을 갔을 때는 힘든 일을 맡았더군요. 곤란한 상황이었을 텐데 훌륭히 해내셨습니다. 우리 회사에서 정말 자랑스럽게 생각하고 있다는 걸 알아주셨으면 합니다. 능력이 있으신 분이니, 어디서든 무슨 일이든 잘하실 겁니다. 저희 회사는 스미스 씨를 믿고 있으며 응원할 것입니다. 그 사실을 잊지 말아주시기 바랍니다.' 그 효과가 어땠느냐고요? 해고당했다는 사실을 훨씬 더 좋게 받아들이며 회사를 떠났습니다. '버림'을 당했다고 느끼지 않았죠. 일이 더 있었다면 계속 붙잡아두었을 거란 걸 알았던 겁니다. 그래서 회사에서 필요할 때는 애정을 갖고 저희 회사로 찾아와주었죠."

우리 강좌가 진행되는 동안 두 명의 수강생이 흠을 잡고 책망하는 것의 부정적인 효과와 체면을 살려주는 것의 긍정적인 효과에 대해 토론을 한 적이 있었다.

펜실베이니아 주의 해리스버그에 사는 프레드 클락은 회사에서 있었던 일을 들려주었다.

"생산성 관련 회의를 하는 중에 부회장님께서 제작 공정에 관해 현장 주임들에게 날카로운 질문을 하고 있었습니다. 공격적인 말투로 관리감독의 잘못된 부분을 지적하려 작정하고 있는 것 같았습니다. 동료들 앞에서 창피를 당하기 싫었던 사람들은 애매모호하게 답을 했습니다. 그런 태도에 부회장은 발끈해서 한 사람을 호되게 꾸짖고 거짓말을 하고 있다고 비난했습니다. 그 일로 그나마 존재하던 건전한 노사관계는 순식간에 무너져 버리고 말았습니다. 기본적으로 훌륭한 근로자였던 그 사람은 그 순간부터 회사를 위해 제대로 일하지 않았습니다. 그리고 몇 달 후 그는 퇴직해서 경쟁사로 갔습니다. 그곳에서는 일을 잘하고 있다고 들었습니다."

또 다른 수강생이었던 안나 마초네는 그와 비슷한 일이 자기네 회사에서도 있었다고 말했다. 하지만 접근 방법도 달랐고 당연히 결과도 달랐다! 마초네 양은 음식 도매업자를 위해 일하는 마케팅 전문가로서 첫 번째 업무를 진행하고 있었다. 바로 신제품의 시험 판매였다. 우리 강좌에서 들려준 이야기는 다음과 같다.

"시험 판매 결과를 보고 저는 크게 당황했습니다. 마케팅 기획에 심각한 오류가 있었던 겁니다. 그래서 시험 판매를 처음부터 다시 해야 했습니다. 설상가상으로 그 프로젝트에 관한 보고를 하는 회의 전에 상사와 상의할 시간도 없었습니다. 보고를 해야 할 때가 되자 저는 두려움에 떨었습니다. 정신을 바짝 차리자고 최선을 다했습니다만 절대로 울지만 말자고 다짐했습니다. 여자는 너무나 감정적이어서 관리직을 제대로 수행할 수 없다고 말할 남자들이 잔뜩 있었으니까요. 저는 간단히 보고를 하고 제 실수 때문에 다음 회의까지 시험 판매를 다시 하게 되었다고 말했습니다. 저는 상사의 호통을 예상하면서 자리에 앉았습니다. 하지만 상사는 수고했다고 하면서 새로운 프로젝트를 수행하면서 실수를 하지 않는 사람이 어디 있겠느냐고 말해주었습니다. 다시 조사를 하면 정확하게 많은 것을 알려줄 자료가 나올 거라고 확신한다고도 해주었습니다. 상사는 많은 동료들 앞에서 저를 격려해주면서 저를 신뢰하고 있고 최선을 다했을 것이라 믿는다고 말해주었습니다. 그리고 제 능력이 부족한 것이 아니라 경험 부족이 이번 실수의 원인일 거라고 말하기도 했습니다. 저는 고개를 반듯이 들고 당당하게 회의장을 나오며 다시는 제 상사를 실망시키지 않아야겠다고 굳게 결심했습니다."

우리가 아무리 옳고 상대가 아무리 틀렸다고 해도 체면을 상하게 하면 상대의 자존심만 상하게 할 뿐이다. 전설적인 프랑스 항공술 개척자이자 작가인 생텍쥐페리는 이렇게 썼다.

'사람을 초라하게 만드는 일이나 말을 할 권리가 내게 없다. 중요한 것은 내가 어떻게 생각하느냐가 아니라, 상대가 자신을 어떻게 생각하느냐이다. 사람의 체면을 상하게 하는 일은 범죄다.'

진정한 지도자라면 다음의 원칙을 고수해야 한다.

제5원칙

상대의 체면을 세워줘라.

Chapter 6

성공을
격려하는 방법

피트 발로우는 나의 오랜 친구다. 그는 평생을 서커스 곡예단과 함께 돌아다니며 동물쇼를 했다. 나는 피트가 공연을 위해 새로운 개를 훈련시키는 모습을 지켜보는 걸 좋아한다. 개가 조금이라도 나아진 모습을 보이면 피트는 개를 쓰다듬으면서 칭찬을 하고 고기를 주면서 야단법석을 떨었다. 하지만 새삼스러울 게 없는 일이었다. 동물 조련사들은 수세기 동안 같은 방법을 사용해왔던 것이다.

그렇다면 개를 교육시키고 변화시키고자 할 때 쓰는 상식을 사람을 변화시키는 일에도 써보는 건 어떨까? 채찍 대신 고기를 써보는 건? 비난 대신 칭찬을 하는 건? 아주 조금이라도 향상되는 모습을 보인다면 칭찬을 하자. 그러면 상대는 더욱 나아지고자 하는 의욕을 갖게 될 것이다.

심리학자 제스 라이어는 자신의 저서 《난 대단한 사람은 아니지만 난 나야I Ain't Much, Baby-But I'm All I Got》에서 이런 말을 했다.

'칭찬은 인간의 따뜻한 마음에 내리는 햇살과 같다. 햇살이 없으면 꽃을 피우고 자라나지 못한다. 우리 대부분은 다른 사람에게 비난의 찬바람만 주려 하지, 칭찬이라는 따스한 햇살을 주려 하지 않는다.'

나도 살아온 날들을 되돌아보면 몇 마디 칭찬이 내 미래를 바꾸어놓았던 적이 있었던 걸 기억한다. 다른 이들도 마찬가지가 아닐까? 역사적으로 봐도 칭찬의 놀라운 마술이 이뤄낸 일을 쉽게 찾아볼 수 있다.

예전에 열 살 난 한 소년이 나폴리에 있는 공장에서 일하고 있었다. 그 아이는 가수가 되고 싶었지만 처음 만난 선생님은 소년의 기를 꺾었다.

"넌 노래할 수 없다. 목소리가 영 아니야. 문틈으로 나는 바람소리 같잖아."

하지만 가난한 농부였던 그의 어머니는 아들을 두 팔로 안아주면서 칭찬하고 노래하게 될 거라고 말해주었다. 조금씩 노래 실력이 나아지는 게 보인다며 아들의 음악 공부를 위한 돈을 모으려 맨발로 다니기도 했다. 어머니의 칭찬과 격려로 아들의 삶은 변화되었다. 그의 이름은 바로 엔리코 카루소였다. 그는 당대 최고 실력을 갖춘 유명한 오페라 가수가 되었다.

19세기 초엽 런던의 한 젊은이는 작가가 되고자 소망했다. 하지만 모든 상황이 불리하기만 했다. 학교에 다닌 기간도 4년이 넘지 않았고, 그의 아버지는 빚을 갚지 못해 감옥에 갇혀 있는 처지였다. 이 젊은이는 굶주림에 시달리기도 했다. 그러다가 겨우 얻은 일자리는 쥐가 들끓는 공장에서 흑색 도료 병에 상표를 붙이는 일이었다. 밤에는 음침한 다락방에서 런던 빈민가의 부랑아 두 명과 함께 잠을 잤다. 자신에게 작가로서 능력이 있는지 확신이 서지 않았던 그는 밤을 틈타 밖으로 나가 자신의 첫 원고를 우편으로 보냈다. 그래야 다른 사람들의 비웃음을 사지 않을 수 있었다. 작품은 번번이 퇴짜를 맞았다. 하지만 결국에 한 원고가 채택되는 역사적인 날이 찾아왔다. 원고료는 단 한 푼도 받지 못했지만, 한 편집자가 그를 칭찬해주었다. 인정을 해준 것이었다. 이 젊은이는 너무나도 기쁘고 들뜬 마음에 눈물을 흘리며 거리를 헤매고 다녔다.

한 편의 소설이 인쇄되어 책으로 나오면서 받았던 그 칭찬과 인정이 그의 삶을 송두리째 바꾸어놓았다. 그 격려가 없었더라면 그는 계속 쥐가 득실거리는 공장에서 평생 일했을지도 모른다. 그 젊은이의 이름을 모두 한 번쯤은 들어봤을 것이다. 그의 이름은 바로 찰스 디킨스다.

다른 한 소년이 런던의 한 포목점에서 점원으로 일하고 있었다. 그는 새벽 다섯 시에 일어나 가게를 청소하는 것을 시작으로 하루에 14시간씩 노예처럼 일했다. 일은 무척 고됐고 소년은 그 일이 싫었다. 그렇게 2년을 보낸 후 소년은 더 이상 참을 수 없어서 잠자리에서 일어나 아침식사도 하지 않은 채 터벅터벅 15마일을 걸어서 가정부로 일하고 있는 어머니에게 이야기를 하러 갔다.

소년은 제정신이 아니었다. 엄마에게 애원도 하고 울기도 했다. 더이상 그 가게에서 일해야 한다면 자살하고 말 거라고 했다. 그리고 자신의 은사에게 상심이 커서 더 이상 살고 싶지 않은 지경이라는 애절한 내용을 담은 장문의 편지를 보냈다. 그의 선생님은 소년이 똑똑하다고 칭찬을 하면서 더 나은 일을 할 자격이 있으니 선생님으로 일해보라고 권했다.

그 칭찬은 소년의 미래를 바꾸었고 영국 문학사에 길이 남을 영향을 끼쳤다. 그 소년은 무수히 많은 베스트셀러를 써서 펜 하나로 백만 달러를 벌어들였다. 이 소년의 이름도 들어본 적이 있을 것이다. 그는 바로 《타임머신》의 작가 허버트 조지 웰스였다.

비난 대신 칭찬을 하는 건 스키너 교수법의 기본 개념이다. 이 위대한 심리학자는 동물 실험과 임상 실험을 통해서 비난을 최소화하고 칭찬을 강화하면 사람들은 일을 더 잘하게 되고 잘못된 일은 주의를 받지 못하기에 점점 줄어든다고 했다.

노스캘리포니아 주의 록키 마운트에 사는 존 링겔스포는 이 방법으로 자녀를 대했다. 많은 가정에서 엄마와 아빠가 자녀와 소통하는 주된 방법은 호통을 치는 것인 듯하다. 그러면 대부분 경우 아이들은 좋아지기보다는 조금씩 더 나빠지는 경향을 보인다. 그러면 부모 역시 고약해진다. 이 문제는 끝이 없는 악순환으로 이어진다.

링겔스포 씨는 우리 강좌에서 배운 원칙을 써서 이 상황을 해결하기로 마음먹었다. 그가 들려준 이야기다.

"우리 부부는 아이들의 잘못을 되풀이해서 지적하는 대신에 칭찬을 하기로 했습니다. 아이들이 하는 짓이 온통 나쁘게만 보였던 터라 쉽지 않은 일이었습니다. 아이들에게 칭찬할 점을 찾는다는 게 정말 어려웠습니다. 하지만 우리 부부는 칭찬할 것을 열심히 찾아내자 곧 속상하게 하는 나쁜 버릇들이 보이지 않게 되었습니다. 그러더니 아이들의 다른 잘못도 사라지기 시작했습니다. 아이들은 저희가 해주는 칭찬을 기회로 삼기 시작했습니다. 자발적으로 일을 제대로 하려 노력하기까지 했습니다. 우리 부부는 믿을 수가 없었습니다. 물론 그런 상태가 영원히 지속된 것은 아니었습니다. 하지만 전형적인 행동 양식은 훨씬 좋아졌습니다. 더 이상 과거와 같은 반응을 보일 일이 없어졌습니다. 아이들이 잘못한 일보다 잘한 일이 더 많았으니까요."

이 모든 일은 아이들이 잘못할 때마다 비난을 하는 대신 조금이라도 나아지는 모습이 보이면 칭찬을 했던 결과였다.

이런 방법은 일을 하는 데도 도움이 된다. 캘리포니아 주의 우드랜드에 사는 케이스 로퍼는 이 원칙을 자신의 회사 상황에 적용해보았다. 그의 인쇄소에 특별히 잘 인쇄해야 하는 일감이 들어왔다. 그 일을 맡은 인쇄공은 신입이어서 일에 잘 적응하지 못하고 있었다. 그의 상관은 부정적인 태도를 보이는 그를 해고할 생각을 하고 있었다.

로퍼 씨는 그런 상황을 보고받고 직접 인쇄소로 나가서 그 젊은이와 이야기를 나누었다. 로퍼 씨는 젊은이가 한 인쇄 작업이 매우 흡족했고, 한동안 이 인쇄소에서 했던 작업 중 최고의 작업이 될 거라고 말해주었다. 그 인쇄 작업이 훌륭했던 이유를 정확히 짚어주고 그 과정에서 보여준 젊은 인쇄공의 공헌이 회사에 얼마나 중요한지도 이야기해주었다.

그 말이 그 젊은 인쇄공의 태도에 변화를 주었을까? 며칠이 지나기도 전에 대반전이 일어났다. 그 젊은이는 로퍼 씨와 나눈 대화를 동료들에게 전하면서 회사에서 좋은 작업성과에 대해 얼마나 감사하고 있는지를 알려주었다. 그리고 그날부터 그 젊은 인쇄공은 충성스럽고 헌신적인 일꾼이 되었다.

로퍼 씨가 한 일은 아첨이 아니었다. "잘했습니다."라고 말 한 마디를 한 게 아니라, 구체적으로 작업을 얼마나 잘해냈는지를 짚어주었던 것이다. 대충 뭉뚱그려서 아첨하는 듯 말한 게 아니고 구체적인 성과를 지적하며 말했기 때문에 그의 칭찬은 보다 의미심장하게 상대에게 전해졌다. 모든 사람들은 칭찬받는 걸 좋아한다. 하지만 구체적인 칭찬은 진심으로 다가온다. 그냥 기분 좋으라고 던져주는 말과는 다르게 느껴진다.

우리 모두는 칭찬과 인정을 갈구하고 그것을 얻기 위해서라면 무슨 일이든 한다는 사실을 기억하자. 하지만 위선은 누구도 원하지 않는다. 아첨을 원하는 사람은 없다.

다시 한 번 반복해 말한다. 이 책에서 말하는 원칙은 진심에서 우러나올 때만 그 효과를 발휘한다. 나는 얄은 계략을 주장하고 있는 게 아니다. 새로운 삶의 방식을 가져야 한다고 말하고 있다.

사람을 변화시키는 일로 다시 돌아가 보자. 사람들에게 내재된 숨은 보석과 같은 재능을 일깨워 줄 수 있다면 우리는 사람을 변화시키는 것 이상의 일도 해낼 수 있다. 말 그대로 그 사람을 완전히 다른 사람으로 바꾸어놓을 수 있다.

과장이 지나치다고? 그렇다면 미국 역사상 가장 위대한 심리학자이자 철학자인 윌리엄 제임스의 현명한 말에 귀를 기울여보라.

"우리는 가진 잠재력에 견주어보면 절반 정도만 깨어 있는 셈이다. 우리의 육체적 정신적 능력에서 아주 일부만 활용하고 있을 뿐이다. 보다 일반적으로 이야기하자면 인간은 자신의 능력에 훨씬 못 미치는 삶을 산다는 말이다. 다양한 종류의 능력을 소유하고 있으면서도 늘상 제대로 활용하지 못하고 있다."

비난은 능력을 말라죽게 한다. 능력은 격려 속에서 피어난다. 보다 유능한 지도자가 되려고 한다면 다음의 원칙을 적용하자.

조금이라도 나아지는 모습이 보이면 칭찬하고, 나아지는 모습이 보일 때마다 또 칭찬하라. 그리고 가슴에서 우러나오는 칭찬과 인정을 아낌없이 주어라.

Chapter 7

개에게도 좋게
말해주자

일을 멀쩡하게 잘하던 사람이 갑자기 엉터리로 일하기 시작하면 어떻게 해야 할까? 그냥 해고해 버릴 수도 있다. 하지만 그런다고 나아질 건 없다. 호되게 꾸짖어볼 수도 있다. 하지만 원망만 사게 된다. 인디애나 주의 로웰에서 대형 트럭 대리점의 자동차 서비스 부장직을 맡고 있던 헨리 헨케는 갈수록 일을 마뜩잖게 하는 정비사 한 명을 보게 되었다. 헨케는 그 정비사에게 고함을 지르거나 협박하는 대신 사무실로 불러서 솔직한 대화를 나누었다.

"빌, 자네는 정말 훌륭한 정비사일세. 오랫동안 이 일을 해왔지. 수많은 차를 수리해서 고객들을 만족시키기도 했지. 사실 그동안 자네가 작업했던 건에 대한 칭찬이 참 많았다네. 그런데 최근 들어서 일을 하는 속도가 느려지고 작업 결과도 예전 자네 솜씨에 못 미치는 것 같네. 예전에는 아주 뛰어난 정비사였으니 지금 상황이 좋지 않게 보인다는 사실을 자네가 알아야 할 것 같네. 우리 함께 문제를 찾아 해결할 방법을 모색해보세."

빌은 자기가 맡은 일을 제대로 해내지 못하고 있다는 사실을 몰랐다고 말하고 앞으로는 기대에 못 미치는 일이 없게 최선을 다해서 더 나은 모습을 보이겠노라고 대답했다.

빌은 정말 그렇게 했을까? 정말 그렇게 했다. 빌은 다시 민첩하고 철두철미한 정비사가 되었다. 헨케의 기대에 부응하고 자신의 평판을 유지하려면 과거에 견주어 부끄럽지 않게 일을 하지 않을 수 없었던 것이다.

볼드윈 철도의 대표직을 맡고 있던 사무엘 버클린은 이렇게 말했다.

"보통 사람은 자신이 존경하는 사람이나 자신의 능력을 존중해주는 사람의 지도에 쉽게 따른다."

간단히 말하자면 사람의 기량을 향상시키고 싶다면 그 기량이 이미 그 사람의 뛰어난 점이라는 듯 행동하라는 말이다.

셰익스피어는 말했다.

"미덕을 갖추지 못했다면 미덕을 갖춘 듯 행동하라."

다른 사람이 갖추었으면 하는 미덕을 이미 갖추고 있는 양 말하고, 그런 척을 하는 것도 괜찮은 방법이다. 좋은 평가를 해주고 기대를 하면 사람들은 그 기대에 부응하려 더욱 노력한다.

조제트 르블랑은 《추억, 마테를링크와 함께 한 인생Souvenirs, My Life with Maeterlinck》이라는 책에서 보잘 것 없었던 벨기에 출신 아가씨가 깜짝 놀랄 모습으로 바뀐 이야기를 들려주고 있다.

"근처 호텔에서 일하던 하녀 한 명이 내게 식사를 가져다주었다. 그녀는 '접시닦이 마리'라고 불리고 있었다. 부엌에서 그릇 씻는 일부터 시작해서 일을 배웠기 때문이었다. 그 아가씨는 안짱다리에 사팔뜨기로 흉측한 외모를 하고 있어서 영혼과 육체가 모두 곤궁했다. 어느 날 그 아가씨가 음식을 만지던 손으로 내게 줄 마카로니 접시를 들고 서 있는 걸 보고 나는 솔직하게 말했다. '마리, 너는 네 안에 어떤 보물이 있는지 모르는구나.' 감정을 숨기는 데 익숙해있던 마리는 잠시 머뭇거리며 혹시 뭔가 큰일이라도 생길까 봐 걱정하며 꼼짝도 않고 서 있었다. 그러고 나서 접시를 식탁 위에 내려놓고 한숨을 내쉬면서 솔직한 어조로 말했다. '부인, 그런 건 생각해본 적도 없었네요.' 마리는 의심을 품지도 않았고 질문도 하지 않았다. 그저 부엌으로 돌아가서 내가 한 말을 되풀이해보았다. 그리고 굳게 그 말을 믿었다. 어찌나 강하게 믿고 있었는지 그 누구도 함부로 놀리거나 하지 못했다. 그날 이후 사람들은 마리를 다시 보게 되었다. 하지만 가장 신기한 변화는 보잘것 없었던 마리 자신에게서 일어나고 있었다. 자신을 눈에 보이지 않는 경이로움을 담고 있는 거룩한 성합이라고 생각하게 된 마리는 얼굴과 몸을 가꾸기 시작했다. 지금껏 감추어졌던 젊음이 피어나서 마리의 못생긴 얼굴을 가려 주었다. 두 달 후, 마리는 주방장의 조카와 결혼한다고 알려왔다. '저는 귀부인이 될 거예요.' 마리가 감사하다는 인사와 함께했던 말이다. 말 한 마디에 마리의 인생은 완전히 달라져 버렸다."

조제트 르블랑은 '접시닦이 마리'에게 기대를 걸고 좋게 이야기해주었고, 마리는 그 기대와 좋은 평판에 부응하려 했다. 그래서 결국 마리의 인생은 달라졌다.

플로리다 주의 데이토나 비치에서 식품 회사의 영업 사원으로 일하고 있는 빌 파커는 회사에서 새로 출시한 제품에 기대를 품고 있었다. 하지만 한 식품 판매장의 지배인이 물건을 받지 않겠다고 해서 마음이 좋지 않았다. 빌은 온종일 퇴짜를 맞은 일에 대해 이리저리 생각하다가 퇴근하기 전에 매장으로 돌아가 다시 한 번 시도해보기로 했다.

"잭 지배인님, 오늘 아침에 헤어진 다음에 우리 회사의 신제품을 전체적으로 다 소개하지 못했다는 생각을 했습니다. 시간을 좀 내주시면 제가 빠트렸던 부분에 대해 말씀을 드리고 싶군요. 지배인님께서는 늘 사람들 말에 귀를 기울여주시고 사실 관계가 달라지면 마음을 바꾸어주실 만큼 너그러운 분이라고 생각해왔고, 그 점을 늘 존경해왔습니다."

잭 지배인은 다시 상품 이야기 듣기를 거절할 수 있었을까? 그런 평판을 듣고서는 그럴 수 없었다.

아일랜드의 더블린에서 치과의사로 일하고 있는 마틴 피츠휴는 환자 중 한 명에게 양치를 할 때 사용하는 금속 컵 받침이 너무나 더럽다는 지적을 받고 화들짝 놀라고 말았다. 환자가 양치를 할 때는 컵 받침이 아닌 컵으로 물을 받지만 그래도 오염된 장비를 사용했다는 건 의사로서 할 일은 아닌 게 분명했다. 그 환자가 떠난 후 피츠휴 박사는 개인 사무실로 가서 일주일에 두 번 씩 병원 청소를 해주는 도우미인 브릿지에게 편지를 썼다.

브릿지 부인에게

요즘 자주 뵙지 못한 것 같습니다. 그동안 청소 일을 잘해주셔서 감사하다는 말씀을 한번 드리고 싶었습니다. 그나저나 전에도 한 번 말씀 드린 적이 있었는데, 일주일에 두 번씩 두 시간 정도는 시간이 부족한 것 같습니다. 가끔은 삼십 분 정도 더 시간을 내셔서 '어쩌다 한 번씩' 컵 받침을 광이 나게 닦는 등의 일을 하셔도 좋겠습니다. 물론 초과로 일하신 시간에 대한 보수는 드리겠습니다.

피츠휴 박사의 말을 옮겨 보겠다.

"다음 날 사무실에 가보니 책상이 거울처럼 반짝이게 닦여 있고, 의자도 어찌나 깨끗하게 닦였던지 미끄러질 뻔했죠. 진료실로 나와보니 세상에서 가장 깨끗하게 보이는 크롬 도금한 컵받침이 눈부시게 반짝거리며 꽂혀 있었습니다. 도우미를 좋게 이야기하고 그에 부응하는 노력을 기대했더니 이전보다 훨씬 더 뛰어난 기량을 선보였던 겁니다. 이 일을 하느라 추가로 일한 시간은 얼마나 되었을까요? 네, 그렇습니다. 추가 작업 시간은 전혀 들지 않았습니다."

이런 옛말이 있다.

"'못된 개'라고 악평을 하는 건 그 개의 목을 매다는 것이나 마찬가지다."

그렇다면 훌륭한 개라고 좋게 이야기를 하면 어떻게 되는지 한번 보자!

뉴욕 주의 브루클린에서 4학년 담임을 맡게 된 루스 홉킨스 선생님은 새 학기가 시작된 첫 날 학생 출석부를 보고 있었다. 그런데 새로운 학기를 시작한다는 기대감과 기쁨은 어느새 불안감으로 변해가고 있었다. 올해는 학교에서 '악동'으로 악명 높은 타미를 맡게 된 모양이었다. 타미의 3학년 담임 선생님은 동료들에게 늘 타미에 대한 불평을 해댔고, 교장 선생님과 다른 선생님들도 그 이야기를 다 듣고 있었다. 타미는 그냥 짓궂은 정도가 아니었다. 수업 시간에 심각한 수준으로 문제를 일으켜 엄하게 훈육해야 했고, 걸핏하면 친구들과 싸웠으며 여자

아이들을 놀리고 선생님에게는 건방지게 굴었다. 시간이 지나면서 타미의 문제는 점점 더 심각해지는 것 같았다. 그나마 타미가 학교에서 지낼 수 있었던 건 학습 내용을 빨리 이해하고 공부도 쉽게 해낸다는 점 때문이었다.

홉킨스 선생님은 '골칫덩이 타미'의 문제 해결에 당장 나서기로 했다. 홉킨스 선생님은 새로 만난 학생들과 한 명씩 인사를 나누면서 한마디씩을 건넸다.

"로즈, 오늘 입은 드레스가 정말 예쁘구나."

"엘리샤, 그림을 참 예쁘게 그린다는 이야기를 들었다."

그리고 타미의 차례가 되자 홉킨스 선생님은 타미의 두 눈을 똑바로 쳐다보면서 말했다.

"타미, 너는 타고난 지도자 타입이라고 들었다. 앞으로 우리 반이 4학년 중에서 으뜸이 되는 데 네 도움이 많이 필요할 것 같구나. 잘 부탁한다."

그리고 처음 며칠 동안 이 말을 계속 강조하면서 타미가 하는 모든 일을 칭찬하고 타미가 얼마나 훌륭한 학생인지 이것만 봐도 알 수 있다고 거듭 말했다. 그렇게 좋은 말을 해주면서 기대를 해주는데 아홉 살 난 아이라도 그런 선생님을 실망시킬 수는 없는 일이었다. 그리고 타미는 선생님을 실망시키지 않았다.

> **제7원칙**
> **상대방을 좋게 이야기해서 기대에 부응하도록 만들어라.**

Chapter
8

잘못해도 쉽게 고칠 수
있는 것처럼 보이자

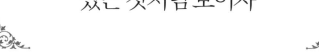

 나이가 마흔이 다 되도록 독신으로 지내던 친구가 약혼을 하게 되었다. 친구는 약혼자의 설득에 못 이겨 그 늦은 나이에 댄스 교습을 받게 되었다. 친구가 나에게 털어놓은 사연은 이랬다.

 "난 정말 댄스 교습이 필요한 사람이기는 했어. 20년 전에 처음 춤을 추었을 때랑 똑같이 춤을 추었으니까. 그렇게 찾아간 댄스 교습에서 처음 만난 강사는 내게 솔직한 진실을 말해준 것 같았어. 내가 완전히 엉망이라고 했거든. 그래서 다 잊어버리고 처음부터 다시 시작하려고 했었지. 그렇지만 그 말을 들으니 의욕이 싹 사라져 버리더군. 계속할 동기가 없었으니까. 그래서 강습을 당장 그만 두었지. 그런 다음 만난 새 강사는 거짓말을 하는 것 같았어. 하지만 나는 좋았지. 그 강사는 내가 좀 구식으로 춤을 추기는 하지만 기본은 잘 되어 있다고 해주었지. 그리고 몇 가지 스텝을 배우는 건 어렵지 않게 할 수 있을 거라고 말하며 안심시켜 주었지. 처음 만난 강사는 내 실수를 강조하면서 기를 죽였어. 하지만 이 새로운 선생님은 그 반대였네. 내가 제대로 한 일은 계속 칭찬하고 내 실수는 가볍게 보아 넘겼지. '리듬 감각을 타고 나셨네요.' 이런 말로 나를 안심시켜 주었지. '정말 타고난 춤꾼이세요.' 나도 상식이 있는 사람이니까 예전이나 지금이나 내가 4류 댄서라는 건 알고 있었지만, 내심 어쩌면 강사의 말이 진심일지도 모른다는 생각을 하고 싶었어. 물론 내가 그 강사에게 돈을 지불하고 있으니 그런 말을 하는지도 모르지. 하지만 그런 사실을 들춰낼 이유가 어디 있겠나? 어찌되었거나 그 강사가 나보고 리듬감을 타고났다는 말을 하지 않았던 때보다는 춤을 더 잘 추게 된 것은 사실이야. 그 말은 격려가 되었어. 나에게 희망을 주는 말이었다네. 그런 말을 들으니 더 열심히 노력해서 나아지고 싶다는 생각을 하게 됐지."

자녀나 배우자, 직원에게 어떤 일을 왜 그렇게 못하느냐고 책망하고 재주가 영 없는 모양이라고 말하면서 온통 엉망으로 했다고 질타해보라. 그러면 노력해서 더 나아지고 싶다는 생각의 싹을 아예 싹둑 잘라버리는 꼴이 된다. 대신 반대 방법을 사용해보라. 아낌없이 격려하고 간단한 일이라고 말해주자. 그리고 다른 사람들에게도 일을 해낼 능력이 있는 사람이라고 믿고 있다는 사실을 알리자. 그에게 숨은 천부적인 재능이 있는 게 분명하다고 말해주자. 그러면 그 당사자는 뛰어난 실력을 보여주기 위해 밤을 새면서 노력하고 연습할 것이다.

대인관계의 달인인 로웰 토마스도 이 방법을 사용했다. 그는 용기를 북돋아주고 믿어주는 걸로 상대에게 확신을 심어주었다. 토마스 부부와 함께 주말을 보낸 적이 있었다. 토요일 밤에 나는 이글거리는 벽난로 앞에 앉아서 브리지 게임을 하자는 청을 들었다. 브리지 게임이라고? 이런, 안 돼! 안 되고말고! 난 안 되는 일이야. 나는 브리지 게임을 어떻게 하는지 전혀 모르고 있었다. 그 게임은 언제나 나에게는 알 수 없는 수수께끼였다. 말도 안 돼! 절대 안 돼!

"세상에, 데일, 이건 특별한 솜씨가 있어야 하는 그런 게 아니야."

로웰이 말했다.

"기억력과 판단력만 있으면 할 수 있는 게 브리지 게임이야. 자네는 기억력에 관한 논문도 썼잖아. 자네한테 브리지는 누워서 떡 먹기일걸세. 자네한테 딱 어울리는 게임이야."

그리고 나는 나도 모르게 브리지 테이블에 처음으로 앉아 있게 되었다. 나에게 브리지 게임의 천부적인 재능이 있을 거고 그 게임이 쉬울 거라는 이야기를 들었기 때문이었다.

브리지 게임을 이야기하다 보니 엘리 컬버트슨이 생각난다. 그가 쓴 브리지 게임에 대한 책은 수십여 개 언어로 번역되어 백만 권 이상이 팔려나갔다. 그는 어떤 젊은 여성이 그에게 브리지 게임의 천부적인 재능이 있다는 말을 듣고 확신을 갖지 않았다면 브리지 게임을 전문적으로 하지 못했을 거라고 말했다.

1922년에 미국으로 이주해온 그는 교편을 잡고 철학과 사회학을 가르치고자 했다. 하지만 그럴 수가 없었다. 그래서 석탄 판매업을 해보았지만 그마저 실패하고 말았다.

다음에는 커피 판매업을 했지만 그 역시 실패했다.

당시 그는 브리지 게임을 했지만 언젠가 그 게임을 가르치는 일을 하리란 생각은 전혀 하지 못했었다. 그는 브리지 게임을 잘하지도 못했을 뿐만 아니라 매우 끈질기기까지 했다. 질문이 너무 많았고 카드 승부가 난 뒤에도 사후 분석을 너무 열심히 해서 다들 함께 게임하기를 꺼려했다.

그러다가 조세핀 딜런이라는 아름다운 브리지 카드 게임 강사를 만나 사랑에 빠지고 결혼을 하게 되었다. 조세핀은 컬버트슨이 카드를 신중하게 분석하는 점에 주목하고 카드 게임에 잠재적 재능이 있다고 컬버트슨을 설득했다. 그 격려로 인해, 오직 그 한 마디로 인해 컬버트슨은 브리지 게임의 전문가가 되었다고 말해주었다.

오하이오 주의 신시내티에서 우리 강좌를 맡아 진행하고 있는 클레런스 존스는 격려를 하고, 설혹 잘못을 한다 해도 간단히 고칠 수 있게 해주는 것으로 아들의 인생을 완전히 달라지게 했던 일을 이야기해주었다.

"1970년의 일입니다. 당시 열다섯 살이었던 아들, 데이비드는 저와 살기 위해 신시내티로 왔었습니다. 아이는 수월치 않은 삶을 살고 있었죠. 1958년에 자동차 사고로 머리를 절개해야 해서 이마에 보기 흉한 흉터가 남아 있었고, 1960년에는 아이 엄마와 제가 이혼을 하면서 아들은 엄마와 함께 텍사스 주의 달라스로 이주해야 했습니다. 아들은 열다섯 살이 되도록 달라스 학교에서 학습 부진아로 특별반 수업을 듣고 있었습니다. 아마도 그 흉터 때문에 학교에서 아이가 뇌에 이상이 있다고 판단하고 두뇌 활동이 정상이 아닐 거라고 생각해서 그랬던 것 같았습니다. 데이비드는 또래보다 2년이나 뒤쳐진 과정을 공부하고 있어서 당시 7학년이었죠. 하지만 구구단도 외우지 못했고, 더하기도 손가락을 사용해서 했고 글도 제대로 읽지 못하고 있었습니다. 하지만 긍정적인 면도 있었습니다. 데이비드는 라디오와 텔레비전을 연구하는 걸 좋아했습니다. 커서 텔레비전 기술자가 되고 싶어 했죠. 저는 그 점을 격려하고 기술자가 되기 위한 교육을 받으려면 수학을 할 줄 알아야 한다고 알려주었습니다. 그리고 수학 과목에 능숙해지도록 도와주기로 마음을 먹었습니다. 우리 부자는 플래시 카드 네 상자를 샀습니다. 곱셈, 나눗셈, 덧셈, 뺄셈이 적혀 있는 카드였습니다. 카드를 훑어보면서 정답을 골라 한쪽에 쌓아놓았죠. 데이비드가 잘 모르면 제가 정확한 답이 적힌 카드를 찾아준 다음에 나중에 다시 보도록 별도로 쌓아놓아서 결국에는 남은 카드가 하나도 없게 했습니다. 우리 부자는 게임처럼 카드를 갖고 공부를 했습니다. 저는 데이비드가 정답을 맞힐 때마다 호들갑을 떨면서 대단하다고 말해주었습니다. 특히 한번 틀린 적이 있는 문제의 답을 맞힐 때는 더욱 요란하게 칭찬을 해주었어요. 매일 밤 우리 부자는 다시 보려고 모아둔 카드를 가지고 답 맞추기를 해서 결국 남는 카드가 하나도 없게 만들었습니다. 그런 다음에는 밤마다 스톱워치를 가지고 연습문제를 푸는 시간을 쟀습니다. 오답 없이 모든 카드의 답을 8분 안에 맞추면 그날부터 매일 밤 카드로 셈 공부하는 걸 그만두기로 약속을 했죠. 데이비드에게 불가능한 목표처럼 보였죠. 첫날밤에는 52분이 걸렸습니다. 다음 날은 48분, 그 다음은 45분, 44분, 41분으로 점점 시간이 단축되더니 나중에는 40분이 채 걸리지 않게 되었습니다. 우리는 시간이 단축될 때마다 자축을 했습니다. 아내를 찾아가서 같이 아들을 안아주고 다 같이 지그춤을 추었습니다. 그달 말이 되자 데이비드는 8분도 못 되는 시간에 카드의 문제를 완벽하게 맞혔습니다. 데이비드는 조금씩 나아지는 것 같으면 더 해보자고 말하기까지 했습니다. 공부가 재미있고 쉽다는 엄청난 사실을 깨달은 거죠. 자연히 수학에서 성적이 껑충 뛰어올랐습니다. 데이비드는 수학에서 B학점을 맞은 성적표를 집에 가지고 오면서 본인도 어리둥

절해했죠. 한 번도 그런 적이 없었으니까요. 이어 믿을 수 없는 속도로 다른 변화도 따라오게 되었습니다. 읽기 능력이 급속도로 향상되었고, 원래부터 잘했던 그림 그리기에서도 발군의 실력을 선보이게 되었죠. 다음 해 데이비드의 과학 선생님은 과학 박람회 출품작을 만들어보라는 숙제를 내주었습니다. 아들은 지렛대 효과를 보여주는 복잡한 모형을 만들기로 했죠. 그림을 그리는 재주나 모형을 만드는 것도 잘해야 하지만 수학적 원리를 응용할 줄도 알아야 하는 일이었습니다. 데이비드의 출품작은 학교 과학 박람회에서 일등 상을 수상했고, 시 경선에 나가 신시내티 전체에서 3등 상을 수상했습니다. 정말 대단한 일이었습니다. 2년이나 낙제를 해서 '두뇌가 손상을 입었다'는 말을 듣고, 급우들에게 '프랑켄슈타인'이라고 불리며 흉터에서 뇌가 새어 나가는 모양이라고 놀림을 받던 아이였는데 말입니다. 그런 아이가 갑자기 공부를 할 수 있다는 사실과 뭔가를 해낼 수 있다는 사실을 깨달았던 겁니다. 그 결과로 8학년 2학기부터 고등학교 과정을 다 마칠 때까지 아이는 우등생 명부에 이름을 올렸습니다. 고등학교 때는 학업이나 생활면에서 우수한 학생들을 선발하는 전국 우수 학생회National Honor Society에 뽑혔습니다. 일단 공부가 쉽다고 생각하기 시작하자 아들의 인생은 완전히 달라졌습니다."

제8원칙

격려하라. 그리고 잘못해도 쉽게 고칠 수 있게 하자.

Chapter
9

사람들이 내가 원하는 것을 기꺼이 하도록 만드는 방법

1915년 당시 미국은 아연실색하며 넋이 나가 있었다. 인류 역사의 그 모든 유혈 사태에서 생각지도 못한 대규모의 살상을 유럽 국가들이 서로 저질러대고 있었다. 평화를 되찾을 수 있을까? 아무도 알지 못했다. 하지만 우드로 윌슨은 시도를 해보기로 마음먹었다. 그는 자신을 대신해서 평화 사절을 보내 유럽의 군 지도자들과 협의를 해보려 했다.

윌리엄 제닝스 브라이언 국무장관은 자신이 평화의 대변자로서 파견되기를 간절히 바랐다. 큰 업적을 세우고 이름을 길이 남길 수 있는 기회라고 보았던 것이다. 하지만 윌슨은 다른 사람을 사절로 임명했다. 바로 윌슨과 개인적인 친분이 있는 보좌관인 에드워드 하우스 대령이었다. 그리고 하우스는 브라이언의 기분을 상하지 않게 그 달갑지 않은 소식을 전해야 하는 곤란한 임무를 맡게 되었다.

'내가 평화 사절로 유럽에 가게 되었다는 말을 듣자 브라이언의 표정에는 실망한 기색이 역력했다.'

하우스 대령의 일기에 적힌 내용이다.

'그는 이 일을 기획한 게 자신이라고 말했다. 나는 대통령이 이 일을 공식적으로 처리하는 게 현명하지 못할 거라고 생각한다고 말했다. 브라이언이 가게 되면 '사람들의 이목이 쏠려서' 그가 유럽에 가는 이유를 궁금해할 것이라고도 말했다.'

무얼 암시하고 있는지 눈치챘는가? 하우스는 브라이언이 그 일을 하기에는 너무나 대단한 사람이라고 말하고 있었던 것이다. 그래서 브라이언은 흡족해했다.

능수능란한 하우스 대령은 세상 경험이 많아서 인간관계의 가장 중요한 법칙 하나를 따르고 있었다. 바로 내가 제안하는 내용에 대해 상대가 늘 기분 좋게 생각하게 하라는 법칙이었다.

우드로우 윌슨은 윌리엄 깁스 맥두를 초대해서 자신의 내각이 되어달라고 청했던 것도 같은 맥락의 일이었다. 각료가 되어달라는 청은 최고의 영예였지만 윌슨은 맥두를 초대해서 인정받는 중요한 사람이란 느낌을 두 배는 더 느끼게 해주었다. 맥두의 이야기를 직접 들어보자.

"그는(윌슨은) 내각을 구성하고 있다고 말하고 내가 재무장관을 맡아준다면 매우 기쁘겠다고 했다. 윌슨은 사람을 기분 좋게 하는 재주가 있었다. 그 명예스러운 일을 내가 수락하는 게 그에게 큰 은혜를 베푸는 일인 양 느끼게 했다."

불행히도 윌슨이 늘 그런 재주를 부린 것은 아니었다. 만약 그랬다면 역사가 달라졌을지도 모른다. 윌슨은 미국이 UN의 전신인 국제연맹에 가입하는 것을 공화당과 상원이 기분 좋게 느끼게 만들지 못했다. 윌슨은 평화회담을 하러 갈 때 엘리후 루트나 찰스 에번스 휴, 헨리 캐벗 로지와 같은 공화당의 쟁쟁한 지도자들을 내치고 자신의 당에 있던 무명의 의원 한 명을 대동했다. 공화당을 냉대해 국제연맹 가입이 대통령의 생각일 뿐만 아니라 자신들의 생각이기도 하다고 주장하지 못하게 하려는 의도였고, 공화당의 쓸데없는 간섭을 차단하려는 속셈이었다. 하지만 인간관계를 그렇게 노골적으로 다룬 끝에 윌슨은 결국 실각하게 되었고 건강도 잃어 수명을 단축시켰다. 또 미국이 국제연맹에 관여하지 않게 되어 세계 역사가 달라졌다.

정치인이나 외교관들만 원하는 바를 다른 사람이 기꺼이 하게 만드는 방법을 쓰는 건 아니다. 인디애나 주의 포트웨인에 사는 데일 페리어는 어린 자녀를 격려해서 집안일을 기꺼이 하게 했던 사례를 들려준 바 있다.

"제프가 맡은 집안 일 중에는 배나무 아래 떨어진 배를 주워놓는 일이 있었습니다. 그러면 풀을 베던 사람이 일을 멈추고 배를 줍지 않아도 되니까요. 제프는 그 일을 마음에 들어하지 않았습니다. 그래서 아예 일을 하지 않거나 대충해서 풀을 베던 사람들은 번번이 일을 멈추고 떨어진 배를 주워야 했죠. 눈을 부라리며 아이와 대결을 벌이는 대신 저는 이렇게 말했습니다. '제프, 앞으로는 이렇게 하자. 배를 주워서 부셸 바구니(약 36리터, 약 두 말)를 가득 채울 때마다 1달러씩 주마. 하지만 마당에 배가 남겨져 있는 걸 발견할 때마다 1달러씩 다시 빼앗아 갈 거다. 어떠니?' 그 후로 제프는 떨어진 배를 모두 주워 담았을 뿐만 아니라 바구니를 채우려고 나무에 달린 배를 억지로 따지 않는지 감시를 해야 할 정도가 되었습니다."

강연 초청을 많이 거절해야만 했던 한 사람이 있었다. 그는 친구의 초청에서 은혜를 입은 고마운 사람들의 초청까지 모두 거절해야 했다. 그런데 어찌나 교묘하게 잘 거절했던지 거절당한 사람들은 모두 기꺼운 마음으로 상황을 받아들였다. 어떻게 한 걸까? 이런저런 할 일이 너무 많아서 바쁘다는 말로는 그렇게들 생각하게 만들지 못한다. 그는 그렇게 하지 않았다. 초대를 해주어 너무 감사하지만 수락하지 못하는 자신의 무능이 한탄스럽다고 말했다. 그리고 대신 강연을 해줄 만한 사람을 추천했다. 다시 말해 상대가 거절당했다는 사실에 불쾌해할 시간을 주지 않고 곧바로 강연을 대신 해줄 사람에 대해 생각하도록 유도했던 것이다.

　독일에서 우리 강좌를 수강했던 건터 슈미트는 자신이 관리하던 식품 매장에서 상품 진열대에 가격표를 제대로 붙이지 않은 게으른 직원에 대한 이야기를 해주었다. 그 직원의 잘못된 일처리로 한바탕 소동이 있었고 손님들은 불평을 했다. 주의를 주고 훈계를 하고 각을 세우고 대립도 해보았지만 다 소용이 없었다. 마침내 슈미트는 그 여직원을 사무실로 불러서 매장 전체의 가격표를 관장하는 가격표 부착 감독관에 임명하겠다고 말했다. 그녀의 업무는 모든 선반에 가격표가 제대로 붙여져 있는지를 확인하는 것이었다. 이 새로운 직위와 업무 지시로 그 여직원은 완전히 태도를 달리해서 그 후로 주어진 임무를 모두 만족스럽게 해냈다.

　유치하다고? 그럴지도 모른다. 나폴레옹이 레지옹 훈장을 만들어 1만 5,000명의 병사들에게 수여하고, 18명 장군에게 '프랑스의 육군 원수'로 임명했던 일이나 자신의 군대를 '대육군'이라고 명명했을 때도 사람들은 유치하다고 했다. '장난감'을 전쟁으로 단련된 고참병들에게 주었다는 비난을 받자 나폴레옹은 이렇게 대꾸했다.

"장난감으로도 사람을 다스릴 수 있다."

이처럼 직위를 주고 권한을 부여하는 방법은 나폴레옹에게는 효과가 있었다. 그러니 우리에게도 효과가 있을 것이다. 뉴욕의 스카스데일에 사는 나의 지인, 어니스트 겐트 부인은 동네 남자아이들이 잔디밭을 뛰어다녀 망쳐놓는 일로 골머리를 앓고 있었다. 꾸짖어도 보고 달래도 보았지만 모두 소용이 없었다. 그래서 그 무리 중 가장 고약한 아이에게 직위를 주고 권한을 부여해주는 방법을 택했다. 그 아이를 '탐정'으로 임명하고 잔디밭에 불법으로 침입하는 사람들을 막는 임무를 맡겼다. 그걸로 부인의 문제는 모두 해결되었다. 부인이 임명한 '탐정'은 뒷마당에 모닥불을 피워 쇠꼬챙이를 빨갛게 달구어서 잔디밭에 들어오려는 아이에게 죄수의 낙인을 찍겠다고 협박을 해댔다.

유능한 지도자는 다른 사람의 행동이나 태도를 바꾸려 할 때 아래의 지침에 유념해야만 한다.

1. 진실하라. 지킬 수 없는 약속을 해서는 안 된다. 나에게 유리한 게 무엇인가가 아니라 상대에게 유리한 일이 무엇인가를 집중적으로 생각하라.

2. 상대에게 바라는 일이 무엇인지를 정확히 파악하라.

3. 공감하며 감정이입하라. 상대가 진정으로 원하는 것이 무엇인지 자문해보도록 하라.

4. 내가 제안하는 것으로 상대가 얻게 될 혜택이 무엇인지 생각하라.

5. 상대가 원하는 것과 내 제안으로 얻게 될 혜택을 조화시켜 보라.

6. 상대에게 뭔가를 요청할 때는 그 일로 상대가 이득을 보게 되리

라는 점을 전달하는 형식을 취하도록 하라. 퉁명스럽고 간결한 명령문을 사용할 수도 있다.

"존, 내일 손님이 오시기로 했으니 창고를 치웠으면 좋겠네. 그러니 빗질을 하고 창고의 물건을 선반에 깔끔하게 정리한 다음 판매대도 윤이 나게 닦아주게."

하지만 같은 말이라도 존이 이 일을 함으로써 얻게 되는 혜택을 보여주는 식으로 표현할 수도 있다.

"존, 당장 해야만 하는 일이 있네. 지금 해두면 나중에 다시 신경 쓰지 않아도 될 거야. 내일 손님을 모시고 와서 우리 시설을 보여드릴 예정이네. 창고도 보여드리고 싶은데 창고 상태가 좋지가 않군. 자네가 빗질도 하고 물품도 선반에 깔끔하게 정리하고 판매대도 윤이 나게 닦아주면 우리가 좀 더 유능하다는 인상을 줄 수 있을 것 같네. 자네 덕에 우리 회사 이미지가 좋아지는 거지."

존은 기꺼운 마음으로 제안받은 일을 했을까? 아주 기분 좋아하며 일하지는 않았겠지만, 그 일이 주는 혜택을 말하지 않았을 때보다는 훨씬 더 좋은 기분으로 일했을 게 분명하다. 만약 존이 창고의 상태에 자부심을 갖고 회사의 이미지에 기여하는 일을 하고 싶다고 생각하는 사람이었다면 더욱 더 협조적으로 나왔을 것이다. 또 언젠가는 해야 할 일이니 지금 해놓으면 다시는 신경 쓰지 않아도 될 거라는 점을 지적했던 것에도 주목하자.

이런 방법을 쓰면 늘 호의적인 반응을 얻게 될 거라고 생각한다면 순진한 생각이다. 하지만 대부분 사람들이 경험한 바에 의하면 이런 원칙을 사용하지 않았을 때보다는 사람들의 태도를 바꿀 확률이 더 높다. 성공률이 10퍼센트만 더 높아진다고 해도 이전보다 10퍼센트 더 유능한 지도자가 된 것이니 손해 보는 장사는 아니다.

제9원칙

내가 제안한 일을 하면서 사람들이 행복해하도록 만들어라.

❖ 간단 요약 ❖
리더가 되기 위한 9가지 원칙

제1원칙 마음에서 우러나오는 칭찬과 감사로 말문을 열어라.

제2원칙 실수에 대해 환기시키는 일은 간접적으로 하자.

제3원칙 다른 사람을 비난하기에 앞서 자신의 실수를 이야기하자.

제4원칙 직접적으로 명령하기보다는 질문을 하라.

제5원칙 상대의 체면을 세워줘라.

제6원칙 조금이라도 나아지는 모습이 보이면 칭찬하고, 나아지는 모
　　　　습이 보일 때마다 또 칭찬하라. 그리고 가슴에서 우러나오는
　　　　칭찬과 인정을 아낌없이 주어라.

제7원칙 상대방을 좋게 이야기해서 기대에 부응하도록 만들어라.

제8원칙 격려하라. 잘못해도 쉽게 고칠 수 있게 하자.

제9원칙 내가 제안한 일을 하면서 사람들이 행복해하도록 만들어라.

뛰어난 사람이 되는 지름길

1935년 1월의 어느 추운 밤이었다. 하지만 혹독한 날씨도 그들을 막지 못했다. 2,500명의 남녀가 뉴욕의 펜실베이니아 호텔의 대연회장으로 몰려들었다. 7시 15분경이 되자 좌석은 거의 다 채워졌고, 8시에도 간절한 얼굴의 군중이 계속 쏟아져 들어왔다. 널따란 2층 특별석도 꽉 메워졌다. 곧 입석도 모자랄 지경이 되었고, 하루 일과를 마치고 지친 몸을 이끌고 온 수백 명의 사람들은 한 시간 30분을 꼼짝없이 서서 자리를 지켰다. 무슨 일이었을까?

패션쇼? 6일 사이클링 대회? 아니면 클라크 케이블이 나타나 인사라도 하는 걸까?

아니었다. 이 사람들은 신문 광고를 보고 모여들었다. 이틀 전 저녁에 뉴욕 〈선Sun〉지에 실린 전면 광고에는 이런 문구가 적혀져 있었다.

효과적인 화술을 배우자.

리더십을 준비하자.

뻔한 이야기라고? 그렇다. 하지만 믿거나 말거나 이 세상에서 가장 세련되고 근사한 도시가 불황에 빠져 인구의 20퍼센트가 정부의 구호를 받아 생활하는 와중에 2,500명의 사람들이 그 광고를 보고 집을 나서서 호텔에 모여 북적거리고 있었다. 광고를 보고 찾아온 사람들은 회사의 경영진, 직원, 교수 등 경제적으로 상류층에 있는 이들이었다. 남녀를 막론하고 데일 카네기 연구소에서 마련한 시대를 앞서가는 지극히 실용적인 '사업을 하면서 사람들에게 영향을 미치는 화법과 화술 Public Speaking and Influencing Men In Business' 강좌의 시작을 알리는 축포를 듣기 위해 와 있었다. 이들 2,500여 명의 사업가들이 그곳을 찾은 이유는 무엇이었을까? 공황으로 인해 갑자기 교육이 절실하게 필요해졌던 걸까?

그렇지 않았다. 이 강좌는 지난 24년 동안 매 분기 별로 뉴욕에서 열려 늘 사람들로 북적였다. 그동안 1만 5,000명 이상의 전문직 종사자들과 사업가들이 데일 카네기에게 훈련을 받아왔다. 웨스팅하우스 일렉트릭 컴퍼니나 맥그로우힐 퍼블리싱 컴퍼니, 브루클린 유니온 가스 컴퍼니, 브루클린 상공회의소, 미국 전기공학자협회, 뉴욕 텔레폰 컴퍼니와 같은 보수적이고 의심이 많은 대형 기관들에서도 자사 직원들과 경영진을 위해 이 훈련 과정을 마련했다.

고등학교, 대학, 대학원을 졸업한 지 10년에서 20년이 지난 사람들이 찾아와서 이 훈련 과정을 거쳐 갔다는 사실은 우리 사회의 교육 체계에 놀라울 정도의 결함이 있다는 사실을 분명히 보여주는 일이다.

성인들이 진정으로 공부하고자 하는 것은 무엇일까? 이것은 중요한 질문이다. 그리고 이에 대답하기 위해서 시카고 대학University of Chicago 과 미국 성인교육연합회American Association of Adult Education, 와이엠씨에 이 연합학교United Y.M.C.A. Schools에서 2년에 걸쳐 조사를 했다.

조사 결과 성인들의 주요 관심사는 건강이었다. 또, 두 번째 주요 관심사는 대인관계의 기술을 개발하는 문제였다. 다른 사람들에게 영향력을 발휘하며 잘 어울려 지내는 방법을 배우고 싶어 했다. 심리학에 관한 어마어마한 강연을 많이 듣고 싶어 하지는 않았지만 사업을 하거나 사교적인 만남 혹은 가정에서 당장 활용할 수 있는 제안을 듣고 싶다고들 했다. 그러니까 성인들이 공부하고 싶어 하는 것은 이런 것들이었다.

조사를 시행한 사람들은 이렇게 말했다.

"좋아, 됐어. 성인들이 원하는 것이 그것이라면 우리가 제공해주도록 하자."

그리고 교재로 쓸 책을 찾았으나 사람들이 대인관계에서 겪는 일상적인 문제를 해결하는 데 도움을 주고자 쓰인 실질적인 교범이 될 만한 것이 없다는 사실을 알게 되었다.

정말 난처한 일이지 않은가! 수백 년 동안 학술 서적들은 그리스어와 라틴어로 써졌고, 보통 성인들은 전혀 개의치 않은 고등수학과 같은 주제를 다루어왔지만, 정작 보통의 성인들이 알고자 갈망하고 안내와 도움을 열렬히 원하는 주제에 대해서 쓰인 책은 단 한 권도 없다니!

바로 이런 것 때문에 신문 광고 하나에 2,500명의 성인들이 열띤 얼굴을 하고 펜실베이니아 호텔의 대연회장으로 몰려들었던 것이다. 그토록 오랫동안 기다려왔던 것이 그곳에 있었기 때문이었다.

그들은 고등학교나 대학교에서 수많은 책을 탐독하면서 재정적인 면이나 직업적인 면에서 보상을 가져다줄 만능 주문은 오직 지식이라고 생각해왔다. 하지만 사업을 하거나 직업을 가지고 거칠고 험한 사회생활을 몇 년 하고난 성인들은 미몽을 깨우치고 환멸을 느끼게 된다. 사업 성공에 있어서 가장 중요한 것은 지식뿐만 아니라 말을 잘하는 능력과 사람들을 설득하는 기술, 자신의 생각과 자신을 '팔 수 있는' 능력 등이라는 사실을 깨달았다. 사업이라는 배의 선장이 되어 항해를 하고자 한다면 인품과 함께 말을 잘하는 능력을 갖추는 것이 라틴어 동사에 대한 지식이나 하버드 졸업장보다 더 중요하다는 사실을 금방 알게 되었다.

뉴욕 〈선〉 지에 게재된 광고에서는 그날 모임이 대단히 재미있을 거라고 장담하고 있었다. 그리고 실제로 무척 재미있는 행사였다. 강좌를 수강했던 열여덟 명이 확성기 앞에 줄지어 섰고, 그중 열다섯 명은 정확히 75초 동안 자신들의 이야기를 들려주었다. 정확히 75초가 지나면 의사봉이 '탕' 하고 울렸고, 의장은 크게 소리쳤다.

"시간이 다 되었습니다! 다음 분!"

그날 행사는 물소 떼가 요란한 발소리를 내며 평야를 건너는 속도로 진행되었다. 관중들은 한 시간 30분 동안 서서 구경했다.

연단에 나선 사람들은 사회의 단면을 보여주고 있었다. 판매대리원이 몇 명 있었고, 체인점 경영자, 제빵업자, 무역 협회의 대표, 은행가 두 명, 보험 설계사, 회계사, 치과 의사, 건축가, 인디애나폴리스에서 뉴욕까지 강좌를 들으러 왔다는 약제사, 3분 스피치를 준비하려고 하바나에서 왔다는 변호사 등이 있었다.

첫 번째 연사는 패트릭 오헤어였다. 아일랜드에서 태어난 그는 학교를 4년 동안 다니고 여기저기를 떠돌다가 미국에 와서 수리공으로 일했다. 강좌를 들을 당시는 운전기사로 일하고 있었다.

나이가 40세가 된 그는 가족은 늘어가고 더 많은 돈이 필요하게 되어 트럭 영업을 시작하게 되었다. 하지만 열등감에 시달리며 비탄에 잠겨 있던 그는 사무실 앞에서 대여섯 번을 서성이다가 간신히 용기를 내서 문을 열곤 했다. 영업 일에 너무나 자신이 없었던 그는 다시 수리공 일을 해야겠다는 생각을 하고 있었다. 그러던 어느 날 데일 카네기의 화술 강좌가 열린다는 안내장을 받게 되었다. 그는 참석할 마음이 없었다. 대학을 나온 사람들과 어울려야 할 테니 자신은 어울리지 않을 거란 생각이었다. 하지만 아내가 필사적으로 참석을 권하며 이렇게 말했다.

"팻, 조금이라도 도움이 될지도 모르잖아요. 당신한테 필요한 일이 분명해요."

패트릭은 모임 장소로 가서 5분 동안 길에 서서 자신감을 끌어 모은 뒤 문을 열고 안으로 들어갔다.

처음 몇 번은 다른 사람들 앞에서 이야기를 할 때 겁이 나서 현기증이 났다. 하지만 몇 주가 지나자 그는 청중에 대한 두려움을 극복하고 이야기하는 걸 즐기게 되었다. 이제는 청중이 많을수록 더 좋아하게 되었다. 그는 또한 개별적으로 사람을 만나거나 고위층 사람과 대면하는 일을 겁내거나 두려워하지 않게 되었다. 자신의 아이디어를 사람들에게 제시하곤 했던 그는 곧 영업부에서 승진했다. 얼마 지나지 않아 그는 회사에서 중요한 사람이 되었고 많은 사람에게 호감을 사는 이가 되었다. 그날 밤, 펜실베이니아 호텔에서 패트릭 오헤어는 2,500명의 청중 앞에 서서 자신이 이룬 일을 쾌활하고 재미있게 들려주었다. 사람들은 연이어 유쾌하게 웃었다. 전문적으로 강연을 하는 사람도 그를 당하기 어려울 정도의 뛰어난 말솜씨를 선보였다.

다음 연사는 은발의 은행가, 고드프리 마이어였다. 그는 열한 명의 자녀를 둔 아버지이기도 했다. 강좌에 참여해서 처음 사람들 앞에서 이야기를 할 때 그는 말 그대로 말문이 막혀 한 마디도 하지 못했었다. 머리가 제대로 돌아가지 않았었다. 그는 말을 잘하는 능력을 지닌 이가 리더십을 지니게 된다는 사실을 잘 보여주는 사례였다.

그는 월스트리트에서 일하고 있었고 뉴저지 주의 클리프턴에서 25년째 살고 있었다. 그동안 그는 지역 일에 적극적으로 참여하지는 않고 그저 500명 정도의 사람들과 알고 지내고 있었다.

그는 카네기 강좌에 등록한 직후 세금 청구서를 하나 받게 되었는데 부당한 청구여서 격노하게 되었다. 예전의 그였다면 집에 앉아서 노발대발하거나 이웃 사람들에게 불평을 해댔을 것이다. 하지만 이번에는 그날 밤 당장 모자를 쓰고 주민총회에 가서 공개적으로 노여움을 발산시켰다.

그날 분노에 찬 연설의 결과로 그는 뉴저지 클리프턴 시민들의 성화로 시의원에 입후보하게 되었다. 몇 주 동안 그는 이런저런 모임에 참석해서 방종하고 무의미한 시정을 규탄하고 고발했다.

입후보자는 96명이나 되었다. 개표가 시작되자 고드프리 마이어는 단연 선두를 달렸다. 자정 무렵 그는 지역에 사는 4만 명의 주민들 사이에 유명인사가 되었다. 그 연설의 결과로 지난 25년 동안 사귀었던 사람들보다 여덟 배나 많은 사람을 단 6주 동안 사귀게 되었다. 시의원 봉급을 받게 된 그는 카네기 강좌에 투자했던 금액의 1000퍼센트를 1년 동안 되돌려 받게 되었다.

세 번째 연사는 식품 제조업체의 전국 협회 대표직을 맡고 있는 사람이었다. 그는 이사회에서 똑바로 서서 자신의 생각을 표현해내지 못했던 과거를 털어놓았다.

그는 재빨리 결정을 내리는 법을 배우고 나서 두 가지 놀라운 일을 경험하게 되었다고 했다. 곧 협회의 대표가 되어 미국 전역에서 회의를 주관하고 연설을 해야 했다. 그의 연설문 인용구는 AP통신으로 방송되고, 미국 전역의 신문과 무역 잡지에 실렸다.

2년이 지나고 효과적인 화술에 대해 배우고 나서 강연할 일이 잦아진 그는 강연을 통해 회사와 자사 제품에 대한 무료 광고를 하게 되었다. 이전에 백만 달러를 사용해 직접 광고를 했던 것보다 더 효과적이었다. 이 연사는 예전에는 맨해튼에 있는 주요 사업가들에게 전화를 걸어 오찬에 초대하는 걸 꺼려했었다고 고백했다. 하지만 뛰어난 연설로 이름을 떨치게 되면서 그 사람들이 그에게 전화를 걸어 점심식사에 초대를 하면서 시간을 빼앗아서 미안해한다고 했다.

말재주는 다른 사람들과 구별되는 뛰어난 사람이 되는 지름길이다. 세상의 주목을 받고 군중 속에서도 고개를 들고 어깨를 펴서 각광을 받게 된다. 사람들의 마음에 들게 말하는 능력을 지닌 사람은 실제 그 사람 실력보다 더 큰 인정을 받게 된다.

성인 교육 운동은 미국 전역을 휩쓸고 있다. 그리고 그 운동의 가장 눈부신 동력은 데일 카네기다. 데일 카네기는 그 어떤 사람보다 더 많이 성인들의 연설을 듣고 비판을 해온 기록을 보유하고 있다. 리플리의 '믿거나 말거나'에서 선보인 만화에 보면 데일 카네기는 15만 번의 연설을 듣고 평가했다고 한다. 이런 총계를 듣고도 별 감흥이 없는 사람이 있다면 콜럼버스가 미국 대륙을 발견한 이래로 매일 하루에 하나씩 연설을 들은 것이라고 생각해보라. 다시 말해 그의 앞에서 이야기를 한 연사들이 3분씩만 이야기를 했다고 해도 밤낮으로 그 연설을 연이어 들으려면 10개월이 걸린다는 이야기다.

극적으로 대조를 이루는 일로 가득한 데일 카네기의 경력은 열정과 창의성을 지닌 사람이 어떤 일을 해낼 수 있는지를 단적으로 보여주는 사례라고 할 수 있다.

철도에서 10마일 떨어진 곳에 있는 미주리 주의 어느 농장에서 태어난 데일 카네기는 11세가 될 때까지 전차를 한 번도 보지 못하고 살았다. 하지만 40세가 될 무렵에는 지구의 구석구석 모르는 곳이 없을 정도가 되었다. 홍콩에서 노르웨이의 함메르페스트에 이르는 곳곳을 다녔던 그는 한때 비어드 장군이 '리틀 아메리카Little America'라고 이름 붙인 남극 기지를 넘어서 남극에 더 가까이 갔던 적도 있었다. 미주리 주에 살면서 딸기와 우엉을 따서 5센트에 팔던 꼬마가 대기업의 간부들에게 자기표현의 기술을 가르치며 고연봉을 받는 트레이너가 된 것이다.

한때 가축을 치고 송아지에게 낙인을 찍던 카우보이는 나중에 사우스다코타 서부 울타리를 넘어 런던으로 가서 왕가의 후원 아래 쇼를 했다.

대중 앞에서 처음 여섯 번의 연설을 완전히 망쳐버렸던 이 사내는 후에 나의 개인 매니저가 되었다. 내 성공의 상당 부분은 데일 카네기에게서 받은 훈련 덕이었다.

어린 시절의 카네기는 교육을 받기 위해 발버둥쳐야 했다. 미주리 주 북서부의 오래된 농장에는 늘 불운이 넘쳐났기 때문이었다. 매년 강이 불어나서 범람하는 바람에 옥수수는 물에 잠기고 건초 더미는 모두 쓸려가 버렸다. 계절이 지날 때마다 살찐 돼지는 병에 걸리거나 콜레라에 걸려 죽었고, 송아지와 노새의 시장 가격은 연신 하락세였다. 은행에서는 대출을 위해 저당 잡힌 물건에 대한 담보권을 행사하겠다고 늘 협박해왔다.

낙담한 가족들은 농장을 처분하고 미주리 주의 워렌스버그의 주립 사범 대학 근처에 있는 농장을 샀다. 도심 지역에서 기숙사 비용은 하루에 1달러였지만 젊은 시절 카네기는 그럴 여유도 없었다. 그래서 농장에서 지내면서 말을 타고 매일 3마일 되는 거리를 통학했다. 집에 오면 소젖을 짜고, 장작을 패고, 돼지 사료를 먹이고 나서 밤에 석탄 램프 불빛에 의지해 라틴어를 공부하다가 눈이 침침해져 꾸벅꾸벅 졸곤 했다.

밤에 잠자리에 들었다가도 새벽 세 시만 되면 자명종 소리에 일어났다. 아버지가 혈통이 좋은 미국산 듀록 저지종의 돼지를 키우고 있었는데, 추운 겨울밤에 새끼 돼지가 얼어 죽을 수도 있었다. 그래서 돼지들을 바구니에 담아 황마포 자루로 싸서 부엌 난로 뒤에 놓아두었다. 하지만 돼지는 새벽 3시에는 따뜻한 식사를 해야만 했다. 그래서 자명종이 울리면 데일 카네기는 담요에서 기어나와 돼지 바구니를 들고 어미에게 데려가 젖을 물리고, 젖을 다 먹으면 다시 새끼 돼지를 부엌 난로 곁의 따뜻한 곳에 데려다 놓아야 했다.

주립 사범 대학교 학생은 600명이었는데 데일 카네기는 시내의 기숙사 비용을 감당하지 못하는 여섯 명 중 한 명이었다. 카네기는 매일 밤 말을 타고 농장으로 돌아가서 소젖을 짜게 만드는 가난이 부끄러웠다. 또, 너무 작은 코트와 너무 짧은 바지도 부끄러웠다. 열등감이 급속도로 커져갔던 그는 곧 다른 사람들과 구별되는 뛰어난 사람이 되는 지름길을 찾게 되었다. 그는 대학에서 영향력을 행사하는 특권층의 학생이 몇몇 있다는 사실을 알게 되었다. 미식축구와 야구 선수들 그리고 말하기 대회나 토론회에서 우승을 한 사람들이었다. 운동선수로서는 영 소질이 없던 카네기는 말하기 대회에서 우승을 해야겠다고 마음먹었다. 그리고 몇 달 동안 연설을 준비했다. 말을 타고 통학하는 사이에 연설 연습을 했다. 소의 젖을 짜면서도 연습을 했다. 헛간에 건초더미를 쌓으면서 큰 목소리와 요란한 몸짓으로 비둘기들에게 쟁점이 되는 문제에 대해 열변을 토해내곤 했다.

하지만 그렇게 열심히 준비했음에도 불구하고 대회에서 연이어 패배하게 되었다. 당시 그의 나이 열여덟이었다. 민감하고 자존심이 한창 강할 때였다. 어찌나 크게 낙담하고 의기소침해졌는지 자살을 생각하기까지 했다. 그러다가 어느 날 카네기는 대회에서 우승을 하기 시작했다. 그것도 한 대회가 아니라, 대학에서 열리는 모든 말하기 대회를 석권했다. 다른 학생들이 카네기에게 비법을 알려달라고 간청했고, 그렇게 카네기에게 배운 학생들도 대회에서 상을 타게 되었다.

대학을 졸업한 카네기는 네브라스카 서부와 와이오밍 동부 지역의 모래 언덕 사이에 거주하는 목장주들에게 통신 교육 과정을 판매하기 시작했다. 그러나 카네기의 지칠 줄 모르는 힘과 열정에도 불구하고 결과는 신통치 못했다. 카네기는 크게 낙담한 나머지 대낮에 네브라스카의 애일리언스에 있는 호텔 방으로 가서 침대에 몸을 던지고 절망에 빠져 흐느껴 울기도 했다. 그는 다시 대학으로 돌아가고 싶었다. 고된 삶에서 벗어나 안락하게 지내고 싶었다. 하지만 그럴 수 없었다. 그래서 오마하로 가서 새로운 일거리를 찾기로 했다. 그는 기차표를 살 돈이 없어서 화물칸에서 야생마 두 마리에게 먹이와 물을 주고 보살피는 대신으로 기차를 얻어 탔다. 오마하 남부 지역에 내린 카네기는 아머 앤드 컴퍼니Armour and Company의 비누와 베이컨, 돼지기름을 팔았다. 그가 담당한 지역은 다코타 주 서남부 지역의 인디언 거주지와 소만 사는 불모지 근처였다. 그는 화물칸과 역마차, 말을 타고 지역을 돌아다니며 객실 사이에 모슬린 천처럼 얇은 칸막이만 해놓은 여관에서 잠을 잤다. 카네기는 판매 기술에 관한 책을 탐독하고 작은 야생마를 타고 인디언들과 포커놀이를 하면서 돈을 모으는 법을 배웠다. 오지에 있는 가게 주인이 주문한 햄과 베이컨 값을 현찰로 줄 수 없다고 하면 데일 카네기는 열두 켤레의 구두를 대신 받아서 그 구두를 철도회사에서 일하는 사람에게 팔아 그 돈을 본사로 보냈다.

화물칸을 타고 하루에 100마일을 가는 일도 있었다. 기차가 화물을 부리기 위해 정차한 사이 도심으로 달려가 서너 명의 상인들을 만나 주문을 받고 기차 경적이 울리면 다시 거리를 전속력으로 내달려 움직이기 시작한 기차에 매달렸다.

2년이 지나기 전에 카네기는 판매실적 25위였던 비생산적인 지역을 오마하 남쪽 지역에서 뻗어나가는 도로에 인접한 29개 지역 가운데 최고로 수익을 많이 올리는 곳으로 바꾸어놓았다. 본사에서는 카네기를 승진시키겠다고 하며 이렇게 말했다.

"자네는 불가능해보이던 일을 해냈군."

하지만 카네기는 승진을 거절하고 퇴사한 다음 뉴욕으로 가서 미국 연기지도 학원American Academy of Dramatic Arts에서 수학하고 '지옥의 서커스Polly of the Circus'에서 하틀리 박사 역을 맡아 미 전역으로 순회공연을 다녔다.

하지만 카네기는 부스나 배리모어 같은 훌륭한 연기자는 될 수 없었다. 카네기는 그 사실을 인정하고 다시 영업직으로 돌아가 패커드 모터 자동차 회사에서 자동차와 트럭을 팔았다.

차량 정비에 대해 아는 바가 전혀 없었던 카네기는 일이 잘 풀리지 않았고, 매일 억지로 일을 해야만 했다. 그는 다시 공부를 하고 싶었다. 대학 때부터 생각했던 것을 책으로 쓰고 싶었다. 그래서 다시 회사를 떠났다. 야간 학교에서 교편을 잡고 밤에는 학생들을 가르치고 낮에는 소설을 쓰면서 지냈다.

야간 학교에서는 무엇을 가르쳤냐고? 카네기는 대학 때 배웠던 것들을 되돌아보고 강연에 대한 훈련을 했던 일이 자신에게 자신감과 용기를 주었고, 침착하게 사람들을 만나고 사업상 사람을 대하는 능력을 키워주었다는 생각을 하게 되었다. 대학에 다니는 동안 배웠던 다른 모든 것들을 합해서 비교해봐도 더 많은 도움이 되었던 것은 없었다. 그래서 그는 뉴욕에 있는 YMCA 전문학교를 설득해서 사업가들을 위한 강연, '화술에 관한 강좌'를 운영할 기회를 얻었다.

뭐? 사업하는 사람들을 데려다 웅변가로 만들겠다고? 말도 안 되는 소리였다. YMCA 사람들은 그게 어리석은 짓이란 걸 알고 있었다. 전에도 그런 강좌를 운영해본 적이 있었지만 늘 실패였다. YMCA에서 하룻밤 강의에 2달러를 주는 것도 거절하자, 카네기는 강좌 순이익의 1퍼센트를 받는 수수료 제도로 가르치기로 했다. 그리고 3년이 채 지나기도 전에 YMCA에서는 카네기에게 하룻밤에 2달러가 아니라 30달러씩을 지불하게 되었다.

강좌는 계속 늘어나게 되었다. 다른 지역의 YMCA에서 그 소식을 듣고 강좌를 열었고, 또 다른 도시에서도 소식을 듣고 강좌를 요청했다. 데일 카네기는 곧 뉴욕, 필라델피아, 볼티모어를 순회하게 되었고 나중에는 런던과 파리도 찾아가게 되었다. 그런데 그의 강좌를 찾아오는 사업가들에게 보여줄 교재가 지나치게 학문적이고 비실용적이었다. 그래서 카네기는 직접 책을 써서 《사업을 하면서 사람들에게 영향을 미치는 화법과 화술Public Speaking and Influencing Men in Business》이라는 제목을 붙였다. 그 책은 곧 YMCA와 미국 은행가 협회, 전미 신용 조사원 연합회의 공식 교재가 되었다.

데일 카네기는 모든 사람은 화가 나면 말을 할 수 있다고 주장했다. 마을에서 가장 세상물정 모르는 사람의 턱을 쳐서 쓰러뜨리면 그는 벌떡 일어서서 열변을 토하면서 그 유명한 웅변가 윌리엄 제닝스 브라이언이 한창 때 했던 연설에 버금가도록 힘주어 강력하게 말할 것이라 했다. 자신감을 갖고 무르익은 아이디어가 있으면 사람들 앞에서 설득력 있게 이야기할 수 있다고도 주장했다.

자신감을 키우는 방법은 두려워하던 일을 해보고 성공한 경험을 기록해보는 것이었다. 그리고 카네기는 강좌에 참여한 사람들 모두에게 발표를 하도록 시켰다. 그때 이야기를 듣는 사람들은 모두 호의적으로 공감했다. 모두 한 배를 탄 같은 처지였기 때문이었다. 꾸준한 연습을 통해 강좌에 참여한 사람들은 용기와 자신감, 열정을 키워 개인적으로 만나 대화를 나누는 경우에도 활용했다.

데일 카네기는 그 시절 동안 화술을 가르치는 걸로 벌어먹고 살았다고 말하지 않을 것이다. 그것은 부수적인 일이었다. 그의 본업은 사람들이 두려움을 극복하고 용기를 키워나가는 일을 돕는 것이었다.

처음에는 화술을 가르치는 강좌로 시작했지만 사업을 하는 사람들이 찾아오면서 달라졌다. 대부분은 30년 동안 교실에 앉았던 적이 없는 사람들이었다. 대부분은 수강료를 할부로 내고 있었다. 다들 즉각적인 결과를 원했다. 다음 날 사업상의 면담에서 당장 효력을 발휘하고 사람들 앞에서 이야기를 할 때 당장 달라진 모습을 보여줄 수 있게 되기를 바랐던 것이다.

그래서 카네기는 즉각적이고 실용적인 내용을 가르쳐야만 했다. 결과적으로 카네기는 자신만의 독특한 프로그램을 만들어내게 되었다. 화술과 사업, 대인관계, 응용 심리학을 적절히 혼용한 놀라운 내용이었다.

하나로 고정되어 있는 규칙에 연연하지 않는 사람이었던 카네기는 홍역만큼이나 실감나고 두 배는 더 재미있는 강좌를 개발해냈다. 강좌가 끝나면 수강생들은 자기들끼리 별도의 클럽을 조직해서 몇 년 동안 격주로 만남을 가졌다. 수강생 중에는 강좌에 참석하기 위해 50~100마일을 달려오는 이도 있었다. 시카고에서 뉴욕까지 매주 오가는 사람도 있었다.

하버드 대학 윌리엄 제임스 교수는 보통 사람들이 잠재 능력의 10퍼센트만을 발달시킨다고 말했다. 데일 카네기는 사업을 하는 사람들의 잠재력 계발을 도와서 가장 의미심장한 성인 교육 운동을 한 사람이다.

내가 이룬 성취 기록

내가 이룬 성취 기록

데일 카네기 인간관계론

초판 1쇄 발행 2021년 11월 5일
초판 3쇄 발행 2023년 1월 30일

지은이 | 데일 카네기
옮긴이 | 김지현
펴낸이 | 박수길
펴낸곳 | (주)도서출판 미래지식
디자인 | 디자인봄

주소 | 경기도 고양시 덕양구 통일로 140 삼송테크노밸리 A동 3층 333호
전화 | 02)389-0152
팩스 | 02)389-0156
홈페이지 | www.miraejisig.co.kr
전자우편 | miraejisig@naver.com
등록번호 | 제2018-000205호

ISBN 979-11-91349-17-7 04320
ISBN 978-11-91349-16-0 (세트)

미래지식은 좋은 원고와 책에 관한 빛나는 아이디어를 기다립니다.
이메일(miraejisig@naver.com)로 간단한 개요와 연락처 등을 보내주시면
정성으로 고견을 참고하겠습니다. 많은 응모바랍니다.